프랑스는 중국 공산당에 어떻게 잠식되고 있는가

프랑스와 중국의 위험한 관계

France-Chine,
les liaisons dangereuses

앙투안 이장바르 (Antoine Izambard) 지음
박효은 옮김

France Chine, les liaisons dangereuses

by Antoine Izambard

© Editions Stock, Paris, 2019

Korean Translation Copyright © Bokbokseoga Publishing Co., Ltd, 2021

All rights reserved.

This Korean edition was published by arrangement with

EditionsStock(Paris) through BestunKoreaAgency Co., Seoul

이 책의 한국어판 저작권은 베스툰코리아에이전시를 통해

저작권자와의 독점계약으로 미디어워치(미디어실크)에 있습니다.

저작권법에 의해 한국내에서 보호를 받는 저작물이므로

무단전재와 무단복제를 금합니다.

[일러두기]

이 책에 실린 사진과 캡션은 원 저자와의 협의를 통해 원서와는 별개로 한국 독자들의 이해를 위해 미디어워치 출판사가 독자적으로 편집 게재한 것입니다

미디어워치 세계 자유·보수의 소리 총서 ⑦

프랑스는 중국 공산당에 어떻게 잠식되고 있는가

프랑스와 중국의 위험한 관계

France-Chine,
les liaisons dangereuses

앙투안 이장바르 (Antoine Izambard) 지음
박효은 옮김

미디어워치

목 차

프랑스와 중국의
위험한 관계

추천사   006

한국어판 서문   011

―

프롤로그   017

제1장   촘촘한 감시망에 포위된 IT 거인 화웨이   023

제2장   프랑스 기업을 향한 전방위 사이버 공격   053

제3장   중국 스파이의 온상이 된 프랑스   081

제4장   프랑스와 중국의 미묘한 관계를 보여주는 중국 우한 P4 실험실   101

France Chine,
les liaisons dangereuses

제5장 프랑스의 친중인사들	119
제6장 프랑스의 갈팡질팡 대(對)중국 외교	143
제7장 프랑스 축구 구단의 중국 자본	167
제8장 프랑스 차이나타운의 돈세탁 조직	187
제9장 중국에 빼앗긴 프랑스의 아프리카 주도권	203
에필로그	223

부록 : 주프랑스 중국 대사관에 묻는다(2019년 9월 3일)	226
감사의 말	229
찾아보기	230

추천사

세계질서가 크게 소용돌이치고 있다. 불과 몇 년 전만 하더라도 세인들은 이 국제정치의 격랑을 강대국으로 부상한 중국, 그리고 현재 유일 패권국인 미국의 양국 권력 쟁패 정도로만 여겼다. 지식인과 전문가도 '투키디데스의 함정'을 거론하며 새로이 부상하는 중국과 기존의 패권을 방어하려는 미국이 벌이는 국제정치적 게임의 관점에서만 이를 조명하는 데 익숙했었다.

그러나 최근에 이르러 이 커다란 격랑이, 단순히 '용과 독수리 사이에 힘의 쟁패'라는 차원을 넘어서, '중국몽'이라는 표어로써 전 세계, 특히 서방 세계 내부에 침투하려는 중국 공산당의 반문명적 도발과 침공에 의해 비롯됐다는 사실이 서서히 드러나고 있다. 실제로, 우한 코로나 팬데믹의 확산과 창궐, 재앙의 야기로 중국에 대한 전 세계인의 경각심과 혐오감이 불가역적으로 확산되면서, 동시에 시진핑이 지도하는 중국 공산당의 세계 침투와 매수, 협박과 도발 등의 악덕에 대한 고발도 각 국가들에서 차례로 이어지고 있다.

언론사이자 출판사인 「미디어워치」는 시진핑의 중공이 서방에서 자행하는 부패 함정과 지배와 침공의 실태, 반문명적 도발 문제와 관련, 해당국 지식인들의 고발서를 근래 들어와 집중적으로 번역하여 우리 사회에 소개하고 있다. 이번에 출간된 책은 프랑스 언론인 앙투안 이장바르(Antoine Izambard)의 『프랑스와 중국의 위험한 관계(France-Chine, les liaisons dangereuses)』다. 멀리 유럽의 프랑스에까지 뻗친 중공의 마수(魔

┼) 문세를 다룬 책이다. 프랑스의 경험과 사례를 통해, 한국 정치와 경제, 문화에 깊숙이 침투한 중국 공산당의 어두운 그림자도 한층 잘 이해할 수 있기를 기대한다.

이 책이 어떤 내용들을 담고 있는지 한국 독자들이 특히 주목해야 할 사항들을 미리 정리해 소개해보고자 한다.

먼저, 이 책은 왜 중공이 프랑스에 침투했는지 또 어떻게 불법적인 이익을 편취하고 결국 프랑스를 약화시켰는지를 고발하고 있다. 이를 위해서 저자 앙투안 이장바르는 탐사 언론인으로서 수백 명의 프랑스 핵심 인사들에 대한 취재를 거쳤다. 결론적으로, 중국은 프랑스에 침투하여 유럽연합(EU)을 장악하는 교두보로 삼고, 프랑스의 첨단 산업 기술을 절취함으로써 '중국제조 2025'를 강화하고자 한다. 아울러 프랑스의 문화 산업에 침투하거나 축구 구단 등 대중 친화 기업을 인수함으로써 '매력국가'의 휘장(揮帳)을 획득하고자 한다. 또한 일대일로 정책을 통해 특히 북아프리카 지역에 대한 프랑스의 국제적 영향력과 이익도 강탈해 나가려 하는 것이다.

다음으로, 이 책은 프랑스의 전략 부문에 대한 중국의 '조용한 침공'이 어떠한 방법과 수단으로, 또 누구를 통해 전개되고 있는지도 잘 설명해주고 있다. 저자는 중국의 음험한 침공의 숙주(宿主)와 심부름꾼, 그리고 스파이들의 복합적인 매국(이익) 카르텔의 주인공들을 치밀한 취재를 통해 과감하고 통렬하게 고발하고 있는데, 이 고발은 단순히 프랑스 친중(親中) 인사에 대한 무분별한 열거가 아니다. 이 고발에는 현직 대통령을 포함한 주요 정치인, 그리고 전 현직 주요 각료가 망라된 고위 관료, 대기업 CEO와 핵심 임원, 첨단 연구기관의 책임자와 최고 과학자, 정보기관의 고위직

인사의 실명이 그대로 적시되어 있다. 이를 통해 앙투안 이장바르는 이 친중 카르텔이 베이징의 어떤 고위 관료들, 기업 간부들과 결탁하고 있는지, 또 프랑스와 중국에서 각각 작동하는 이익(부패) 카르텔의 작동 패턴이 무엇인지를 독자들에게 실감나게 전해주고 있는 것이다. 저자는 그렇게 프랑스 친중 카르텔이 자행하는 중국에 대한 이익 공여와 불공정 거래의 내용까지도 아주 소상히 적시하고 있다. '진짜 표현의 자유'와 '진짜 언론의 자유'를 만끽하고 있는 프랑스의 언론인이 보여주는 이 '실명 고발'이야말로 이 책의 큰 장점이다.

앙투안 이장바르의 언론인으로서의 자세는 정권의 탄압과 언론사 자체의 타락으로 날로 위축되고 있는 한국의 언론인에게도 귀감이 된다. 책 내용에서 필자에게도 특히 인상적이었던 것은 그가 '에필로그'에서 인용한 한 인터뷰 내용이다.

"중국이 러시아나 미국처럼 프랑스의 국익을 위협하고 있는 것은 엄연한 사실이다. 그러나 그것은 큰 문제가 아니다. 그보다 중요한 문제는 그러한 위협에 대응하기 위해 프랑스 정부가 할 수 있는 모든 것을 다 하고 있는가이다. 나는 프랑스 정부가 그렇게 하고 있지 않다고 생각한다. 프랑스의 정보수집 시스템은 매우 훌륭하게 갖춰져 있다. 그러나 무능력한 정치인들이 그 정보들을 이용하는 방식은 전혀 훌륭하지 않다. 무사안일주의, 개인의 야망, 혹은 엘리트 교육으로 주입된 자유주의 이데올로기 때문에 대부분의 프랑스 엘리트들은 국익 수호를 외면하고 있다. 프랑스의 국제적 위상이 어쩌다 지금에 이르게 됐는지를 생각해 보라. 프랑스는 미국, 중국, 심지어 러시아에 밀려 2인자로 전락했다. 이제 프랑스가 유일하게 선택할 수 있는 것은 어떤 국가에 의존해야 하는가 뿐이다. 프랑스는 지나치게 자유주의를 옹호하며 자국과 유럽 차원에서 국익을 수호하기 위한 산업 및 정치 전략을 수립하지 않았다. 그리고 우리는 그에 대한 대가를 아주 오래도록 치르게 될 것이다."

앙투안 이장바르는 이렇게 프랑스 정보기관 요원의 입을 빌려 프랑스 정치인들이 자유주의와 개인주의의 무사안일주의로써 방치한 국가전략의 부재를 질타했다. 그렇다면 문재인 정권하 대한민국은 어떠한가? 집권 직후 문 대통령은 베이징을 방문하여 "중국은 높은 산이고 우리는 작은 봉우리이니, 우리는 기꺼이 '중국몽'을 따르겠다"고 했다. 야당과 언론, 출판, 학계도 시진핑 중공의 대한민국에 대한 주권 간섭 문제에 대해 그저 꿀 먹은 벙어리다. 그런 속에서도 유일 정보·방첩기관인 국가정보원(National Intelligence Service, NIS)은 개점 휴업 상황이며, 역시 유일 정보·방첩법안으로서 강화되어도 모자랄 국가보안법은 북한과의 관계 개선에 방해된다는 이유로 폐지에 직면해 있다. 프랑스와 비교하면 한국은 아예 제도권 전체가 중공에 포섭돼 있다고 해도 과언이 아니다.

분명한 것은, 이제 코로나 팬데믹 이후 서방을 포함한 전 세계가 중국의 반(反) 문명적 패도(霸道), 음흉한 침공의 실태를 절감하기 시작했다는 것이다. 코로나 사태와 더불어 세계 시민의 반중(反中) 경계심이 급등했다. 이것은 코로나 팬데믹의 발원 국가에 대한 단순한 즉자적 반감이 아니다. 이 반중정서는 세계의 다수 시민들이 중국이 중화주의 패권 팽창국임을, 그리고 디지털 전체주의의 반(反)문명 독재국가임을 뚜렷이 인식한 결과다.

호주와 캐나다, 미국은 물론, 이제 프랑스까지, 전 세계의 모든 자유민주주의 국가들이 '자유 없는 괴물', 또 '초한전(超限戰)에 탐닉한 기만의 제국'인 중공과 체제와 문명을 건 전쟁을 준비하기 시작했다. 이 전쟁은 각 국가별로 그동안 중국의 '조용한 침공'에 숙주가 되었던 세력, 부역자, 매국노를 언론과 출판이 추적·고발하는 것으로 시작될 것이다. 늦었지만 한국도 조만간 첫 스타트를 끊는 실력파 고발자가 나오길 희망한다.

『프랑스와 중국의 위험한 관계』는 앞으로 대한민국 자유 시민들이 종중(從中) 부역·매국 세력을 수색하고 그들을 심판하는데 큰 영감을 줄 수 있는 책이다.

조성환 경기대학교 정치전문대학원 교수
(프랑스 사회과학고등연구원 정치학 박사)

한국어판 서문

2049년으로 예정된 위대한 약속, '중화인민공화국 건국 100주년'이 성큼 다가옴에 따라 몇몇 국가들은 식은땀을 흘리고 있다. 2013년 집권 이후 중국의 시진핑 주석은 2049년까지 "중국을 세계 일류국가로 끌어올리고 싶다"는 의지를 분명히 드러냈다.

시진핑 주석은 최근 몇 년간 중국의 폭발적인 부흥을 이끈 장본인이다. 중국의 발전은 모든 영역에 걸쳐 일어났는데, 군사 분야(중국 해군은 현재 미국 해군보다도 더 많은 군함을 보유하고 있다), 외교 분야(현재 유엔의 15개 기관 중 4개 기관이 중국인 지휘 아래에 있다), 그리고 물론 경제 분야를 빼놓을 수 없을 것이다. 이 분야에서 중국은 매우 분명하고 체계적인 전략을 수립했다. '중국제조 2025' 계획은 국가 발전에 필수적인 10개의 우선순위 분야(항공, 생명공학 등)를 명시하고 있다. 이 계획에 따르면, 지금부터 4년 이내에 주요 10개 산업의 70%가 중국 자국 내에서 생산, 보급되어야 한다. 외국 기술에 대한 의존도를 낮추고자 하는 중국 경제의 괄목할 만한 성장은 경쟁하고 있는 국가들에 비해 뒤처져 있는 격차를 메꾸기 위한 그들의 매우 공격적인 움직임과도 밀접히 연관되어 있다.

사이버 공격, 간첩 활동, 전략적 기업 인수 … 중국의 이러한 과격한 행동주의로 인해 최근 몇 년 간 프랑스와 유럽에서 중국을 향한 비판적인 목소리는 날로 거세지고 있다. 2019년 3월, 유럽연합(EU) 정책위원회는 중국을 "체제 경쟁자(rival systémique)"로 규정하면서 베이징에 대한 새로운 외교정책을 강구했으며, 프랑스에서도 에마뉘엘 마크롱 대통령은 중국을 상대로 무역 문제에 관해 더 강력한 상호주의를 내세우면서 더욱 강경한 입장을 내세운 바 있다. 이탈리아와는 달리, 프랑스는 5G 시장에서 화웨이를 극진하게 맞아들이는 일은 거부했다. 또한 프랑스는 중국의 영향력을 전 세계로 확장하는 것을 목표로 하는 중국의 '일대일로' 프로젝트에 대해서도 냉철히 꿰뚫어 보고 있다. 코로나 팬데믹의 발원지 문제와 관련해서도 마찬가지인데, 마크롱 대통령은 "분명히 우리가 모르는 일들이 중국에서 일어났다"고 말하면서 중국에 대해 비판적인 태도를 드러냈다.[1]

인도-태평양에서의 영유권 문제와 관련해서도 프랑스는 중국에 날을 세우고 있는 상황이다. 2021년 1월, 에마뉘엘 마크롱 대통령은 "해양법에 대한 프랑스의 신념(attachement de la France au principe du droit de la mer)"을 보여주기 위해 처음으로 프랑스 해군의 핵잠수함 에메랄드호가 남중국해 순찰 활동을 실시한다고 발표했다. 2019년 4월에는 대만해협에서 중국 인민해방군 함정이 프랑스 군함을 발견하면서 양국 간에 마찰이 빚어지기도 했다. 베이징은 프랑스의 군함이 허가 없이 "중국 영해"에 진입했다고 반발했지만, 프랑스 입장에서는 "항행의 자유에 대한 신념(attachement à la liberté de navigation)"을 다시 한번 보여주는 계기였다.

이처럼 중국과 거리를 두고자 하는 프랑스의 가치관은 프랑스와 독일이 주장하고 있는 유럽의 '전략적 자율성(autonomie stratégique)' 개념에서도 엿볼 수 있다. 독일만 해도 경제 분야에서 중국 정권의 공격성(특히 2016년에 독일 로봇 제조업체 쿠카(Kuka)를 중국이 인수한 사건)을 목격한 이

---

1 「파이낸셜 타임스(Financial Times)」 인터뷰, 2020년 4월 16일자.

후로, 중국 권력에 과거보다 더 단호한 태도를 보이고 있다.

그렇다고 해서 모든 유럽 국가들이 이와 같은 생각을 공유한다고 말할 수는 없다. 헝가리, 체코, 이탈리아의 경우, 중국 자본을 보다 흔쾌히 받아들이고 있을 뿐만 아니라 시진핑의 외교 정책에 대해서도 그다지 강력한 비판의 목소리를 내지 않고 있다.

한편, 점점 더 많은 연구자들이 지적하고 있는 것처럼,[2] 중국은 세계를 상대로 한층 더 호전적인 전략을 선보이고 있으며 이는 사이버 공격과 가짜 뉴스 유형의 '영향력 작전'이 난무하고 있는 디지털 영역에서 특히 두드러진다.

말하자면 중국은 지금 '러시아화' 되고 있다. 중국은 미국과의 신냉전 구도에서 구소련을 답습하고 있다.

앙투안 이장바르(Antoine Izambard)

---

[2] '중국의 영향력 작전: 마키아벨리적 순간(Les opérations d'influence chinoises, un moment machiavélien)' 보고서, 폴 샤롱(Paul Charon), 장-밥티스트 장젠 빌메르(Jean-Baptiste Jeangène Vilmer), 프랑스 국방부 군사전략연구소(Institut de Recherche Stratégique de l'Ecole Militaire, IRSEM), 2021년.

"힘으로 적을 굴복시키는 것은 최상의 병법이 아니다.
피 한 방울 흘리지 않고 적을 굴복시키는 것이야말로 최상의 병법이다."
B.C 6세기, 손무 『손자병법』

"중국은 경제적 적군이다. 두말할 나위 없는 적군이다."
도널드 트럼프(Donald Trump),
2018년 7월 15일자 미국 CBS 방송 인터뷰 중.

"중국은 우리의 우군이다."
장-피에르 라파랭(Jean-Pierre Raffarin)
2017년 10월 28일자 「르 쥬르날 뒤 디망슈(Le journal du dimanche)」

프롤로그

18세기 프랑스의 미술 사조 중 하나인 '시누아즈리(Chinoiseries)'의 대표작으로 꼽히는 프랑수아 부셰(François Boucher, 1703~1770년)의 '중국식 정원(Le Jardin chinois, 1742년작)'. 중국에 대한 당시 프랑스의 감상적 관점을 보여주는 대표적인 작품 중 하나다. 중국에 대한 프랑스의 이런 감상적 관점은 20세기를 넘어 중국이 프랑스를 잠식해 들어온 오늘날까지 지속되고 있다.

"도널드 트럼프는 중국을 자의적으로 평가하고 그릇된 결정을 내렸다." 세계 최대 중국 통신장비 업체이자 한때는 중국 최대 스마트폰 제조 업체였던 화웨이(Huawei)의 최고재무책임자 멍완저우(孟晚舟)가 미국의 요청으로 캐나다에서 체포된 며칠 후인 2018년 12월, 프랑수아 올랑드(François Hollande) 전(前) 프랑스 대통령은 바로 이런 견해를 표명했다.

세계 기술 패권 경쟁 속에서 도널드 트럼프 미국 대통령은 2017년 1월, 백악관에 입성하자마자 중국과의 신(新) 냉전 구도를 예고했다. 트럼프 대통령은 이를 증명이라도 하듯 화웨이를 전방위적으로 압박하고 미국 국경에 보호무역 장벽을 설치하며 중국을 향해 관세폭탄을 날렸다. 뿐만 아니라 중국에 도발적 언사를 던지며 중국에 선전포고를 했다. 트럼프 대통령의 이런 다혈질적 '대응'이 전적인 지지를 얻지는 못했다고 하더라도 그가 이런 대응을 하기로 결정하게 된 것은 미국에서 공화당 지지층을 뛰어넘는 일정한 공감대가 형성되어 있었기 때문이다.

전 세계에 '메이드 인 차이나'를 널리 퍼뜨린 중국은 이제 전 세계를 지배하려는 야욕을 드러내고 있다. 2012년, 중화제국 천 년의 영광과 중국 공산당 백 년의 위업을 수호하는 시진핑(習近平)이 주석에 취임하면서 공격적 헤게모니 전략은 더욱 강화되었다.[3] 중화인민공화국 백 년의 위업을 달성하기 위해 자국의 산업을 육성하여 2049년까지 기술 수준을 세계 최고로 끌어올리겠다는 목표를 두고 수립된 '중국제조(메이드 인 차이

---

3   알리스 에크만(Alice Ekman), 『세계 속의 중국(La Chine dans le monde)』(2018년, 프랑스 국립과학연구원(Centre national de la recherche scientifique, CNRS) 참조.

나) 2025' 계획은 세계 패권을 차지하려는 베이징의 야망을 여실히 보여준다. 이 계획은 국가발전에 이바지할 수 있는 열 개 분야를 집중적으로 육성하는 것을 골자로 하는데, 2025년까지 로봇이나 항공우주 산업 등에서 핵심부품 자급률을 70%까지 높이는 것을 목표로 한다. 그러나 중국의 기술을 세계적 수준으로 끌어올리겠다는 이 무리한 계획은 세계무역기구(WTO, 프랑스에서는 Organisation Mondiale du Commerce(OMC)라고 부른다. - 옮긴이) 규정 위반, 강제적 기술 이전, 사이버 스파이 행위, 기업 인수합병 같은 어두운 그림자를 내포하고 있다. 시 주석의 절대 권력과 무제한적인 자본투입을 앞세운 중국의 팽창주의는, 안그래도 자국의 고용 및 기업 그리고 지적 재산권을 수호하려 고군분투 하고 있는 민주주의 국가들을 점점 더 난처하게 만들고 있다.

    중국은 이런 밀어붙이기식 정책을 비단 경제 분야에만 국한시키지 않는다. 중국 정부가 아낌없이 투자하고 있는 군사 분야 역시 하루가 다르게 위세가 커지고 있다. 특히 중국은 해군력과 사이버 안보 역량을 증강하기 위해 막대한 재원을 쏟아붓고 있다. 뿐만 아니라 외교 무대와 국제 소송전에서도 힘을 과시하고 있다. 프랑수아 올랑드 전 대통령은 "중국은 보편적 논리가 통용되는 국가"라고 평하며 "중국은 세계적으로 중요한 국가로 인정받고자 하며 2015년 파리 기후협약에서처럼 국제 문제를 해결하는데 일조하고 싶어 한다"고 말했다. 시진핑 주석이 '세기의 프로젝트'로 규정한 '일대일로(一帶一路)' 프로젝트는 중국의 패권주의를 고스란히 드러내고 있다. 경제력과 '소프트파워'를 앞세워 베이징이 추진하고 있는 이 프로젝트는 총 1조 달러 이상을 투자해 2050년까지 동·서남아시아와 중앙아시아를 넘어 유럽과 아프리카를 육로와 해로로 잇고 주변 65개국에 도로, 항만, 철도, 산업단지를 건설하고자 하는 거대한 토목 사업이다.

프랑스 역시 중국이 펼치는 대대적인 공세의 표적 중 하나다. 1964년, 마오쩌둥 주석이 집권했던 중공과 수교를 맺은 국가들 중 하나인 프랑스에 대한 중국의 영향력은 날로 커지고 있다. 중국은 현재 사이버 공격, 전통적 스파이 행위, 혹은 기업 인수합병을 통해 프랑스 산업을 위협하고 있을 뿐만 아니라 그 노하우의 일부까지 편취하고 있다. 수면 위로 드러나지는 않지만 전쟁을 방불케 하는 이런 상황은 프랑스 국가기관과 안보당국의 촘촘한 감시망에도 포착되었다.

필자는 고위공직자, 프랑스 정보기관 관계자, 외교관, 대기업 임원과 진행한 140건의 인터뷰와 다수의 기밀 자료에 근거하여 2019년 10월 1일 건국 70주년을 맞이한 중화인민공화국이 양국의 우호 증진이라는 미명하에 어떻게 프랑스 기업과 국가라는 조직에 침투해왔는지를 보여주고자 한다. 따라서 이제껏 드러나지 않았던 중국의 여러 경제스파이 행위 역시 다루게 될 것이다. 동시에 그토록 강력한 외교 파트너, 중국의 심기를 거스르지 않기 위해 지나치게 몸을 사리는 프랑스 정치계의 무능함 역시 꼬집어 볼 것이다.

제1장

촘촘한 감시망에 포위된
IT 거인 화웨이

프랑스의 유력 주간지 「르 누벨 옵세르바퇴르(Le Nouvel Observateur)」는 2020년 10월 1일 중국 국경절을 맞아 황제의 자리에 앉은 시진핑의 모습을 커버로 하는 특별판을 냈다. 이 작품은 한국계 일러스트레이터 작가인 제이슨 래이쉬(Jason Raish)의 작품으로, 시진핑의 복장(하단부)을 통해 중국의 군국주의화, 감시국가화를 풍자하고 있다. ⓒ Jason Raish

서방세계를 뒤흔든 "견실한 스타트업 기업"

 2019년 1월 24일, 파리 근교 불로뉴-빌랑쿠르(Boulogne-Billancourt)에 위치한 화웨이 프랑스. 수차례 끈질긴 요청 끝에 8개월 만에 마침내 화웨이와의 비공식 인터뷰가 성사되었다. 세계 최대 중국 통신장비업체 화웨이의 프랑스 법인은 센(Seine) 강을 마주하고 있는 웅장한 TF1타워와 사프란일렉트로닉스앤드디펜스(Safran Electronics & Defense) 인근에 자리 잡고 있다.

 화웨이는 단 몇 년 만에 세계 최대 통신장비업체로 부상했고 스마트폰 제조업체로서도 애플을 제치고 삼성의 뒤를 이어 세계시장 점유율 2위에 올라섰다. 트럼프 행정부는 이 거대 중국기업이 미국 내에서 스파이 행위를 하고 있다는 의혹을 제기하며 날로 압박 수위를 높여가고 있다. 인터뷰에 응한 화웨이 프랑스 임원[4]은 한 시간 남짓 진행된 인터뷰 내내 이러한 의혹을 한사코 부인했다. 그는 화웨이가 1987년, 중국 남동부 선전시의 "자그마한 어촌마을에서 시작된 견실한 스타트업 기업"이라며 넉살 좋게 자사를 소개했다. 그러더니 불쑥 자리에서 일어나 자신의 스마트폰을 가리키며 미국이 화웨이에 제기하는 의혹을 반박하기 시작했다. "자, 보십시오. 1997년 세계 GDP순위입니다. 미국은 전 세계에서 가장 부유한 국가입니다. GDP가 무척 높은 일본이 그 뒤를 따르고 있습니다. 그 이후 어떻게 됐습니까? 일본 경제가 무너졌습니다. 이건 그로부터 20년 후의 세계 GDP순위입니다. 2017년에도 미국은 여전히 1위를 지키고 있습니다.

4　'오프 더 레코드'로 진행된 인터뷰이므로 요청에 따라 이름은 익명 처리했다. 별도 표기가 없는 한, 이 책에 등장하는 모든 인용문은 저자가 진행한 인터뷰에서 인용했음을 밝혀둔다.

중국은 미국 GDP의 3분의 2까지 추격해 2위로 올라왔습니다.[5] 미국은 어떤 국가의 GDP가 자국 GDP의 3분의 2지점에 도달하면 온갖 수단과 방법을 동원해 그 국가를 무너뜨리려 합니다. 화웨이에 대한 미국과 트럼프 행정부의 견제도 비슷한 맥락이라고 봅니다."

화웨이에 대한 미국 및 그 동맹국의 공격은 최근 몇 달간 프랑스를 비롯해 온갖 국제뉴스의 1면을 장식했다. 인민해방군 장교 출신 런정페이(任正非) 회장이 설립한 세계적 규모의, 중국을 대표하는 기업과 미국이 IT 기술패권을 놓고 펼치는 대결은 유례를 찾기 힘들 만큼 격화하고 있다.

2018년 12월 1일, 화웨이 창업주의 딸 멍완저우 최고재무책임자가 미국의 요청으로 캐나다에서 체포되면서 미·중 갈등은 정점에 치달았다. 그로부터 2개월이 지난 2019년 1월 28일, 미 법무부는 13개 혐의를 적용해 화웨이와 멍완저우 최고재무책임자를 기소했다. 화웨이가 미국의 대(對)이란 제재를 위반했다는 이유에서다.

미 법무부는 미국 이동통신사 티모바일(T-Mobile)에서 산업기밀 탈취를 위해 스파이 행위를 했다는 혐의를 적용해 화웨이 계열사 두 곳도 함께 기소했다. 그리고 2019년 5월 15일, 트럼프 행정부는 국가안보라는 명분을 내세워 화웨이 통신장비의 사용을 금지하는 행정명령을 발동했다. 더불어 미 행정부는 화웨이를 블랙리스트에 올려 모든 부품의 수급을 차단했고 화웨이가 구글 서비스를 비롯한 미국 소프트웨어를 사용하지 못하도록 조치했다.

한 해에 1,050억 달러의 매출을 올리고 전 세계에서 18만 8천명을 고

---

5   국제통화기금(IMF)에 따르면 1997년 미국의 GDP는 8조 6,090억 달러, 일본의 GDP는 4조 2,450억 달러로 집계됐다. 그리고 2017년 미국의 GDP는 19조 3,770조 달러, 중국의 GDP는 12조 3,620억 달러로 집계됐다.

프랑스와 중국의 위험한 관계

용하고 있는 IT거인 화웨이에 대한 법석 세새는 트럼프 대통령이 백아관에 입성하면서 눈에 띄게 강력해졌다.[6]

미국 시장에서 화웨이 스마트폰의 퇴출을 압박하고 미 공공기관의 모든 '주요' 시스템에서 화웨이와 중흥통신(中兴通信, ZTE)의 기술에 대해서 사용을 금지한 조치는 피도 눈물도 없는 이 대결의 단면을 상징적으로 보여준다. 미국은 여기서 그치지 않고 화웨이가 자사 제품에 백도어(backdoors)를 심어 화웨이 네트워크에 접속된 장치들의 데이터를 수집해 베이징으로 전송하고 있다는 의혹까지 제기했다.

세계 경제 2인자로 우뚝 선 중국의 대표 기업과 세계 경제 1인자 미국의 힘 겨루기에 동맹국들도 참전하기 시작했다. 영국 최대이동통신사 브리티시텔레콤(BT)은 2018년 12월, 자사의 3G 및 4G 코어 네트워크에서 화웨이 장비를 제거할 것이며 5G 모바일 네트워크의 주요 장비를 화웨이로부터는 공급받지 않겠다고 선언했다. 몇 개월 앞서 호주와 뉴질랜드는 자국의 통신 인프라에 중국이 침투할 수 있다는 우려를 제기하며 5G 네트워크 인프라 구축사업에서 화웨이를 배제할 것이라고 밝혔다. 이에 대해 프랑스 IT전문가는 "소위 '파이브 아이즈(Five eyes, 상호 첩보 동맹을 맺고 있는 미국, 영국, 캐나다, 뉴질랜드, 호주 5개국을 이르는 말. - 옮긴이)'는 IT패권을 잡으려는 중국을 견제하기 위해 긴밀하게 공조하고 있으며 이 문제를 최우선 과제로 삼고 있다"고 강조했다.

그러나 화웨이가 도널드 트럼프 대통령이 주도하는 반중(反中) 연대의 공격을 가만히 앉아서 당하고 있을 리 없다. 화웨이는 스파이 행위에 가담하고 있다는 의심을 거두기 위해 브뤼셀에 사이버보안센터를 개소하는 한편 멍완저우 최고재무책임자를 체포한 것에 반발하여 캐나다 정부를 상대

---

6   그러나 얼마 안 가서 일부 사안에 대해서는 당초 입장에서 한 걸음 물러섰다.

로 소송을 제기했다. 공공기관에 화웨이 제품 사용을 금지한 미국 정부에도 소송전을 예고했다. 이렇게 중국의 IT 거인은 자신의 힘을 거리낌 없이 과시하면서, 초강대국 간의 파워게임이 '신(新)냉전' 시대로 비화하지는 않을 것이라는 예측을 보기 좋게 무너뜨렸다. 베이징도 화웨이의 반격에 지원사격을 했다. 중국은 '요주의' 외국 기업을 블랙리스트에 올리고 미국에 희토류[7] 공급을 중단하겠다고 으름장을 놨다.

프랑스 대외안보총국(Direction Générale de la Sécurité Extérieure, DGSE) 전(前) 정보국장 알랭 쥐에(Alain Juillet)는 "이것이야말로 기술패권을 둘러싼 전면전"이라고 평가하며, "과거에도 미국이 외국기업을 표적으로 삼은 적은 있었지만 화웨이에 대한 공격은 전례 없이 강력하다"고 지적했다. 2013년에서 2015년 사이에 경제 분야 인텔리전스(Intelligence économique) 관련 부처 간 대표(D2IE)로 활동한 클로드 르벨(Claude Revel) 역시 "한 기업이 이토록 강한 의혹을 받은 적은 없었다"고 단언했다. 국가사이버안보전략연구소인 쉐르 카스텍(Chaire Castex) 회원이자 IT공학 교수인 카베 살라마티앙(Kavé Salamatian)은 "미국은 중국이 5G 통신분야에서 훨씬 더 앞서 있다고 인정하지만 전략적으로 중요한 5G 시장의 주도권을 중국에 순순히 내줄 리 없다"고 언급했다. 그러면서도 "어쨌든 화웨이의 경영 투명성이 미흡하니 이런저런 문제가 제기되는 것 아니겠느냐"고 덧붙였다.

그렇다면 프랑스는 어떠한가? 미국과 중국 사이에서 모호한 입장을 취하고 있던 프랑스는 화웨이와 스폰서 계약을 맺고 홍보대사로 활동하던

---

7 핸드폰과 전기자동차에 사용되는 배터리 핵심 소재로 중국이 전 세계 희토류 생산량의 90%를 점유하고 있고 이 중 80%를 미국으로 수출한다.

자국 축구선수 앙투안 그리에즈만(Antoine Griezmann)이 화웨이 기업 홍보 광고에 등장하는 것도 예상하지 못했다. 하지만 프랑스 여러 국가기관들은 최대한 은밀하고 엄중하게 화웨이를 감시해오기 시작했다. 대통령궁, 총리실, 재경부, 국내안보총국(DGSI), 그리고 국방부에 이르기까지 국가내 모든 이데올로기적 기구들이 프랑스에서 1천여 명의 직원을 고용하고 있는 프랑스내 최대 중국 고용주 화웨이를 몇 년 전부터 지속적으로 예의주시해왔다. 이것이 바로 화웨이 딜레마에 빠진 프랑스의 현실이다.

'케르베로스'의 감시

코드명 '케르베로스(Cerbère)'. 2015년 말, 에마뉘엘 마크롱(Emmanuel Macron) 당시 프랑스 재경부 장관의 비서실장 알렉시 콜레르(Alexis Kohler)와 그의 소울메이트 외교부 고위 공무원 알렉상드르 지글러(Alexandre Ziegler)는, '케르베로스'라는 위원회를 꾸리고 임전 태세를 갖춘다. 그들은 중국의 IT 거인 화웨이를 정조준한 극비 공격의 계획을 실행하기 위해 대통령과 총리의 재가를 얻었다.

필자는 현재 몸담고 있는 경제 전문 주간지 「샬랑쥬(Challenges)」[8] 2018년 6월호에 이 계획에 대한 르포 기사를 실은 바 있다. 이 계획을 위해 총리실, 5개 정부부처,[9] 정보기관, 프랑스 정보시스템보안국(ANSSI), 프랑스 사이버방첩보안대(Le gendarme de la cybersécurité)로 구성된 운영위원회가 조

---

8   다비드 벤수산(David Besoussan), 앙투안 이장바르(Antoine Izambard), '프랑스는 어떻게 화웨이라는 거인을 감시하고 있는가(Comment la France surveille le géant chinois des télécoms Huawei)' (「샬랑쥬」, 2018년 6월 27일자).
9   외교부, 교육부, 국방부, 내무부, 재경부

직되었다. 케르베로스가 실행하는 작업은 군사기밀로 취급될 만큼 행정적 형태를 띤 전쟁이라 해도 과언이 아니다. "어떤 외국 기업도 이렇게 엄격한 사찰의 대상이 된 적은 없었다"고 한 관계자는 전했다. 베르시(Bercy)의 경제 분야 인텔리전스 관련 기구인 프랑스 전략정보 및 경제안보국(Information stratégique et sécurité économiques, SISSE) 산하 '화웨이의 침투를 막기 위한 감시행동 국가기구(Là où l'on vous attend, c'est sur Huawei)'[10]의 존속은 당연한 일이었고 마크롱 대통령이 엘리제궁에 입성한 뒤로는 더욱 강화되기까지 했다.

마크롱 대통령이 이 문제에 얼마나 관심을 두고 있는지를 단적으로 보여주는 사례가 있다. 마크롱 대통령이 당선된 지 겨우 두 달이 지난 2017년 7월, 대통령 비서실장으로 임명된 알렉시 콜레르는 국가 경제안보를 책임지고 있는 소수의 고위 공직자들에게 화웨이를 이대로 두고 볼 수 없다는 메시지를 다음과 같이 분명하게 전달했다. "제가 여러분에게 기대하는 것은, 바로 화웨이에 관한 것입니다."

케르베로스의 초창기 조치들 중에 하나는 화웨이와 정부부처 및 공공기관 인사들 사이에 '방역선'을 구축하는 것이었다. 이러한 기조는 마크롱 대통령이 2018년 2월, 아시아 지역에 전한 음력 신년사에 분명하게 드러났다. 한편, 엘리제궁에서 열리는 신년만찬에 으레 참석하리라 예상된 화웨이 프랑스 법인장 스웨이량(施伟亮)과 부법인장 장밍강(張明剛)은 만찬 전날 초대자 명단에서 삭제되었다. 동일한 맥락에서 화웨이가 2018년 5월로 예정된 프랑스 100대 기업의 보안책임자 모임인 '정체성·감시 및 보안관리 세미나(Rencontres de l'identité de l'audit et du management

---

10   화웨이와 유사한 중국통신업체 중흥통신(ZTE)도 2016년 케르베로스 프로젝트의 검증 대상에 포함되었다.

de la sécurité, RIAMS)'에 참석하려 한다는 정보를 전달받은 기욤 푸파르(Guillaume Poupard) 프랑스 정보시스템보안국(Agence nationale de la sécurité des systèmes d'information, ANSSI) 국장은 화웨이가 이 세미나에 참석하지 못하도록 압박했다. 결국 화웨이는 생트로페즈(Saint-Tropez)에서 열린 세미나에 참석하지 못했다.

　기업계에도 불신이 자리 잡았다. 복수의 소식통에 따르면 2019년 3월, 에어버스(Airbus)는 프랑스 통신사 SFR이 에어버스 툴루즈 지사에 화웨이의 5G 안테나 다섯 대를 설치하는 것에 반대했다. 이러한 결정은 파트리크 드라이(Patrick Drahi) SFR사 사장의 심기를 건드렸는데, 그는 화웨이의 둘도 없는 동맹군으로 화웨이와 5G통신 테스트를 진행했기 때문이다.

　170개국에 법인을 설립하고 2018년에만 2억 대 이상의 스마트폰을 출하한 IT거인 화웨이는 어쩌다가 이렇게 프랑스 정부 상층부의 눈엣가시가 되었을까? 덩샤오핑(鄧小平)이 개혁개방정책을 펼쳤던 1987년에 중국에서 설립된 화웨이는 30년 만에 통신장비 납품에서 스마트폰 제조까지 사업을 확장하면서 거대한 제국으로 성장했다. 화웨이의 가파른 성장에 놀란 한 경쟁업체 관계자는 "화웨이는 전 세계적으로 통신장비 분야에서 모든 것을 제조할 수 있는 유일한 업체"라고 평가했다.

　중국 국책은행의 지속적인 지원 덕에 세계를 정복할 수 있었던 비상장사 화웨이는 창업자인 런정페이를 포함한 많은 임직원이 회사 주식 대부분을 소유하고 있다. 이러한 독특한 지배구조와 중국 공산당과의 관계가 화웨이의 경영 투명성에 악영향을 끼치고 있는 것이 분명하기 때문에 파이브 아이즈와 그 동맹국이 화웨이가 베이징의 아바타 역할을 한다고 생각하는 것도 무리는 아니다. 게다가 베이징이 2017년, 자국 기업들에 국가 차원의 정보수집 활동에 협력하고 공조해야 한다는 사이버보안법을 시행하면서 화웨이에 대한 경계는 더욱 강화될 수밖에 없었다.

프랑스 정부의 가장 큰 염려는 무엇보다도 화웨이가 자사 장비를 이용해 프랑스에서 스파이 행위를 하고 민감한 정보를 탈취할지도 모른다는 데 있다. 화웨이에서 스마트폰을 선물 받은 각 부처 자문위원들은 케르베로스 위원회로부터 스마트폰 박스를 개봉하지 말 것을 요청받았다. 뿐만 아니라 케르베로스는 화웨이가 표적으로 삼은 일부 기업들을 찾아냈고 그 중 하나인 프랑스 전력공사(Électricité de France, EDF)의 여러 임직원들이 화웨이 스마트폰을 사용하지 않았는지도 조사했다. 또한 2017년, 프랑스 자동차 기업인 푸조시트로엥(PSA) 그룹과 화웨이가 기술 파트너십을 체결한 후, 푸조시트로엥 차량에 혹시 스파이 행위가 실행되지는 않을지 우려했다.

케르베로스는 여기서 그치지 않고 2017년 2월, 화웨이와 프랑스 최대 통신사 오랑주(Orange)가 체결한 클라우드(온라인 데이터 저장 시스템) 관련 협약에 주목했다. 오랑주는 화웨이와 백도어 탐지장비를 통해 세이프가드를 설치하는 파트너십을 체결했는데, 프랑스 정보기관은 화웨이가 자사 장비에 백도어를 심어 처리한 데이터를 곧바로 중국으로 빼돌릴 수 있다는 의심을 품었다. 그러나 현재까지 중국으로 데이터를 빼돌리기 위해 화웨이가 자사 제품에 백도어를 심었다는 어떤 증거도 발견되지 않았다.

프랑스 대외안보총국(DGSE) 전 정보국장 알랭 쥐에는 "중국이 그런 짓을 했대도, 중국이 이런 종류의 스파이 행위를 한 첫번째 국가는 아닐 것이다. 몇몇 프랑스 동맹국의 행적이 그것을 증명해준다"고 강조했다. 실제로 2013년, 미국 국가안전보장국(NSA)의 선 직원이었던 에드워드 스노든(Edward Snowden)은 NSA가 자국 최대 통신장비업체 시스코(Cisco)가 수출하는 네트워크 장비에 백도어를 심어 어떻게 각국의 정보를 불법해킹해왔는지를 폭로했다.

중국도 미국처럼 대대적 스파이 행위를 하기 위해 화웨이 장비를 이용할 수 있을까? 프랑스 정보당국에 몸담았던 한 고위 관계자는 "물론 100% 가능하다. 그러나 영국과 프랑스에서 테스트를 진행한 결과, 화웨이가 NSA와 동일한 백도어를 자사 장비에 심었다는 것은 증명되지 않았다. 다만 화웨이 코어 네트워크 라우터에 원격으로 시스템에 침투할 수 있는 권한이 부여된 사용자가 존재한다는 것은 확인했다"고 대답했다. 그러면서 "당시 화웨이에 이에 대한 설명을 요청했지만 화웨이는 모르쇠로 일관했다"고 밝혔다. 따라서 케르베로스와 프랑스 정보시스템보안국(ANSSI)은 통신 네트워크의 주요 노드를 지원하고 연결하는 코어 네트워크 라우터에 화웨이가 침투하는 것은 아닌지를 면밀히 사찰하기 시작했다. 그 일환으로 프랑스 사이버방첩보안대는 민감한 정보를 다루는 통신장비를 유통할 때는 총리실 산하 워킹그룹 케르베로스의 사전 허가를 얻어야 한다는 형법 R226조를 근거로 화웨이 뿐만이 아니라 중흥통신(ZTE)까지 압박했다.

프랑스 정보시스템보안국(ANSSI) 전 관계자는 "원칙적으로 화웨이와 ZTE의 장비 사용을 금지하지는 않았다. 다만 화웨이 측에서 해당 법조항이 자사의 산업 기밀 준수 원칙을 위배한다는 이유로 일부 기술 정보 제출을 거부했다"고 전했다. 이토록 민감한 통신장비 시장에 화웨이가 발을 내딛자 2012년, 장-마리 보켈(Jean-Marie Bockel) 상원의원은 한 보고서를 발표하며 이를 문제 삼기 시작했다. 그는 보고서를 통해 "프랑스와 유럽에서 국가안보를 위협하는 중국산 '라우터'와 일부 장비를 사용하지 말 것"을 권고했다.

이러한 화웨이의 스파이 행위 외에도 화웨이가 프랑스 기업계와 학계에 보내는 관심은 프랑스 국가기관의 신경을 거슬리게 했다. 필자는 한 기밀문서를 통해 화웨이가 "학계와 R&D 분야를 타깃으로 삼고 프랑스 기업 생태계에 침투하기 위한" 전략을 펼쳐왔으며 "체계적이고 유기적으로 유리한 위치를 선점했다"는 케르베로스의 사찰 내용을 확인했다. 프랑스 정부는 미국이나 한국의 경쟁사와 특허권을 두고 치열하게 경쟁하고 있는 화웨이가 어느 분야보다도 훗날 5G 분야에서 '불균형' 파트너십을 체결해 프랑스의 연구결과를 가로채려 한다는 의심의 눈초리를 보내고 있다. 실제로 화웨이는 2015년부터 그랑제꼴을 비롯한 프랑스 연구소와 협약을 체결하기 위해 1,800만 유로 이상을 쏟아 부었다.

한편, 프랑스 행정부는 한 문건에 유독 주목했다. 화웨이가 IMT아틀랑티크(IMT Atlantique, 프랑스의 대표적인 엘리트 공학대학원. - 옮긴이)에 통신 속도 100Gbits/s(1초에 100기가비트) 광연결 연구 용역을 제안한 문건이었다. 화웨이는 이 대학원에 8만 유로를 투자하는 대신, 연구에 관한 지적재산권을 화웨이에 전부 양도해야 한다는 조건을 내세웠다. 게다가 계약기간 동안, 심지어 계약이 종료되고 8개월 후까지 자사의 어떤 경쟁사(중흥통신(ZTE)도 포함)와도 협업해서는 안 된다는 조건까지 덧붙였다.[11] 화웨이는 텔레콤 파리테크(Télécom ParisTech, 통신 및 IT에 특화된 이공계 그랑

---

11   필자가 확인해보려 했지만 IMT아틀랑티크는 화웨이와 '어떤 접촉'도 없었다고 주장했다.

제꼴. - 옮긴이)에도 이와 유사한 협약을 제안했고 이 학교의 한 교수는 이미 화웨이로부터 지원을 받고 있었다.

원자력 개발을 위해 1945년에 드골 장군이 창설한 프랑스 원자력·재생에너지청(Commissariat à l'Energie Atomique, CEA) 또한 화웨이의 주요 타깃 중 하나가 되었다. 복수의 소식통에 따르면 CEA에서 고도의 기술을 다루는 혁신 기술 연구부서는 2017년, 화웨이와 약 3백만 유로에 달하는 에너지 절감에 관한 협약 두 건을 체결했다. 뿐만 아니라 2018년 말에는 스마트폰 센서에 관련된 계약까지 체결했다. 프랑스 국가기관은 이 계약을 가장 면밀하고 엄중하게 감시했고 '양측'에 5G 통신 분야에서는 협업할 수 없음을 고지했다.

한 관계자는 "이 분야는 중국과 협업을 통한 연구를 진행하기에 무척 까다로운 분야"라고 전했다. 이에 한 공공기관 소식통은 "CEA는 최소 100만 유로 상당의 계약을 제안하는 화웨이의 끊임없는 러브콜을 받고 있다"고 밝히며 "CEA는 프랑스의 기술을 탈취하려는 화웨이의 검은 속내를 꿰뚫어 보고 있지만 이런 계약 금액은 시장가격을 훨씬 웃도는 수준이라 경제적인 면을 생각할 때, 화웨이의 제안을 쉽게 거절하기는 어렵다"고 전했다. 야심에 찬 화웨이는 CEA에 자사가 프랑스 원자력 사업에 일부 참여하는 것을 골자로 하는 MOU 체결을 여러 차례 제안했지만 수포로 돌아갔다. "이런 성격의 MOU는 심각한 결과를 초래할 수 있다"고 한 관계자는 밝혔다. 그는 "이를 통해 중국이 프랑스의 여러 민간 및 군사 기밀에 접근할 가능성이 높기 때문"이라고 설명하며 "프랑스는 화웨이의 로비와 투자금 제안에 맞서 잘 버텨내야 한다"고 덧붙였다.

중국 측에 단연 유리한 이러한 형태의 연구 용역은 당연히 케르베로스 위원들의 신경을 건드렸다. 케르베로스는 특히 상트랄수페렉(CentraleSupelec, 이공계 그랑제꼴. - 옮긴이) 교수이자 통신 네트워크 전문가 메루안 데바(Mérouane Debbah)의 영향력에 주목했다. 그는 2014년, 화웨이가 프랑스에 설립한 수학연구센터의 센터장으로 임명되어 화웨이에 합류했고 휘하에 1백 여 명의 연구원들을 거느리고 있다.

화웨이는 프랑스에서 입지를 더욱 단단하게 하기 위해 저명한 과학계 인사들의 명성을 이용했다. 특히 탁월한 수학자로서 필즈상을 수상했으며 2017년, '라 레퓌블리크 앙 마르슈!(La République En Marche!, LREM, 에마뉘엘 마크롱이 창당한 중도지향 정당. - 옮긴이)' 소속으로 출마해 하원의원으로 당선되기도 한 세드릭 빌라니(Cédric Villani)의 이름이 화웨이의 협력자 명단에서 발견되자 케르베로스는 눈살을 찌푸릴 수밖에 없었다. 그는 유럽 차원의 경제·정치·사회 싱크탱크 유로파노바(Europanova) 워킹그룹에 합류한 뒤, 화웨이의 프랑스 스타트업 기업 지원 프로그램 디지털 인 펄스(Digital In-Pulse)의 심사관을 맡았고 화웨이 컨퍼런스에까지 참석했다. 그는 현재까지 화웨이가 민간 분야 주요 투자자로 있는 앙리 푸앵카레 연구소(Institut Henri Poincaré)의 소장직을 맡고 있다. 프랑스 국내안보총국(Direction générale de la sécurité intérieure, DGSI)은 화웨이와 이러한 관계를 맺고 있는 세드릭 빌라니[12]와 메루안 데바가 어리숙하기 짝이 없다며 두 과학자들이 화웨이의 구린내 나는 이미지를 세탁하는데 일조하고 있다고 일갈했다.

외국 기업의 산업 스파이 행위와 프랑스 영토에서의 경제침투 행위를

---

12   화웨이와의 관계에 대해 문의를 했지만 답변을 들을 수 없었다.

감시하는 프랑스 국내안보총국(DGSI)은 화웨이가 프랑스에서 벌이는 로비 활동을 감시하는 데 가장 막중한 역할을 맡고 있다. 프랑스 국내안보총국(DGSI)은 그야말로 촘촘한 감시활동을 벌이고 있는데 대(對)스파이요원들은 일부 프랑스 연구원이나 엔지니어가 화웨이와 어떤 관계를 맺고 있는지 밀착 감시한다. 이 때문에 프랑스의 가장 저명한 연구소 중 한 곳에 몸담고 있는 한 연구원은 최근 프랑스 국내안보총국(DGSI)으로부터 화웨이에 민감한 정보를 넘겼다는 혐의로 조사를 받았다. 또 그 몇 달 전에는 그랑제꼴의 한 연구원이 에너지 회수 분야의 특허 정보를 화웨이에 넘겼다는 의혹을 샀다. 이에 대해 필자는 외교부, 정보시스템보안국(ANSSI), 국내안보총국(DGSI)에 설명을 요청했지만 답변을 들을 수는 없었다.

화웨이 측에서도 모든 혐의를 부인했다. 장밍강 화웨이 프랑스 부법인장은 "이 모든 의혹에는 근거가 없다"며 "170개 국가에서 1,500개 통신사와 협력하고 있는 화웨이는 보안을 가장 중요하게 생각한다"고 답변했다. 좀처럼 공식담화를 발표하지 않는 런정페이 회장 또한 캐나다 밴쿠버에서 딸이 체포된 이후 더욱 거세진 화웨이에 대한 의혹을 불식시키기 위해 2019년 1월, "나는 내 조국을 사랑하고 공산당을 지지하지만 그 어떤 국가에도 해를 가하지 않을 것이며 그런 일은 절대로 일어나지 않을 것"이라고 항변했다.

프랑스 정치인과 공무원에 손을 뻗친 화웨이

화웨이에 대한 의혹이 눈덩이처럼 커져가자 화웨이는 방어태세로 전환하기 시작했다. 화웨이는 무엇보다도 저명한 인사를 끌어들여 자사가 본의 아니게 베이징에 이득이 되는 기업 활동을 하고 있다는 의심을 지우고자 했다.

화웨이는 우선 영국 MI6(미국의 CIA나 우리나라의 국정원과 같은 역할을 수행하는 대외정보기관. 비슷한 성격의 MI5는 대내정보기관이다. - 옮긴이) 출신 정보보안 책임자였던 존 서포크(John Suffolk)를 영입했다. 이는 화웨이가 유럽 무대에서 최초로 공무원에게 줄을 댄 상징적인 사례라 할 수 있다. 존 서포크는 2011년부터 화웨이의 '미스터 사이버 보안'으로 얼굴마담 역할을 톡톡히 해내고 있다.

화웨이가 프랑스 '공무원'에 손을 뻗친 또 다른 사례를 보자. 2005년에서 2011년까지 유럽연합 대사로 베이징에 파견되었던 세르쥬 아부(Serge Abou)는 2013년, 화웨이 고문으로 합류해 브뤼셀에서 로비 활동을 벌이고 있다.[13] 주영국 프랑스 대사와 북대서양조약기구(NATO) 대사를 지낸 제라르 에레라(Gérard Errera)는 또 어떤가. 그는 2011년부터 2015년까지 화웨이 국제자문위원회에서 활동했으며 매년 한두 차례 몇몇 국제 인사들을 초청해 화웨이가 직면하고 있는 문제들을 함께 논의했다.

장 루이 보를루(Jean Louis Borloo, 프랑스 재경부 장관, 환경부 장관, 총리를 역임한 프랑스의 정치인. - 옮긴이)와 같은 유명 프랑스 정치인들 역시 화웨이의 유혹에 넘어갔다. 자크 시라크(Jacques Chirac) 전(前) 대통령과 니콜라 사르코지(Nicolas Sarkozy) 전(前) 대통령 정부에서 총리를 지낸 장 루이 보를루조차도 2019년 6월, 화웨이 프랑스 이사회[14] 의장직을 제안받았던 바 있다. 거절하긴 했지만 말이다. 그렇다고 장 루이 보를루가 화웨이와 연결된 끈을 완전히 놓아버린 것도 아니었다. 이사회 이사로서의 임기가 2021년 5월까지로 연장되었기 때문이다.[15]

---

13 유럽위원회 '투명성' 평가지표에 따르면, 화웨이는 2017년 브뤼셀에서 로비활동에 219만 유로를 쏟아 부었다.
14 이사회는 1년에 2회, 파리와 중국 선전에서 개최되었다.
15 장 루이 보를루는 2016년 12월 화웨이 이사로 선임되었다.

화웨이가 정치인들을 대상으로 쌓은 로비의 업적들 가운데서도 발랑시엔(Valenciennes)시 전(前) 시장의 사례는 단연 돋보인다. 그는 프랑스 북부 발랑시엔이 화웨이가 개발한 CCTV 장비 3.0 버전의 시범 도시로 채택되는데 일조했다. 그렇게 2017년 2월, 계약이 성사되었고 발랑시엔은 화웨이의 최첨단 CCTV 217대를 확보했다. 「르 카나르 앙셰네(Le Canard enchaîné)」[16](풍자성격이 강한 프랑스 시사주간지. - 옮긴이)에서 폭로한 것처럼, 장 루이 보를루는 이따금 화웨이의 고급 중매인 역할을 하기도 했다. 그는 2016년 12월 13일, 파리 방돔광장에 위치한 5성급 리츠 호텔에서 마뉘엘 발스(Manuel Valls) 전(前) 총리 밑에서 프랑스어권 및 외국거주 프랑스인 업무를 담당했던 정무차관 장-마리 르 겐(Jean-Marie Le Guen)과 화웨이 로테이팅 CEO(5년마다 교체되는 3명의 CEO가 6개월마다 돌아가며 대표 CEO직을 맡는 화웨이의 경영제도. - 옮긴이) 켄 후(Ken Hu)의 만남을 주선했다. 2019년 3월, 필자가 장-마리 르 겐 전(前) 차관에게 화웨이에서의 역할에 대해 묻자 그는 "기자님과 상관없는 일"이라며 입을 닫았다. 그러면서 화웨이를 상대로 미국이 벌이는 전쟁에 대해 "미디어가 너무나 순진하게 접근하고 있다"며 비아냥거렸다.

이외에도 정치계 인사들과 공무원들이 화웨이와 관계를 맺은 사례는 얼마든지 많다. 화웨이 내부 소식통에 따르면, 자크 시라크 행정부에서 장관을 지낸 필립 두스트-블라지(Philippe Douste-Blazy)와 2009년부터 2014년까지 프랑스 전력공사(EDF) 사장을 지낸 앙리 프로글리오(Henri Proglio) 역시 최근 몇 년간 화웨이에 자신들의 인맥을 제공하겠다고 제안했다. 성사되지는 않았지만 말이다.

---

16   '장 루이 보를루, 화웨이에 미소짓다(Borloo fait des risettes à Huawei)', 「르 카나르 앙셰네」(2017년 3월 8일자) 참조.

한편으로 장 루이 보를루, 자크 시라크 행정부의 정무차관 니콜 게지(Nicole Guedj), 프랑스 전력공사 및 베올리아(Véolia, 프랑스 물관리 및 환경전문 대기업. - 옮긴이) 사장을 역임한 앙리 프로글리오는 2019년 7월 8일, 케 브랑리(Quai Branly) 박물관에서 화웨이가 주최한 파티에 참석했다. 다음날, 저널리스트 르노 지라르(Renaud Girard), 켄 후, 사회당 출신 전(前) 장관 엘리자베스 기구(Elisabeth Guigou), 푸조시트로엥(PSA)그룹 대주주 로베르 푸조(Robert Peugeot)는 엘리제궁 코앞에 있는 세르클 드 유니옹 엥테랄레(Cercle de l'Union Interalliée, 1917년 파리에서 문을 연 프라이빗 소셜·다이닝 클럽. - 옮긴이)의 매우 호화스런 연회장에 마련된 조찬 모임에 초대되었고 함께 뒷풀이를 했다.

법조 및 홍보 분야를 보강하기 위해 화웨이 프랑스는 마침내 부리·탈롱(Boury·Tallon) 파트너스 법률사무소, 홍보전문가 파트리샤 골드만(Patricia Goldman), 홍보회사 하바스 그룹(le groupe Havas)과 같은 다수의 로비스트들과 손을 잡았다. 뿐만 아니라 화웨이는 전(前) 사회당 의원 클로드 바르톨론(Claude Bartolone)의 국회보좌관을 지냈고 담배제조사 필립 모리스의 프랑스 지사 공무팀장을 지낸 변호사 타이마 삼만(Thaima Samman)을 영입해 2018년까지 함께 일했다.

이런 대대적 로비활동에 막대한 스폰서십이 빠질 수 없다. 일례로 화웨이는 2018년 5월 16일, 베르사유 성에서 열린 불·중 재단(France China Foundation)17 축제의 주요 스폰서 중 하나로 참여했다. 이 축제에는 켄 후 화웨이 로테이팅 CEO, 에두아르 필립(Edouard Philippe) 전(前) 총리 및 전

---

17   외교관 에마뉘엘 르냉(Emmanuel Lenain)이 공동설립한 이 재단은 불·중 관계를 지지한다. 제5장 참조.

임 총리들, 친중 정치인 로랑 파비위스(Laurent Fabius), 장-피에르 리파랭(Jean-Pierre Raffarin), 또 다른 대표적인 친중 인사인 '라 레퓌블리크 앙 마르슈!'당 소속 부온 탄(Buon Tan) 의원이 참석했다. 화웨이의 인적 네트워크를 공고히 하고 새로운 인맥을 구축하기에 더없이 좋은 자리였다. 게다가 화웨이는 파리에서 열리는 스폰서십 파티에 유명 중국 피아니스트 랑랑(郎朗)을 출연시키기 위해 15만 유로를 기꺼이 출연료로 지급했다. 파리국립오페라극장 또한 2017년에 화웨이와 거액의 스폰서십을 계약했고 화웨이는 3년에 걸쳐 90만 유로를 투자하기로 약정했다.

인심 좋은 화웨이는 설비를 제공하는 로비에도 과감하게 뛰어들었다. 2017년 10월, 오랑주 시베르데팡스(Orange Cyberdéfense, 프랑스 대형통신사 오랑주가 설립한 사이버보안 전문기업. - 옮긴이)가 낭테르(Nanterre)의 라 데팡스 비즈니스 지구에 캠퍼스를 설립하자 화웨이 임원진은 오랑주 시베르데팡스에 놀랄만한 제안을 했다. 오랑주의 한 관계자는 "당시 캠퍼스에 설치할 대화면 모니터 120대가 필요했고 화웨이 임원진은 화웨이 중국 본사에 와서 원하는 모니터를 가져가라고 제안했다. 하지만 윤리적 문제와 기자재 보안 문제 때문에 바로 거절했다"고 밝혔다.

화웨이와 프랑스의 "매국노"

프랑스에서 화웨이는 '고위 임원'을 임명할 때도 이러한 로비 전략을 펼친다. 탈레스 그룹 항공부문장을 지낸 프랑수아 쿠엥탱(François Quentin)은 2010년부터 2018년까지 화웨이 프랑스 법인 이사회 의장직에 앉았다. 그의 방위산업체 출신 '친구들'은 프랑수아 쿠엥탱의 이러한 이적 행위를 마음에 들어하지 않았고, 그에게 "매국노(traître)"라는 별명을 붙여주었다. 프랑수아 쿠엥탱은 자신을 저격한 르포[18]가 방송된 후, 이를 취재한 저널리스트 엘리즈 뤼세(Elise Lucet)를 향해 "앞으로 그 어떤 유명 기업인과도 인터뷰할 수 없도록 모든 네트워크를 가동하겠다"고 위협하면서 직설적이고 다혈질적인 태도를 드러냈다. 그의 이런 태도는 프랑스 행정부를 대할 때도 마찬가지였다. 한 고위 공무원은 당시 상황을 이렇게 전했다. "2014년에 화웨이가 정부 부처 관계자들을 상대로 매우 강력한 로비 활동을 벌이고 있을 때, 프랑수아 쿠엥탱은 내게 넌지시 화웨이는 프랑스를 적으로 생각하지 않는다고 말했다. 그러더니 돌연 안면을 바꾸고 프랑스 정부가 화웨이의 투자 제안을 받아들이지 않는다면 유리한 제안을 먼저 해준 독일로 갈 수 밖에 없다고 위협했다."[19]

이후 2016년, 헌병 출신으로 에파주(Eiffage, 프랑스의 대형 토목·건설회사. - 옮긴이)의 보안 및 정보보호 책임자를 지낸 그웨나엘 루이엑(Gwénaël Rouillec)이 화웨이 프랑스의 '사이버보안 이사'로 전격 임명되었다. 이에 화웨이에 몸담았던 한 직원은 그것은 그저 위장술일 뿐이라며 이렇게 말했다. "프랑수아 쿠엥탱은 실질적인 권력이 없으며 그저 담보일 뿐이다. 화웨이 프랑스의 실세는 장밍강 화웨이 프랑스 부법인장과 스웨이량 법인장[20]이다. 프랑스뿐만 아니라 다른 여러 국가에서도 마찬가지다. 외국인이 임원 자리를 꿰찬다 해도 모든 요직의 배후에는 중국인이 버티고 있다. 그들만이 화웨이 본사와 연결되어 실질적인 권력을 행사할 수 있다."

---

18   '우리가 사용하는 핸드폰의 말할 수 없는 비밀(Les secrets inavouables de nos téléphones portables)', 카슈 엥베스티가시옹(Cash Investigation), 2014년 11월 4일자.
19   이와 관련해 프랑수아 쿠엥탱 측에 사실관계 확인을 요청했지만 답변을 들을 수 없었다.
20   이후 그는 프랑스 지역 CEO로 임명되었다.

그러면서 또 다른 이야기를 전했다. "그웨나엘 루이엑을 사이버보안 이사로 임명하면서 화웨이 경영진은 대외적으로 그가 '적응중'에 있다고 말했고 당연히 그럴 만 했다. 다만 임명되고 4개월이 지난 후에도 화웨이는 여전히 그는 '적응중'이라고 했다. 사실상 화웨이 프랑스는 중국 본사가 완전히 장악하고 있다. 화웨이 해외법인의 현지인 채용은 그저 기업 이미지를 제고하고 로비활동을 벌이기 위한 수단일 뿐이다."

 화웨이 유럽 계열사 직원은 전혀 익숙하지 않은 화웨이의 경영방식에 적응해야 하는 숙제가 있다. 서유럽에 위치한 화웨이 계열사에서 1년간 근무했던 한 직원은 "체벌 문제와 관련하여 사내 메신저의 메일을 받은 적이 있다. 중국 직원을 대상으로 한 메일이 잘못 전송된 것이었다. 메일의 내용을 보고 화웨이가 중국 직원을 매우 혹독하게 다룬다는 것을 알 수 있었다"고 밝혔다. 화웨이에 몸담았던 또 다른 직원은 "화웨이의 기업문화는 매우 군사적"이라며 "다수의 내부 문서에 힘을 과시하듯 탱크가 그려져 있는 것만 봐도 그렇다"고 말했다. 1980년대 초부터 공산당원으로 활동했던 런정페이 회장의 과거 이력과 화웨이와 공산당의 유착 관계 의혹이 저절로 떠오르는 대목이다. 프랑스 정보당국은 런정페이 회장과 베이징의 이 의심쩍은 '연결고리'를 면밀히 사찰하고 있다.
 한 정보당국 관계자는 "화웨이에 고용되어 프랑스에서 일하는 통역사 역시 중국의 첩보기관과 매우 밀접하게 연관되어 있을 것"이라고 주장했다. 더구나 베트남 풀브라이트 대학(Fulbright University) 크리스토퍼 볼딩(Christopher Balding) 교수와 영국 싱크탱크 헨리 잭슨 소사이어티(Henry

Jackson Society)가 합동으로 실행한 한 연구 결과[21]에 따르면, 화웨이 직원 상당수가 중국 정보기관에 연결되어 있다. 연구진은 조사를 위해 화웨이 직원들의 이력서 2만 5천 건을 면밀히 검토했고 직원 다수가 중국군이나 정보기관과 연관되어 있다는 결론에 이르렀다. 「블룸버그(Bloomberg)」역시 2019년 6월, 화웨이 직원 다수가 여러 연구 사업을 실행하며 중국군과 협력했다는 사실을 보도한 바 있다.

화웨이에 넉다운 된 알카텔

화웨이가 프랑스를 대표하는 기업 중 하나를 몰락시켰는가? 알카텔 전 임원들과 프랑스 정보당국은 망설임 없이 "그렇다"고 대답한다. 프랑스 최대 통신장비 제조업체였던 알카텔(Alcatel)은 경쟁사 화웨이의 불공정 로비 때문에 나락으로 떨어졌다.

여기서 최초로 밝히는 이 일은 2000년대 중반으로 거슬러 올라간다. 1990년대에 디지털가입자회선(DSL) 방식 초고속 인터넷을 성공적으로 도입한 패기 넘치던 기업 알카텔은 2000년대에 들어 경영 전략을 수정하고자 했다. 그러나 이후 알카텔은 세르쥬 취릭(Serge Tchuruk) 회장이 저지른 여러 전략적 실수의 대가를 치러야 했다. 그는 '공장 없는 기업'을 꿈꾸며 알카텔 장비 대부분을 해외, 특히 중국에서 제작하기로 결정했다. 통신장비 분야를 기업의 핵심사업으로 육성하고자 프랑스 고속철(TGV), 위성, 전기 발전소 부문을 매각하기로 한 세르쥬 취릭 회장은 무신통신 분야

---

21   '화웨이 직원들, 중국 군·정보기관과 깊이 얽혀 있다는 조사 결과 나와(Huawei CVs show close links with military, study says)', 「파이낸셜 타임스(Finantial Times)」, 2019년 7월 14일자.

로의 전환마저 제대로 실행하지 못했다. 그럼에도 미국 최대 통신회사 루슨트(Lucent)와 합병하기 전까지 알카텔은 유럽에서 통신장비 분야의 대표주자 자리를 놓치지 않았다.

그러나 영국통신회사 브리티시텔레콤(BT)이 내린 결정은 알카텔의 미래에 먹구름을 드리웠다. 2005년, 통신 네크워크 현대화 사업에 착수한 브리티시텔레콤은 알카텔보다 훨씬 저렴한 장비를 제공하는 화웨이와 대규모 계약을 체결하며 라우터, 전송 장비, 인터넷 접속장비를 화웨이에서 공급받기로 했다. 알카텔 전 임원은 당시를 회고하며 "뒤통수를 제대로 맞았다. 브리티시텔레콤이 화웨이를 선택할 줄은 꿈에도 몰랐다. 당시 알카텔은 DSLAM(통신사에 설치되는 네트워크 접속장비) 분야를 선도했다. 그리고 그때부터 그룹의 몰락이 예견됐다"고 말했다.

알카텔은 화웨이가 생산한 DSLAM(모델명 M500)에 의심을 품고 한 납품업체에서 해당 장비를 구입해 분석해 보기로 했다. 이 임원은 "놀랍게도 화웨이는 알카텔과 동일한 소스코드를 사용하고 있었다. 모든 코드가 동일했다. 우리가 에러를 일으키면 화웨이의 소스코드에서도 에러가 났고 우리가 '알카텔 고유'의 유지관리 소스코드를 입력하면 화웨이의 장비에도 동일한 코드가 입력됐다. 화웨이가 어떻게 그 소스코드를 입수했는지 모르겠지만 알카텔이 진출해 있던 중국이나 인도에서 유출되었을 것이라고 추측할 뿐이다. 그러나 화웨이가 알카텔의 전산망에 침입했다는 사실은 확인할 수 없었다"고 밝혔다.

이후 두 기업 사이에 벌어진 일련의 대결은 다윗과 골리앗의 싸움이었다. 알카텔은 당시 총리실 산하 경제 분야 인텔리전스 관련 기구의 요직에 있던 알랭 쥐에(Alain Juillet)를 통해 총리실에 이 사실을 전달했다. 알카텔은 "우리는 모든 증거를 확보했다. 우리가 싸움에 나서기로 결정한다면 프랑스 정부는 어떤 입장을 취할 것인가?"하고 물었다. 며칠 후 알랭 쥐에는 알카텔에 실망스러운 소식을 전했다. 프랑스 정부는 움직이지 않았다. 그토록 강력한 우방과 관계가 틀어지는 것을 원치 않았기 때문이다. 그러나 그렇게 무기력하게 당하고 있을 수만은 없었다. 결국 알카텔의 세르쥬 취릭 회장은 직접 나서기로 결심했고 법적 대응을 예고했다. 2006년, 알카텔은 화웨이에 연락을 취했지만 어떤 대답도 들을 수 없었다. 그로부터 몇 주 후, 중국 관계당국은 주중국 프랑스 대사관을 통해 알카텔이 계속 이런 식으로 나온다면 중국은 프랑스 시장에서 철수할 수밖에 없다고 으름장을 놨다. 투쟁에 나섰던 세르쥬 취릭 회장은 공개적인 협박에 위축되었고 결국 백기투항했다.

중국에 17개의 합작회사를 둔 알카텔로서는 얻을 것 보다 잃을 것이 많았다. 어쨌든 화웨이는 알카텔에 화해의 제스처를 취하기로 했다. 양사의 변호사들이 수개월 간 협상을 이어갔고 화웨이는 알카텔에 보상금을 지급하기로 합의했다.[22] 알카텔이 화웨이에 제기한 혐의는 수천만 유로의 보상금으로 되돌아왔다. 또 다른 알카텔 전 임원은 "그것은 화웨이가 알카텔에 발생시킨 손해를 참작한 일종의 위로금이었다"고 말하며 "그 일로 화웨이는 R&D 분야에서 뒤처진 10년을 만회할 수 있었고 우리는 그보다 더 큰 것을 잃어버렸다. 알카텔은 최후의 일격을 맞은 셈이었다"고 덧붙였다.

미국 거대 정보통신회사 시스코(Cisco) 역시 알카텔과 비슷한 사건을 겪었다. 2003년, 시스코는 라우터 소스코드에 관련된 지적재산권 침해 혐의로 화웨이에 소송을 제기했고 이후 화웨이와 합의했다. "화웨이는 결국 '실수로' 시스코의 소스코드 라인 3만 개를 사용했다고 자백했다"고 한 정보기관 관계자는 밝

---

22   화웨이에 사실관계 확인을 요청했으나 답변을 들을 수 없었다.

했다. 그러면서 "이러한 합의와 별개로 미 법원은 화웨이에 라우터 설정을 변경하라고 명령했다. 미국 정부는 이 사건에 단호하게 대응했다"[23]고 덧붙였다.

이 사건 하나만 봐도 화웨이와 ZTE의 등장이 세계 통신장비업체 시장에 얼마나 큰 태풍을 몰고 왔는지를 여실히 알 수 있다. 중국의 두 거대 통신장비업체는 선진국을 공략하기에 앞서 모든 경쟁사를 굴복시킬만한 가격의 장비를 선보이며 아시아, 아프리카, 그리고 중동시장을 포섭했다.[24] 다음은 선진국을 공략할 차례였다. 두 중국 기업은 재정적 어려움을 겪는 여러 기업을 인수합병하기 시작했다. 중국 국책은행의 무조건적이고 무제한적인 지원에 힘입어 두 기업은 비약적 발전을 이루었다. 실제로 2005년부터 2009년까지 중국개발은행(國家開發銀行, China Development Bank, CDB)은 화웨이의 세계시장 점유율 확대를 지원하기 위해 총 300억 달러의 대출을 승인해 주었다.

단 몇 해 만에 화웨이와 ZTE는 베이징의 지속적인 지원과 더불어 앞서 언급한 다양한 전략을 통해 통신장비 분야의 거인으로 우뚝 서게 되었다. 현재 화웨이는 스웨덴 기업 에릭슨과 핀란드 기업 노키아를 제치고 통신장비분야에서 세계 최강자로 군림하고 있으며 ZTE는 4위 자리를 지키고 있다. 네트워크 장비분야에서 화웨이의 유럽시장 점유율은 28%에 달하며 에릭슨과 노키아는 각각 시장 점유율 25%로 화웨이의 뒤를 쫓고 있다.

이러한 화웨이의 폭발적 성장으로 이 분야의 여러 업체들은 큰 타격을 받았다. 특히 2000년대 초반에 북미지역 통신장비 업계를 선도했던 캐

---

23   이 사건은 스캇 트룬(Scott Thurn)의 기사에서도 다루어졌다. '화웨이, 시스코 라우터 소스 코드 복제 인정(Huawei admits copying code from Cisco in router software)', 「월스트리트저널(The Wall Street Journal)」, 2003년 3월 24일자 참조.
24   제9장 참조.

나다 기업 노텔(Nortel)은 화웨이와의 경쟁에서 밀리면서 가장 큰 타격을 받았고 엎친 데 덮친 격으로 2008년 세계금융위기까지 발발하면서 결국 2011년에 파산하고 말았다. 다른 거대 기업들 역시 화웨이와 ZTE의 가파른 성장에 맥을 못 췄다. 에릭슨은 노텔 지분 일부를 인수한 후 시스코와 손을 잡았고 알카텔은 2006년에 루슨트에 합병된 뒤 2016년에는 노키아에 매각되었다. 이것이 바로 독일 지멘스(Siemens)와 미국 제너럴 일렉트릭(General Electric, GE)에 대적할 수 있는 대항마를 키우기 위해 1898년에 프랑스가 설립한 프랑스 전력회사 콩파니 제네랄(Compagnie générale d'électricité, CGE)의 후신, 알카텔이 겪은 영욕의 역사다.

화웨이에 백기를 들고 만 유럽연합

화웨이와 ZTE가 유럽과 벌인 여러 분쟁을 지켜본 유럽연합(EU) 집행위원회는 마침내 칼을 빼들었다. 다혈질로 알려진 카렐 드 휴흐트(Karel de Gucht) 유럽연합 집행위 통상담당 집행위원(2010~2014년)의 주도로 유럽연합 집행위는 화웨이와 ZTE에 대해 반덤핑 조사를 시작했고 2013년 5월 15일, 반덤핑 관세 부과 등 대중국 제재에 대한 '입장을 정리'했다. 위원회는 두 기업이 중국 정부로부터 불법적인 보조금을 지원받아 시장 평균가보다 저렴한 가격으로 덤핑판매를 해왔다고 비판했다. 중국 정부의 불법적 지원 덕분에 유럽 경쟁사 노키아를 비롯해 에릭슨, 알카텔-루슨트를 제치고 시장에서 우위를 선점할 수 있었다는 취지였다. 위원회에 따르면 화웨이와 ZTE는 실제로 경쟁사보다 30% 정도 저렴한 가격에 장비를 판매했다. 위원회의 지적은 베이징에 보내는 일종의 경고였다. 당시 카렐 드 휴흐트 위원은 "'원만한 해결을 위해 중국 당국과의 협상을 진행하려면" 시간이 필요할 것 같다고 말했다.

　화웨이에 대한 유럽 차원의 반격이 시작된 것은 2010년부터였다. 카렐 드 휴흐트 위원과 유럽연합 통상총국팀은 화웨이와 ZTE의 유럽 시장 점유율 확대를 저지하기 위해 신뢰할만한 근거가 뒷받침된 자료를 극비리에 수집하기 시작했다. 벨기에 전 외교부 장관이자 부총리를 지낸 카렐 드 휴흐트 위원은 두 기업의 불법 행위를 증명하고 그들을 협상장으로 불러올 수 있는 자료를 수집하기 위해 특히 에릭슨, 알카텔-루슨트, 노키아에 협조를 요청했다. 관련 회의에 참석했던 한 관계자는 "회의는 극비리에 진행되었다. 위원회는 메일이나 전화통화가 오고 가는 것을 매우 조심스러워 했다. 중국이 이러한 접촉을 눈치채고 보복성 조치를 취하는 걸 원치 않았기 때문"이라고 말했다. 실제로, 노키아와 알카텔-루슨트는 소극적이나마 위원회에 협력한 반면, 에릭슨은 중국 측의 보복을 두려워해 협조를 거부했다. 스웨덴이나 덴마크 같은 다른 북유럽 국가들도 중국의 보복성 조치를 염려하며 위원회의 활동에 반기를 들었다. 결국 2014년 10월, 위원회는 R&D 분야에서 화웨이, ZTE와 일부 타협점을 마련하고 한걸음 뒤로 물러날 수밖에 없었다.

　위원회의 백기투항은 관련 업계에 씁쓸한 뒷맛을 남겼다. 한 통신장비 업체 관계자는 "위원회는 한 걸음 물러서며 중국과의 정면대결을 피해버렸다. 미국이 시스코 같은 자국 기업을 보호하기 위해 화웨이와 ZTE를 2010년 초부터 견제해왔던 반면, 유럽은 자유경쟁이라는 명분하에 중국 기업에 시장을 개방했고 결국 유럽 시장은 중국의 불공정한 경쟁으로 인해 완전히 잠식당하고 말았다"고 지적했다. 이런 과정을 거치며 유럽 통신장비업의 운명은 미국의 손에 넘어갔다. 화웨이와 ZTE 장비를 자국에서 배제한 미국은 유럽과 여러 건의 대규모 계약을 체결했다. 이로써 유럽 시장의 대미 의존도는 극도로 높아졌다. 이에 대해 한 관계자는 "중국 시장에 진출하기 위해 베이징이 원하는 대로 기술이전을 승낙한 일부 통신장비업체의 근시안적 결정과 유럽연합의 시장자유주의 때문에 1990년대에서 2000년대까지 통신장비 업계에서 정상을 찍었던 유럽은 모든 것을 잃게 됐다. 이제 유럽에게는 화웨이와 ZTE를 배제하고 유럽의 통신장비업을 필요로 하는 워싱턴에 예속될 것인지, 저렴한 가격으로 유럽 통신장비 시장을 지배하려 하는 베이징에 예속될 것인지, 이 두 가지 선택지 밖에 없다"며 개탄했다. 이러한 관점에서 화웨이에 대한 트럼프 대통령의 선전포고는 오히려 유럽의 통신시장에 숨구멍을 마련해 줄지도 모를 일이다……

5G에 올인하는 화웨이

불로뉴-빌랑쿠르에 위치한 화웨이 프랑스 법인에는 부산하게 움직이는 1백여 명의 원구원들이 있다. 통신 분야 전문가 메루안 데바 교수의 총괄하에 운영되고 있는 이 연구센터는 화웨이 프랑스 임원진의 자랑거리다. 2016년에 개소한 화웨이 수학연구센터는 2003년, 화웨이가 프랑스에 진출한 뒤 설립한 다섯 개 R&D 센터 중 하나이다. 화웨이 프랑스 수학연구센터는 모스크바 연구센터와 함께 화웨이가 해외에 개소한 유일한 수학연구센터다.

장밍강 화웨이 프랑스 부법인장은 "프랑스 연구센터의 연구원 대부분은 화웨이가 주력사업으로 키우고 있는 5G 알고리즘을 연구하고 있다"고 당당하게 소개했다. 괄목할만한 기술적 진보를 이룬 5G 통신은 4G 통신 대비 10배에서 20배 빠른 속도를 자랑한다. 5G 통신을 두고 미국과 중국이 기술적·지정학적으로 대립하는 것은 바로 이 때문이다. 미국은 중국이

5G 분야를 선점하도록 그냥 두지 않고 있다. 그런데 베이징이 '중국제조 2025' 사업의 핵심과제 중 하나로 5G 통신을 설정하는 바람에 워싱턴은 더욱 골머리를 앓고 있다.

이런 배경 속에서 화웨이 같은 중국의 거대 통신업체는 5G 분야에 막대한 투자를 하고 있다. 일례로 전 분야를 통틀어 세계에서 가장 많은 특허를 출원한 화웨이는 2018년에 5,400건의 5G 특허를 출원했다.[25] 2017년에 노키아와 에릭슨이 5G R&D 분야에 97억 달러를 투자한 반면, 화웨이는 같은 분야에 138억 달러를 투자한 것만 봐도 화웨이가 5G 분야에 얼마나 주력하고 있는지 쉽게 알 수 있다. 화웨이는 이렇게 5G 분야를 선도해 훗날 국제표준을 제정하는 데 선도적인 역할을 하고자 한다.

이에 대해 한 프랑스 정보통신 전문가는 "화웨이 임원들은 사석에서 화웨이의 5G R&D 투자에는 '제한이 없다'고 말한다"며 "화웨이가 5G 분야에서 경쟁사보다 크게 앞서 있는 만큼 과장된 말은 아닐 것"이라고 전했다. 한편 독일 통신업체 도이치텔레콤(Deutsche Telekom)은 내부 보고서를 통해 화웨이 장비를 배제할 경우 유럽의 5G 통신 출범은 예상보다 2년 더 늦어질 것이라고 전망했다.

2018년부터 2020년까지 이루어진 5G 장비 입찰에서 프랑스는 화웨이에 우유부단한 태도를 보였다. 미국과 그 동맹국이 5G 장비 입찰에서 화웨이를 배제한 반면, 프랑스는 통신장비를 감시하는 프랑스 정보시스템 보안국(ANSSI)의 권한을 강화하는 쪽을 택했다. 이런 선택을 함으로써 프

---

25   세계지적재산권기구(WIPO) 연례보고서에 근거한 수치이다. 그 뒤를 따르고 있는 기업은 2,800건의 특허권 신청을 낸 미쓰비시(Mitsubishi)다.

랑스는 중국과의 정면대결과 외교적 마찰을 피할 수 있었지만 다른 문제에 직면해야 했다. 한 프랑스 정보통신 관계자는 "화웨이의 기업 특성, 그리고 중국군과 맺고 있는 관계를 생각해보면, 프랑스의 몇몇 통신 네트워크가 화웨이에 해킹당할 위험성은 매우 높다"고 지적했다. 그러면서 "5G는 사물인터넷(자율주행자동차, 디지털 헬스케어, 교통 네트워크 등)에 적용되는 만큼 4G보다 전략적으로 훨씬 중요하다. 베이징과 마찰이 빚어졌을 경우, 프랑스 국민들의 삶이 어떻게 될지 상상해 보라"고 덧붙였다.

한편으로 알랭 쥐에 프랑스 대외안보총국(DGSE) 전 정보국장은 프랑스의 주권 침해 문제를 지적하며 이렇게 말했다. "화웨이가 중국 기업인 것은 사실 큰 문제가 아니다. 물론 중국 정부는 자국의 주요 대기업과 긴밀하게 연결되어 있다. 그러나 그것은 미국도 마찬가지다. '애국법(Patriot Act)'이라는 테러대책법을 근거로 미국 행정부는 자국 기업의 디지털 데이터에 접근할 수 있다. 여기서 문제는 한 국가 전체가, 심지어 하나 또는 다수의 대륙이 통신장비업체 하나에 좌지우지될지도 모른다는 데 있다. 이렇게 민감한 분야에서 한 기업을 전적으로 신뢰해서는 안 된다."

프랑스 정보시스템보안국(ANSSI)에 몸담았던 한 군 관계자는 프랑스는 기술적 문제가 아닌 정치적 문제에 직면해 있다며 이렇게 지적했다. "미국 제품이나 중국 제품이나 리스크가 있는 것은 마찬가지다. 그렇기 때문에 어느 국가가 더 도덕적인가를 평가하는 일은 크게 의미가 없다. 정말로 중요한 것은 어떤 국가가 우리의 사상, 가치, 역사와 가장 결이 잘 맞는지를 파악하는 것이다. 미국이 물론 언제나 신뢰할 수 있는 동맹국은 아니었다고 하더라도, 오늘날 우리와 사상적으로 가까운 국가를 중국이라고 말할 수는 없을 것이다."

제2장

프랑스 기업을 향한
전방위 사이버 공격

프랑스의 핵심 정보기관들인 국내안보총국(DGSI), 대외안보총국(DGSE), 정보시스템보안국(ANSSI)의 로고. 인도-태평양을 비롯해 지금도 세계 곳곳에 프랑스령을 두고 있는 프랑스는 냉전 시절부터 지금까지 미국, 러시아, 영국, 이스라엘에 이어 세계 5위권 수준의 정보, 방첩 기구를 두고 있다는 평가를 받고 있다.

중국이 가장 탐내는 먹잇감, 에어버스

74세의 브린 존스(Bryn Jones)는 다섯 자녀의 아버지로, 퇴직 후 더비셔(Derbyshire, 영국 잉글랜드 중부)에서 전원생활을 즐기며 여유롭게 살고 있었다. 그런데 2018년 6월 12일, 그의 자택에 스코틀랜드야드(Scotland Yard, 영국 경찰대 중 가장 크고 유일한 국가경찰인 영국 런던경찰국의 별칭. - 옮긴이) 경찰들이 들이닥쳤다. 1968년부터 2003년까지 글로벌 3대 항공엔진 제조사 중 하나인 롤스로이스에서 내연기관 전문 엔지니어로 일했던 브린 존스는 그렇게 영국보안정보국인 MI5의 조사에 소환되었다. 롤스로이스에서 개발한 수많은 장비가 장착된 수직이착륙 전투기 F-35B에 관한 정보를 중국에 넘겼다는 혐의였다. 영국 타블로이드지 「더 선(The Sun)」[26]에 따르면, 결백을 주장하다가 체포된 지 몇 시간 만에 풀려난 브린 존스는 이후 중국 중부에 위치한 시안교통대학(西安交通大學)의 초빙교수 자리를 꿰찼다.

브린 존스의 행보는 예외적 일탈행위가 아니었다. 소식통에 따르면 2018년, MI5('보안국'이라고도 부른다.)는 유럽 3대 항공기 업체('롤스로이스', '에어버스', 세계 3위의 영국 방위산업업체 'BAE시스템즈') 직원 20여 명이 중국에 민감한 정보를 넘긴 정황을 포착했다. 안보 분야의 한 고위관계자는 "혐의를 의심받는 직원들 대부분은 해당 업체에서 20년 이상 근무했으며 그중 일부는 영국국적자이지만 모두 중국계"라고 밝혔다.

영국 방첩기관, 특히 MI5 산하 국가인프라방호센터(Centre for the Pro-

---

26   이 사실은 2018년 6월 14일자 보도로 밝혀졌다. '한 영국인, 1억 파운드 상당의 영국군 스텔스 전투기 비밀 중국에 넘긴 혐의로 체포(Brit arrested over suspected Chineses plot to steal secrets of £100 million RAF stealth fighter jet)', 톰 웰스(Tom Wells), 크리스 폴라(Chris Pollard). 사실관계 확인을 위해 MI5에 문의했으나 답변을 들을 수 없었다.

tection of National Infrastructure, CPNI)에서 입수한 정보는 중국이 어떤 권모술수를 부려 세 곳의 거대 항공기 업체의 산업기밀을 탈취했는지를 보여준다. 먼저 중국은 가장 '도움이 될 만한' 인물을 지목해 접근한다. 그리고 그의 휴가 기간에 퍼스트클래스 항공기를 제공하며 난징항공우주대학(南京航空航天大學)에서 열리는 학회에 초대한다. 상하이 서쪽에 위치한 난징시는 장쑤성의 성도로, 중국 경제스파이 활동의 본거지로 알려져 있다. 그리고 중국은 그에게 난징시의 5성급 호텔까지 제공하는데, MI5에 따르면 바로 그곳에서 중국정보기관 중 가장 강력한 국가안전부(国家安全部, Ministry of State Security, MSS) 요원들의 '취조'가 이루어진다. 뿐만 아니라 MI5는 영국에서 또 다른 직원들이 1급 산업기밀을 중국 국가안전부 요원이나 그 협력자에 넘겨준 정황까지 포착했다. MI5가 포착한 혐의는 법의 심판대까지 가지 못했지만 "매우 조직적인 스파이 활동"이었다고 안보 분야 고위관계자는 전했다.

한편 세 곳의 항공기 제조업체 중 중국이 가장 탐내는 먹잇감은 에어버스(Airbus)였다. MI5의 조사 이후인 2019년, 에어버스는 영국에 있는 다수의 중국계 직원들을 해고하기로 결정했다. 그리고 그들을 에어버스 항공기 인증과 관련된 문서를 중국에 넘긴 혐의로 고발했다. 영국의 한 정보기관 관계자는 "2021년 상용화될 중국 최초의 중대형 항공기 C919[27]의 날개와 도장은 아직 완성 단계에 이르지 못했다. 중국은 해외 항공기 제조업체의 인증 데이터를 빼돌려 자국 항공기 제조업에서 뒤처진 부분을 만회하려고 한다"고 지적했다. 따라서 브로우튼(Broughton, 웨일즈 지역, 직원 6,000명)과 필튼(Filton, 직원 3,000명)에 에어버스의 항공기 날개 제작공

---

27   168명의 승객을 수용할 수 있는 C919는 에어버스 A320, 보잉 737 기종과 경쟁할 것으로 보인다. 현재 중국상용항공기공사(中国商用飞机有限责任公司, Commercial Aircraft Corporation of China, COMAC)의 기업사정이 좋지 못해 상용화가 늦어지고 있다.

프랑스와 중국의 위험한 관계

장을 둔 영국은 중국에 있어 최적의 사냥터라 할 수 있다.

MI5에 따르면 에어버스 직원 일부가 중국에 넘긴 정보 때문에 에어버스는 이후 여러 차례 사이버 공격을 받으며 몸살을 앓아야 했다. 프랑스 툴루즈에 본사를 둔 거대 항공기 제조업체 에어버스는 분명 중국 해커들이 가장 군침을 흘리는 표적 중 하나였을 것이다. 실제로 에어버스는 중국 정보기관이 뒷배로 의심되는 사이버 공격을 수차례 받은 바 있다. 가장 최근에 받은 공격 중 하나는 2018년 말에 이루어졌다.[28] 당시 에어버스와 프랑스 정보시스템보안국(ANSSI)의 사이버보안팀은 미국이 중국 정보기관과 연결되어 있다고 강하게 의심하는 중국 해커그룹 APT10이 사용하는 방식과 매우 유사한 방식으로 실행된 사이버 공격을 탐지했다.[29]

에어버스 항공기 인증에 관련된 기술 문서를 노린 사이버 공격은 직접적으로 에어버스를 향하지 않았다. 공격은 프랑스 엔지니어링 업체 엑스플레오(Expleo, 직원 1만 5천 명)의 정보 시스템에 침투하는 것에서 시작되었다. 2018년 12월, 정보시스템보안국(ANSSI)으로부터 해킹 소식을 들은 엑스플레오는 이 사실을 에어버스에 전달했고 에어버스는 자사의 하도급업체까지 사이버 공격을 당했다는 사실을 확인했다. 이 사건을 담당한 정보시스템보안국(ANSSI)은 에어버스를 겨냥한 이전의 공격들까지 다시 끄집어내 연관성을 살폈다. 에어버스의 한 관계자는 "2016년도에도 동일한 방식의 사이버 공격이 있었다. 그때도 해커들은 하도급업체에 먼저 침투한 뒤 에어버스의 정보 시스템을 공격했다"고 전했다. 그러면서 "현재 해커들이

---

28   '한발 더 나간 중국의 에어버스 사이버 공격(Cyberattaque contre Airbus: la piste chinoise avancée)', 「샬랑쥬」, 2019년 2월 4일자.
29   2018년 12월 20일, APT10 소속 해커 2명이 미국 법무부에 소환되었고 12개국에 대한 사이버 공격 혐의로 기소되었다.

사용하는 코드는 훨씬 복잡해졌지만 방식은 동일하다. 수집된 정보들은 모두 한곳을 가리키고 있다. 이 공격의 배후에 베이징이 있다는 것"이라고 덧붙였다. 소식통에 따르면 에어버스는 2019년, 중국에 에어버스의 정보를 넘긴 혐의로 툴루즈 본사에 근무하는 일부 중국인 직원을 해고했다.

그보다 앞선 2013년에도 프랑스에서 4만 8천 명을 고용한 에어버스는 중국의 사이버 공격을 받았다. 그해 에어버스는 대형 수송기 A400M의 상용화를 목전에 두고 있었다. 2000년에 개발계획을 수립하고 300억 유로라는 막대한 금액을 투자한 항공기였던 만큼 모두의 기대가 쏠렸다. 그리고 그보다 몇 개월 앞서 중국군은 에어버스 본사에 A400M 항공기를 구매하고 싶다는 의사를 전달했다. 그런데 한 가지 걸림돌이 있었다. 1989년 천안문 광장에서 민주화를 요구한 학생과 시민을 유혈 진압하여 수백여 명의 사상자를 낸 천안문 사태 이후, 유럽연합(EU)이 중국에 무기 판매를 금지했기 때문이다. 이러한 조치를 철회하기 위한 논의도 수시로 이루어졌다. 유럽연합 회원국마다 입장이 조금씩 달랐지만 에어버스는 결국 중국의 항공기 판매 요청을 거절하기로 했다.

중국은 가만있지 않았다. 2014년 초 에어버스는 영국 정부통신본부 GCHQ(Government Communications Headquarters, MI5, MI6와 함께 영국 3대 정보기관 중 하나이다. - 옮긴이)로부터 에어버스의 정보시스템이 공격받았다는 소식을 통보받았다. 철저한 조사 끝에 유럽연합 회원국 사이버 보안 전문가 그룹은 이 공격이 중국의 소행이라는 데에 의견을 같이 했다. 그러나 해커들이 정확히 무엇을 찾고 있었는지는 알아내지 못했다. 이를 찾아내기까지 6개월이라는 시간이 소요됐다. 에어버스 전 임원은 "사이버 공격이 탐지되었을 때, 두 가지 해결방안이 존재한다"고 말했다. 그는 "공격을 탐지한 즉시 모든 시스템을 셧다운 하면 되지만 그렇게 하면 누가, 무엇을 목적으로 공격했는지 알아내기가 매우 힘들어진다. 반대로 해커의 공격을 기다리면서 우리가 원하는 방향으로 그를 유도할 수도 있다"고 설명했다. 그는 이것을 "쥐와 고양이의 싸움"에 빗대며 "당시 우리는 후자의 방법을 택했고 베이징을 배후로 하는 해커 그룹이 A400M 관련 기술문서를 탈취하려 했다는 사실을 밝혀낼 수 있었다"고 덧붙였다. 복수의 소식통에 따르면 이러한 사이버 공격 덕분에 중국은 2016년 7월부터 운용하기 시작한 대형 제트 전략 수송기 시안 Y-20의 인증을 수월하게 할 수 있었다.

이러한 사이버 공격으로 에어버스와 중국의 미묘한 관계가 재조명되었다. 에어버스는 2000년대 중반부터 중국을 항공기 분야의 거대한 시장이라 여기고 주요 고객으로 관리해왔다. 그렇게 에어버스는 약 15년간 미국의 경쟁사 보잉(Boeing)을 따라잡으면서 항공기 시장 점유율을 27%에서 50%까지 끌어올렸다. 또한 에어버스는 베이징 북동쪽에 위치한 톈진에 A320의 최종 조립공장을 설립했다.

에어버스의 한 임원은 중국과의 관계를 이렇게 진단했다. "우리에게 중국은 단기적으로는 노다지이지만 장기적으로는 위협이다. 그러한 관점에서 중국과의 관계는 동지와 적 사이를 아슬아슬하게 줄타기 하는 매우 미묘한 관계라 할 수 있다. 중국은 에어버스와 보잉이 양분하고 있는 항공기 시장을 보고만 있지 않을 것이다. 문제는 항공기 시장에 세 업체가 공존할 수 없다는 데 있다. 미국과 중국의 파워를 고려할 때 도태되는 기업은 에어버스가 될 것이다."

위 사건들에 대해 에어버스, 롤스로이스, BAE 시스템즈, 프랑스 정보시스템보안국(ANSSI), MI5에 사실관계 확인을 요청했으나 답변을 들을 수는 없었다.

프랑스의 기밀 보고서

에어버스가 당한 사이버공격은 프랑스에서 예외적인 사례가 아니다. 필자가 여기서 최초로 공개하는 극비 문서가 그것을 증명한다. 총리실 산하 프랑스 국방·국가안보사무국(Secrétariat général de la défense et de la sécurité nationale, SGDSN)은 2018년 7월, 프랑스가 겪고 있는 '중국의 위협'을 일목요연하게 정리한 보고서를 발표했다. 최근 몇 년 간 프랑스의 국익을 침해한 중국의 주요 사이버공격을 정리해 목록을 작성한 것이다.

보고서에서 프랑스 국방·국가안보사무국(SGDSN)은 2014년부터 2018년까지 프랑스 원자력·재생에너지청(이하 'CEA'), CEA DAM(원자력의 군사 분야 적용에 관한 업무를 다루는 CEA 산하 기관. - 옮긴이), 사노피, 에어버스, 사프란, 다쏘(Dassault), 탈레스가 중국의 사이버 공격을 받았다고 명확하게 밝혔다. 이례적인 보고서였다. 그도 그럴 것이, 그때까지 프랑스는 자국이 당한 사이버 공격의 배후로 특정 국가를 지목하지 않았기 때문이다. 이에 대해 한 프랑스 군 관계자는 "미국과 달리 프랑스는 공공연하게 특정 국가를 지목하지 않는다. 알고 있는 사실을 일단 숨기고 외교 및 정보기관 채널을 가동해 사건에 접근하기 때문"이라고 설명했다.

2010년에 작성된 또 다른 기밀 보고서는 프랑스가 당하고 있는 사이버 공격의 실상을 여실히 보여준다. 이 보고서는 프랑스 기업의 경제적 감시와 보안을 담당하는 D2IE, 프랑스 경제 분야 인텔리전스 부처 간 대표단이 작성한 것으로 프랑스를 표적으로 하는 중국 해커늘의 활동을 요약해 놓은 보고서였다. 2014년, 프랑스판 「배니티 페어(Vanity Fair)」[30]는 25쪽 분량의 보고서를 입수해 일부 공개했는데, 보고서에 따르면 프랑스 기업이 타깃이 된 사이버 공격 중 14.3%는 중국의 소행으로, 미국과 독일을 제치고 중국은 프랑스의 가장 큰 위협이 되고 있다. 프랑스를 대상으로 사이버 공격을 저지른 국가 중 러시아는 의외로 9위에 머물러 있었다. 보고서에서는 또 중국이 "에너지 분야에서 프랑스 기업의 가장 큰 적"이며, CEA를 상대로 사이버 공격을 가장 많이 저지르는 국가가 바로 중국이라고 밝혔다. CEA를 상대로 한 사이버 공격 횟수 면에서 중국은 미국과 러시아를 제치고 1위를 차지했다. 현재는 어떨까? 필자가 접촉한 정보기관 전 고위 관계자에 따르면 프랑스 중앙정보국(Direction centrale du renseignement intérieur, DCRI)이 밝힌 14.3%라는 수치는 2018년에 30%로 증가했고 프랑스 기업을 대상으로 가장 많은 사이버 공격을 실행하는 국가는 여전히 중국이다.

이런 결과에 중국은 매우 격한 반응을 쏟아냈다. 주프랑스 중국 대사관은 입장문(부록 참조)을 통해 프랑스가 제기한 의혹은 "완전히 소설 같은 이야기"라며 이렇게 반격했다. "중국 국립컴퓨터네트워크 응급대응 기술팀(CNCERT)이 발표한 '사이버보안의 진화에 관한 보고서'에 따르면, 2019년 1분기에만 악성코드가 심어진 해외 서버 약 3만 9천 대가 중국에 있는 컴퓨터 210만 대를 제어했다. 이러한 서버들 가운데 일부 프랑스에 있는 서버는 중국에 있는 컴퓨터 22만 대를 공격했다. 이 문제에 대해 그다지

30　'중국은 어떻게 프랑스의 비밀을 훔쳤나(Comment la Chine vole nos secrets)', 에르베 가테뇨(Hervé Gattegno), 프랑크 르노(Franck Renaud), 「배니티 페어」, 2014년 8월 27일자.

떳떳하지 못한 프랑스가 무슨 권리로 중국을 비난하나?"

여기서 끝이 아니다. 프랑스 국내안보총국(DGSI)은 기밀 목록 하나를 작성했다. 경제적으로 프랑스를 가장 많이 '공격'하는 국가를 평가해 순위를 매긴 것이다. 이를 위해 프랑스 국내안보총국(DGSI)은 사이버 공격, 기업 지배권 탈취(적대적 M&A), 기업 내에서의 노트북 절취 등 여러 다양한 자료를 수집했다. 그리고 여기에서 중국은 미국을 10점 차로 앞지르며 프랑스 기업에 대한 제1의 '공격자'로 지목됐다.

사프란에 침투한 중국 국가안전부

2017년 8월 21일, LA공항. 보안 관련 세미나에 참석하기 위해 몇 시간 전 상하이에서 이륙하는 비행기에 몸을 실은 유핑안(Yu Pingan)은 비행기에서 내리자마자 FBI 요원들에게 긴급 체포되었다. 몇 개월의 끈질긴 추적을 이어간 끝에 FBI는 결국 중국을 배후에 둔 사이버 스파이 활동의 핵심인물을 붙잡았다.

뛰어난 기술을 보유한 이 특급 해커는 '사쿨라(Sakula)'[31]라는 악성코드를 개발해 미국 기업과 프랑스 사프란을 상대로 수차례 사이버 공격을 감행했다는 혐의를 받았다. 유핑안은 약삭빠르게 미 법원의 손을 잡기로 하고 형량을 낮춰주는 조건으로 혐의를 인정했다. 그의 자백으로 상황은 빠르게 정리되었고 베이징이 수년간 대대적인 스파이 활동을 해왔다는 FBI의 의혹은 사실로 확인되었다. 그럼 이제 다수의 구체적 사례들을 살펴보자.

---

31 '중국의 해커들은 어떻게 사프란에 침투했나(Comment les hackers de Pékin ont infiltré Safran)', 「엥텔리장스 온라인(Intelligence Online)」 (프랑스 정보당국 통합 기관지. – 옮긴이), 2018년 11월 14일자 참조.

사건은 2013년 말로 거슬러 올라간다. 당시 여러 미국 기업은 사이버 공격의 주요 표적이었다. 그중에서도 특히 GE(제너럴 일렉트릭)는 2008년부터 프랑스 방산기업 사프란과 협업하여 A320neo와 737MAX에 탑재한 제트엔진 LEAP를 개발하고 있었다. 그런데 사프란은 중국 항공기 제작사 코맥(COMAC)과도 거래를 하고 있었다. 당시 사이버 공격을 조사하던 GE와 미 정보기관은 사프란의 도메인 네임 역시 사이버 공격을 받았다는 사실을 확인했고 사건을 프랑스 국내안보총국(DGSI)에 이첩했다. 2014년 초, 프랑스 국내안보총국(DGSI) 수사팀과 프랑스 정보시스템보안국(ANSSI) 전문가팀은 파리 15구 센(Seine) 강변에 위치한 사프란 본사를 방문했다. 그리고 메일로 받은 악성코드가 심긴 첨부파일을 열어본 도메인 네임 등록 업무 담당 직원 두 명의 아이디가 해킹당했다는 사실을 확인했다.[32] 뿐만 아니라 그 메일을 사프란의 한 직원이 발송했다는 사실도 알아냈다. 그는 사프란 사이버 관련부서 임원으로 결백을 주장했고 중국 출장 중 자신의 노트북이 악성 코드에 감염된 것 같다고 해명했다.

프랑스 국내안보총국(DGSI)은 수사로 밝혀낸 사실들을 FBI에 넘겨주었다. 미 수사팀은 이전 사건들을 비롯해 프랑스 정보기관으로부터 넘겨받은 정보들을 비교 분석해 홍콩 출장을 다녀온 한 미국인 임원의 노트북에 감염된 악성코드와 대조작업을 벌였다. 그런 식으로 FBI는 유핑안처럼 사이버 공격을 감행한 혐의가 있는 중국 해커들의 대화를 추적해 감청했다. 그리고 2017년, 유핑안을 체포하면서 난맥상을 보이던 이 사건의 수사가 급물살을 타기 시작했다. 그의 자백으로 FBI는 상하이 서쪽에 위치한 사프란 쑤저우 지사 직원 두 명이 중국 국가안전부에 소속되어 임무

32 　불특정 다수에게 이메일을 보내 개인정보를 불법으로 뽑아내는 신종 해킹 수법. '피싱'이라 한다.

를 수행했다는 사실을 밝혀냈다. 심지어 셴티(Xian Ti)라는 인물은 국가안전부 정식요원이었다. 프랑스 기술공과대학인 리옹 상트랄(Centrale Lyon)에서 연구원으로 재직했던 그는 사프란으로 이직해 제품개발부문장을 맡고 있었다. 2014년 1월, 쑤저우에서 출장 중이던 사프란 사이버 관련부서 임원의 노트북에 악성코드를 심은 것도 그였다. 중국 국가안전부 연락책으로 알려진 또 다른 인물 꾸껜(Gu Gen)은 사프란 쑤저우 지사의 전산 담당자였다. 미국과 프랑스의 끈질긴 수사 끝에 2017년에 결국 두 산업 스파이의 정체가 드러나고 만 것이다. 사안에 정통한 한 관계자는 "중국 국가안전부는 사프란의 터보엔진 설계에 관련된 정보를 빼내려 했을 것"이라면서 "항공기 개발에 뒤처져 있는 중국이 타사의 정보를 빼내 자력으로 엔진을 생산하고 그것을 인증하는데 필요한 온갖 정보들을 손에 넣으려 했을 것"이라고 전했다.

항공기 분야에서 중국의 관심은 사프란이나 에어버스에만 국한된 것이 아니다. FBI 사이버 범죄 수사부장을 지냈으며 현재 사이버 보안 기업 크라우드스트라이크(CrowdStrike) 대표인 숀 헨리(Shawn Henry)는 "우리 회사에는 항공업계 고객이 많다. 그들이 중국의 표적이 되었다는 사실을 우리는 알고 있다. 보건이나 에너지 분야와 마찬가지로 항공기 분야는 중국 정부가 가장 주력하고 있는 분야 중 하나"라고 설명했다.

미국 연방수사국(FBI), 프랑스 국내안보총국(DGSI)뿐만 아니라 미 법무부, 그리고 2014년 창설되어 알리스 셰리프(Alice Chérif) 검사가 이끄는 파리 검찰청 사이버 범죄수사부는 긴밀히 공조하며 수사를 이어갔다. 그리고 2018년 4월, 미국의 요청으로 중국 국가안전부에 소속된 또 다른 요원 얀준쉬(Yanjun Xu)를 브뤼셀에서 체포하면서 수사는 더욱 탄력을 받았다. FBI는 그가 중국 국가안전부 소속 부국장으로 사프란에 침투한 요원 두 명을 지휘했으며 자신의 정보원들에게 보수를 지급하기 위해 벨기에를 방문한 것으로 파악했다. 이후 그는 미국으로 송환되었고 2018년 10월 10일에 미 법무부는 그를 '산업스파이활동' 혐의로 기소했다.[33] 이후 미 법무부는 산업스파이 활동을 이유로 미국에 거주하고 있는 중국인 열 명을 추가로 소환했다. 2018년 1월 30일 공개한 공소장에서 미 법무부는 그들이 최소 5년간 '외국 항공사의 엔진 관련 데이터와 지적 재산 및 기밀 산업 정보'를 탈취하려 했다고 밝혔다. 장기전이 불가피했던 수사가 종료되고 기소가 이루어졌다. 사프란은 쑤저우 지사에 침투한 두 요원을 2018년 11월에 해고했고 손해배상을 청구했다. 그러나 2018년 10월, 중국은 이 사건이 '순전한 조작'이라며 되받아쳤다.

CEA도 피해가지 못한 중국의 사이버 공격

스파이 소설의 대가 존 르 카레(John Le Carré)나 로버트 리텔(Robert Littell)이 구상한 소설이라 해도 믿을만한 사건이 터졌다. 중국이 설마 프랑스의 공공기관, 프랑스 원자력·재생에너지청(CEA)까지 공격하리라고 그 누가 상상했겠는가.

사건은 2013년 봄으로 거슬러 올라간다. 2012년 2월[34], 사르코지 전 대

---

33   미 법무부 공소장에 그의 이름이 기재되지는 않았다. 얀준 쉬는 미 법무부에 협조하여 감형을 받는 조건으로 유죄를 인정하는 쪽을 택했기 때문이다.
34   'NSA사건, 2012년 엘리제궁 사이버 공격의 배후는 미국?(NSA : les Américains étaient-ils à l'origine de l'espion- nage de l'Élysée en 2012?)', 샤를 아케(Charles Haquet), 에마뉘엘 파케트(Emmanuel Paquette), 「렉스프레스(L'express)」, 2012년 11월 20일자.

통령 측근 중 일부의 컴퓨터가 해킹을 당했고 프랑스 사이버 수사대는 1년여의 수사 끝에 마침내 범인을 붙잡았다. 사이버 수사대는 이 사건의 배후에 그야말로 막강한 파워를 자랑하는 NSA(미국 국가안전보장국)가 있다고 발표했다. 에드워드 스노든의 폭로 사건이 일어나고 몇 주밖에 지나지 않은 상황에서 미국이 벌인 일이 만천하에 드러난 셈이었다. 스파이 행위가 발각되자 NSA는 오랜 동맹 프랑스를 볼 면목이 없었다. 프랑스의 분노를 누그러뜨리기 위해 NSA 수장 키스 알렉산더(Keith Alexander) 장군은 프랑스에 중대한 정보 하나를 흘려주었다. 바로 CEA가 중국의 조직적인 대규모 사이버 공격의 타깃이라는 것이었다. 프랑스 행정부는 당혹스러웠으나 서둘러 조사를 실행했고 NSA의 정보가 사실임을 확인했다.

    중국 해커들은 CEA 산하 원자력 군사적용 부서를 공격하려 했다. 프랑스 사이버 수사대에 따르면 중국 해커들은 그르노블에 근거지를 두고 있는 나노전기 및 나노기술 업계 최첨단 응용 연구소 중 하나인 CEA 산하 전자정보기술연구소를 공격하려 했다. 이 사건에 관여했던 한 관계자는 "중국 해커들의 대대적인 공격이 있었지만 적시에 방어할 수 있었다"고 당시를 떠올렸다. 그러면서 "해커들이 사용한 방식을 보고 우리는 어렵지 않게 중국의 소행이라는 것을 알 수 있었다"[35]고 덧붙였다. KGB에 프랑스 원자력 계획에 관한 기밀정보를 넘긴 프랑스 핵물리학 박사 프랑시스 텅페르빌(Francis Temperville)이 체포되고 27년이 지난 지금, 이제 CEA는 중국의 정보기관이 가장 군침을 흘리는 표적이 되고 말았다.[36]

---

35   중국이 사이버 공격을 실행했다는 사실은 앞서 언급한 프랑스 국방·국가안보사무국(SGDSN) 보고서를 통해 확인되었다.
36   2010년도 D2IE 보고서 참조.

프랑스 재경부를 초토화 시킨 PDF판 가짜「르 몽드」

프랑스 정보시스템보안국(ANSSI) 기욤 푸파르 국장에 따르면 "그것은 프랑스가 겪은 최초의 대대적 공격"이었다. 이에 대해서는 재경부 관계자들이 증언해줄 수 있다. 「파리 마치(Paris Match)」[37]가 보도한 것처럼 2010년 12월부터 2011년 3월까지, 프랑스는 일찍이 겪어보지 못한 심각한 사이버 공격의 표적이 되었다. 150여 대의 재경부 컴퓨터에 해커들이 침투해 수많은 문서들을 해킹했다. 재경부의 정보 탈취를 위해 해커들은 재경부 공무원들에게 메일로 PDF판 가짜 「르 몽드(Le Monde)」 신문을 첨부해 발송했다.[38] 사용자가 메일을 수신하고 첨부파일을 한 번 열기만 하면 해커들은 표적으로 삼은 컴퓨터를 제어할 수 있었다. 해커들이 노린 것은 2011년 11월, 칸에서 열릴 예정이던 G20 정상회의에 관련된 문서였다. 당시 프랑스 언론에서는 배후에 중국이 있다는 의혹을 보도했다.

공교롭게도 두 달 전 캐나다 재무부와 국세청도 유사한 사이버 공격을 당했고 당시 캐나다 언론 역시 이 공격의 배후에 중국이 있다고 보도했다. 프랑스에서는 사이버 수사대가 차분히 정보들을 수집했고 내부적으로 그 공격의 뒷배에 중국이 있다는 합의에 도달했다. 우선 수사대는 해커들이 해킹한 데이터를 밤시간에 넘겼고 이것이 중국 시간대와 일치한다는 사실에 주목했다. 그러나 그것은 단서일 뿐 증거는 아니었다. 해커들은 경쟁국에 혼돈을 주기 위해 이런 저런 시간대를 매우 적절하게 활용할 수 있기 때문이다. 그리고 마침내 사이버 수사대는 새로운 증거를 발견했다. 이에 한 프랑스 고위 공무원

37 　'프랑스 재경부에서 대규모 스파이 사건 발생해(Gigantesque affaire d'espionnage à Bercy)', 다비드 르 바이(David Le Bailly), 「파리 마치(Paris Match)」, 2011년 3월 7일자.
38 　여기서 최초로 밝힌다.

은 "해커들이 몇몇 실수를 하기도 했고 캐나다와 교환한 정보들이 우리가 사건을 분석하는데 매우 큰 도움이 되었다"고 밝혔다. 그러면서 "이번 해킹의 배후에 베이징이 있다는 것을 추호도 의심하지 않는다"고 덧붙였다.

관례상 사이버 공격의 실행자를 섣불리 단정 짓지 않는 프랑스였기에 프랑수아 바루앵(François Baroin) 당시 재경부 장관도, 파트리크 파이우(Patrick Pailloux) 프랑스 정보시스템보안국(ANSSI) 국장(2009~2014년)도 이 공격의 배후에 중국이 있다고 공식적으로 발표하지 않았다. 그렇지만 프랑스는 외교적인 방식으로 충분히 불편한 기색을 드러냈다. 2011년 11월 3일, 칸에서 개최된 G20 정상회의가 그 무대였다. 20개국의 대통령과 총리 보좌관이 칸 영화제가 열리는 극장에 마련된 회의장에 모였고 사르코지 전 대통령 보좌관 장-다비드 르비트(Jean-David Levitte)와 캐나다 총리 보좌관은 중국에 불만을 표시했다. 프랑스 보좌관은 중국 보좌관을 향해 "우리와 대화하고 싶으면 전화를 걸면 된다"면서 비아냥댔다. 한편 캐나다 보좌관은 "비우호적인 수법"을 사용했다며 중국을 넌지시 비판했다.

이러한 비판에 중국은 눈 하나 깜짝하지 않는 듯 했다. 2011년 9월, 언론에 공개된 아레바(Areva)에 대한 해킹[39]의 책임자로 프랑스 정보기관이 중국을 지목했는데도 말이다. 소식통에 따르면 2년간 수면 위로 모습을 드러내지 않았던 해커들은 보안이 허술한 아레바 미국 지사를 통해 아레바 본사에 침투했다. 당시 정보기관에 몸담았던 한 임원은 사건을 이렇게 설명했다. "해커들은 대대적 공세를 퍼부었고 아레바 전체 정보 시스템을 장악하는데 성공했다. 대략 2년이 지난 후에야 해커들이 침투했다는 것을 인지했고 사실관계를 파악하기까지 수개

---

39 '대규모 사이버 공격의 희생양 된 아레바(Areva victime d'une attaque informatique de grande ampleur)', 「렉스팡시옹 닷컴(L'Expansion.com)」, 2011년 9월 29일자.

월이 걸렸다. 중국이 어떻게든 아레바의 정보를 빼내려 한다는 사실을 알고 있었고 해킹 수법 또한 명확하게 드러났기에 중국의 소행이라는 것을 확신했다."

너무나 복잡한, 해킹의 배후 찾아내기

중국 스파이를 사이버 공격의 실행자로 지목하려면 꽤나 까다롭고 복잡한 과정을 거쳐야 한다. 사이버 보안업계 전문가들이 모두 한 목소리로 공격 실행자를 찾아내는 일이 무척 어렵다고 하는 마당에 그 배후에 베이징이 있다고 어떻게 자신있게 말할 수 있겠는가? 이에 대해 프랑스 대외안보총국(DGSE) 전 간부는 이렇게 설명했다. "실제로 해킹 실행자를 지목하는 일은 기술적으로 변수가 많기 때문에 꽤나 어려운 일이다. 그러나 정보기관들은 대부분의 경우에 해킹의 배후를 밝혀낼 수 있는 수사기법을 갖고 있다. 예컨대 사프란 사건은 비교적 쉬운 케이스였다고 할 수 있는데, 이는 FBI가 감청과 자백을 통해 해커집단의 배후에 중국이 있다는 증거를 발견했기 때문이다. 에어버스와 재경부 사건의 경우도 일련의 단서들이 정확하게 한 곳을 가리켰다."

한편 미국 거대 보안업체 시만텍(Symantec)의 로렌트 헤슬롤트(Laurent Heslault) 보안기술국장은 이렇게 설명했다. "기술적으로 해킹 실행자를 밝혀내는 일은 무척 까다롭다. 예를 들면 공격 소스코드에서 이런 저런 국가의 표의문자를 발견해낸다고 해도 해커들은 조사기관에 혼선을 주기 위해 일부러 다른 국가의 문자를 첨가할 수 있다. 그 때문에 미국인이 작성했지만 페르시아어로 된 소스코드가 존재할 수 있다. 반면 인적 요소(해커의 프로필이 특정되는 경우)와 해킹 수법을 파악할 수 있다면 공격 실행자를 지목하는 일은 훨씬 수월해진다."

그렇게 공격 실행자로 지목을 당하면 안면을 바꾸고 뻔뻔하게 나오는 수밖에 없다. 로렌트 헤슬롯 국장은 "중국은 사이버 공격의 배후로 지목당하면 다양한 제스처를 취한다"고 말하며 "중국은 보복조치를 취하는 국가를 무시하거나 위협한다. 반면 사실이 명백하게 드러난 경우라면 베이징은 해커들이 정부와 아무런 관련이 없는 일개 사이버 범죄자일 뿐이라고 주장하며 꼬리자르기를 한다"고 설명했다.

중국 해커들의 부상

서방세계 정보기관에서 "중국식 위협"이라 부르는 상황을 정확하게 알아보려면 1990년대 장쩌민 시대로 거슬러 올라가야 한다. 장쩌민은 1989년부터 2002년까지 중국 공산당 총서기 겸 국가주석을 지낸 인물로 중국이 사이버 분야에 관심을 두기 시작한 때가 바로 이 시기부터다. 1996년, 인민해방군 기관지 「해방군보(解放軍報)」에 게재된 한 기사에서 중국의 전략가 웨이진쳉(Wei Jincheng)은 새로운 형태의 인민 전쟁이 시작될 것이고 그 전쟁은 인터넷으로 치러질 것이며 이 전쟁에 가능한 가장 많은 수의 중국인들이 참전해야 한다면서 이렇게 역설했다. "적군의 정보를 입수하는 일을 정보기관이나 보안기관의 임무라고만 생각하고 나 몰라라 하며 관심을 두지 않는다면 중국은 전쟁에서 승리할 수 있는 절호의 기회를 놓치고 말 것이다."

그로부터 3년 후인 1999년, 중국 공군 대령 두 명은 웨이진쳉의 신조를 그대로 이어받아 자신들이 집필한 전쟁 전략에 관한 저서에서 이를 명확하게 언급했다.[40] 그들은 기존의 전술 이외에 산발적이고 지속적인 전쟁의 형태, 즉 분야를 가리지 않으며 경계가 없는 전쟁(기술, 정보, 경제분야 등)을 제안했다. 그들은 첨단기술을 이용해 저비용 전쟁을 치러야 한다고 주장했다. 인민해방군 제4전구(戰區)의 수장 다이(Dai) 장군은 2003년, 한술 더 떠서 로비와 스파이 활동을 통한 은밀한 전쟁이야말로 전략적 전쟁이라고 주장하며 이런 전쟁은 전시, 평시를 가리지 않고 장기적이고 대대적으로 이루어져야 한다고 강조했다.

중국이 사이버 공격에 손을 대기 시작한 시점은 1990년대 말로 거슬러 올라간다. 당시 중국은 파룬궁과 공산당에 반대하는 반체제 인사들을 주요 타깃으로 삼아 사이버 공격을 실행했다. 창사 또는 시안 군사학교 출신으로 구성된 중국 해커 그룹은 특히 미국에서 악명을 떨쳤다. 이후 2000년대 중반에는 유럽으로 타깃을 변경했다. 전직 프랑스 정보시스템보안국(ANSSI) 작전실 요원이었으며 현재 스타트업 기업 시탈리드 시베르세큐리테(Citalid Cybersécurité)의 대표인 알렉상드르 디외랑가르(Alexandre Dieulangard)는 "2005년부터 중국의 사이버 스파이 활동이 증가했고 이후 2008년부터 2009년, 2013년에서 2014년 사이에 전방위적 공격이 실행됐다"고 말했다. 그는 "이 시기에 중국은 에너지, 통신, 항공, 보건 분야에 집중적인 공격을 퍼부었는데 이 분야는 '중국제조 2025' 계획에 포함되어 있는 분야"라고 지적했다. 기술의 해외의존도를 낮추고 중국을 경제대국으로 끌어올리려는 이 계획에는 중국의 거대한 야심이 고스란히 담겨

---

40   '초한전(La guerre hors limites, 超限戰)', 치아오량(Qiao Liang), 왕싱쑤이(Wang Xiangsui) 저, 페이오 에 리바쥬(Payot et Rivages), 1999년.

있다고 할 수 있다. 그중에서도 사이버 분야는 중국이 서방세계에 뒤처져 있는 기술을 만회하기에 더없이 효과적인 도구 중 하나다. 러시아가 가짜 뉴스를 퍼트리거나 사보타주(방해 행위)를 위해 사이버라는 도구를 이용한다면, 중국은 경제적·정치적 목적으로 그것을 이용한다.

한편 중국의 사이버 스파이 활동은 '만리방화벽(중국 정부의 인터넷 검열을 일컫는 표현. - 옮긴이)'의 테두리 안에서 이루어진다. 중국 해커들의 활동을 정부가 전적으로 통제한다 해도 과언이 아니다. 프랑스 지정학 연구소(파리 8대학) 교수이자 국가사이버안보전략연구소 쉐르 카스텍 정회원 프레데릭 두제(Frédérick Douzet)는 그 문제에 대해 이렇게 설명했다. "중국 네트워크는 사실상 한 기업의 사내 네트워크처럼 작동한다. 국가가 통제하는 몇몇 대형 전용선을 통해서만 전 세계 네크워크로 연결되는, 국가차원의 인트라넷이라 할 수 있다. 인터넷 서비스를 제공하는 아홉 개 업체 모두 정부의 관할 하에 네트워크 접속 서비스를 제공하고 있다."[41] 뿐만 아니라 중국은 인터넷을 매우 엄격하게 검열하며 규제하고 있다. 이렇듯 베이징은 사이버 세계에서 지배력을 날로 강화하고 있다. 그 덕분일까. 다수의 정보통신 전문가에 따르면 중국은 2010년에 약 18분 동안 전 세계 인터넷 트래픽의 15%를 불법으로 가로채 정보를 탈취했다(BGP하이재킹 수법).

그런데 한 보고서가 발표되면서 기세등등했던 중국의 사이버 공격은 된서리를 맞았다. 2013년 2월, 미국 민간 보안업체 맨디언트(Mandiant)

---

41   프레데릭 두제는 2007년, 해당 주제에 관해 풍부한 자료가 뒷받침 된 논문을 발표했다. '중국의 인터넷 장벽(Les frontières chinoises de l'Internet)', 「에로도트(Hérodote)」, 125호, 2007년 출간.

는 충격적이고 상세한 내용의 보고서를 발표했는데, 맨디언트가 미 행정부의 자문기관이었기에 보고서의 내용은 미국의 적인 중국으로부터 강한 비판을 받았다. 맨디언트는 특히 미국에서 막대한 양의 데이터를 가로챘다는 혐의를 받는 인민해방군 소속의 한 사이버 부대[42]를 정확하게 겨냥했다. 맨디언트에 따르면, 이 최정예 사이버 부대는 중국이 전 세계로 파견한 해커 그룹 중 가장 '활발한' 활동을 하는 해커 그룹으로 상하이 푸동에 위치한 12층 건물에 근거지를 두고 있으며 수천 명의 영어와 코딩 전문가로 구성되어 있다. 이러한 폭로로 중국의 사이버 스파이 활동은 경색됐다.

전직 프랑스 정보시스템보안국(ANSSI) 요원이었으며 현재 러시아 안티바이러스 업체 카스퍼스키랩(Kaspersky Lab)에서 해킹수법 분석 전문 연구원으로 일하고 있는 펠릭스 에메(Félix Aimé)는 그에 대해 이렇게 설명했다. "맨디언트를 포함한 다수의 보고서가 발표되고 여러 해킹 그룹은 활동을 중단했고 중국은 사이버 분야를 재정비하기 시작했다. 2013년에서 2014년 사이에는 중국의 사이버 공격이 그다지 복잡하지 않았다. 사용된 코드도 비교적 단순해서 탐지하기도 수월했다. 그러나 그 시기 이후 중국은 심기일전했다. 2015년부터는 서방세계를 겨냥한 공격이 더욱 복잡해졌고 그만큼 추적도 어려워졌다."

중국의 사이버 공격이 얼마나 교묘해졌는지를 단적으로 보여주는 사례가 있다. 된서리를 맞은 이후 중국의 사이버 스파이는 에어버스를 더 이상 직접적으로 공격하지 않았다. 에어버스의 하도급업체를 먼저 친 후 에어버스 시스템에 침투하는 방식을 택한 것이다. 사이버 보안 전문업체 시만텍에 따르면 중국 해커들은 미국 정보기관이 개발한 코드를 활용해 미국

---

42   61398부대(Unit 61398)로 불린다.

기업을 공격하기도 했다.[43]

중국의 사이버 스파이 활동에 제동을 건 또 다른 사례를 살펴보자. 2015년 9월 25일, 미국의 오바마 전 대통령과 중국의 시진핑 주석은 두 나라가 골몰했던 사이버 전쟁을 중단키로 합의했다. 그런 맥락에서 중국 공산당은 모든 사이버 활동은 정부의 승인을 받아야 한다는 명확한 지침을 마련했다. 이를 위해 중국 정부는 국가인터넷정보판공실(国家互联网信息办公室, CAC)을 주무기관으로 내세웠다. 미국과의 합의 몇 달 전에 창설된 이 기관은 시진핑 주석의 직접 지휘를 받으며, 막강한 권력을 앞세워 중국의 모든 사이버 조직을 관리·통제한다. 프랑스 국가사이버안보전략연구소 쉐르 카스텍 회원이자 중국 과학 아카데미 초빙 교수 카베 살라마티앙(Kavé Salamatian)은 그 문제에 대해 이렇게 설명했다. "2014년에서 2015년까지는 어떤 기업이 특정한 정보를 얻고자 할 때는 군대나 대학에 보수를 지급하고 사이버 공격을 의뢰했다. 당시 사이버 스파이 활동은 군대, 정보기관, 일부 정부 부처에서 이루어졌고 공격 주체자 간에 실질적인 협의 없이 각자가 원하는 정보를 얻기 위해 산발적으로 공격을 실행하는 식이었다. 그런데 이후 중국 정부가 사이버 스파이 활동에 개입하기 시작하면서 공격 횟수는 현저하게 줄어들었다. 그 때문에 베이징은 자국의 해커들이 무슨 일을 하고 있는지 모른다고 발뺌하기가 더 어려워지기는 했지만 말이다."

한편 미국 정보보안업체 파이어아이(FireEye)의 보안 전문가 데이빗 그라우트(David Grout)는 "사이버 공격에 대한 미·중 간 합의가 이루어진 이

43 　'중국 사이버 스파이는 어떻게 NSA의 해킹 툴을 탈취해 공격에 이용했나(How Chinese spies got the NSA's hacking tools, and used them for attacks)', 니콜 펠로스(Nicole Perlroth), 데이비드 생어(David E. Sanger), 스콧 셰인(Scott Shane), 「뉴욕타임스(NewYork Times)」, 2019년 5월 6일자.

프랑스와 중국의 위험한 관계

후부터, 트럼프 대통령이 당선되기 전까지 중국은 미국보다 '일대일로' 사업과 관련된 아시아 일부와 유럽에 더 큰 관심을 가졌다. 현재는 미국이 다시 표적이 되고 있다"고 설명했다. 2014년 경쟁사였던 맨디언트를 인수한 파이어아이는 전 세계적으로 2만 개 해킹 그룹을 감시하고 있다. 그 중에 70개 그룹은 APT(지능형 지속공격) 해킹방식을 이용하는데, 공격방식이 복잡하고 비용도 많이 들어 국가로부터 재정지원을 받는 해킹 그룹만이 실행할 수 있다. 파이어아이의 집계 결과 APT 해킹 방식을 실행하는 70개 그룹 중 30여 개 그룹은 중국 정부에 속한 그룹이었다.

파이어아이가 발표한 보고서에 따르면 "여타의 해킹방식과 달리 APT 해킹방식을 사용하는 해커들은 대개 몇 개월, 길게는 몇 년에 걸쳐 공격 대상을 뒤쫓는다. 그들은 다양한 보안 조치를 피해갈 수 있으며 동일한 공격대상자에게 공격을 반복하는 일도 서슴지 않는다."

그렇다면 프랑스는 어떨까? 빈번하게 사이버 공격을 받던 그 시기(2008년부터 2015년 사이)보다 공격을 받는 횟수가 줄었을까? 한 프랑스 사이버 수사관은 "한때 사이버 공격이 소강상태에 접어든 적이 있었지만 최근 4년간 중국은 오히려 더 가열차게 사이버 공격을 펼치고 있다. 공격 횟수 면에서 중국은 프랑스에서 사이버 공격을 가장 많이 실행하는 국가"라고 전했다.

미국보다 더 위협적인 중국?

사이버 분야 정보기관 요원들은 어떤 국가가 프랑스에 가장 위협적인지를 서열화하는 일을 좋아하지 않는다. 지나치게 피상적이면서, 명확한 사실에 근거하지도 못하는데다가, 무엇보다도 객관적일 수 없기 때문이다.

1월의 어느 추운 겨울밤, 필자는 수차례 인터뷰를 요청한 끝에 몽파르나스(Montparnasse)의 한산한 맥주집에서 프랑스 정보기관의 한 요원을 어렵사리 만났다. 그는 망설이다가 이야기를 꺼내기 시작했다. 그는 "우리에게 보이는 것과 보이지 않는 것이 있다"는 말로 운을 떼며 프랑스가 처해 있는 상황을 이렇게 설명했다. "우리에게 보이는 것이란, 중국이 2008년부터 2014년까지 오랜 기간 프랑스에 사이버 공격을 집중했다는 것이다. 이런 상황은 지금도 여전하지만 눈에 보이는 부분은 지속적으로 줄어들고 있다. 중국이 무기를 현대화했기 때문이다. 그 때문에 쉽게 탐지할 수 없는 공격들은 하루가 다르게 증가하고 있다. 결국 보이지 않는 것들로 인해 상황이 더욱 복잡해졌다. 미국의 공격횟수가 줄었다고 해서 공격 자체가 줄었다고 말할 수 있을까? 스노든 사건을 겪으며 우리는 그 질문에 쉽게 대답할 수 없게 되었다. 물론 프랑스 기업에 대한 미국의 공격횟수가 중국보다 적은 것은 사실이지만 그래도 미국은 미국이다." 필자가 들을 수 있는 이야기는 거기까지였다. 그나마도 이 짧은 저녁 인터뷰를 성사시키기 위해 두 달간 '끈질기게' 그를 설득해야 했다.

다소 실망스러운 인터뷰이긴 했어도, 어쨌든 이를 통해 에드워드 스노든의 폭로가 프랑스 정보기관에 야기한 트라우마를 엿볼 수 있었다. NSA 계약 요원으로 일했던 에드워드 스노든은 2013년에 NSA에서 벌어진 광범위한 도감청 행위를 폭로했다. 역사상 가장 큰 규모의 도감청 행위에는 프랑스도 포함되어 있었다.[44] 프랑스 역대 대통령 자크 시라크, 니콜라 사

---

44 'NSA는 어떻게 프랑스를 염탐했나(Comment la NSA espionne la France)', 자크 폴로루(Jacques Follorou), 글렌 그린왈드(Glenn Greenwald), 「르 몽드(Le Monde)」, 2013년 10월 21일자.

프랑스와 중국의 위험한 관계

르코지, 프랑수아 올랑드의 대화를 NSA가 감청해 왔던 것이다. 와나두(Wanadoo), 알카텔-루슨트 같은 다수의 프랑스 기업들 역시 NSA의 감청 대상이었다.

더욱 놀라운 사실은 미국의 동맹국들이 미국 정보기관에 협력하여 프랑스를 감시해 왔다는 것이었다. 실제로 2015년에 독일 언론은 독일 정보기관이 NSA와 협력하여 에어버스를 염탐해왔다는 사실을 보도했다. 이 사건은 사이버 보안 전문가들에게 중국과 상당히 다른 미국의 공격방식을 확인할 수 있는 계기를 마련해 주었다. 시탈리드 시베르세큐리테(Citalid Cybersécurité) 대표 알렉상드르 디외랑가르는 중국과 미국의 공격방식에 대해 "NSA의 기술은 금은 세공기술과 비슷하다. 캡슐화와 암호화를 통해 정교하고 가공할만한 공격코드를 만들어내기 때문이다. 이를 위해 개발자들은 수년을 연구한다. 중국 역시 전략적으로 중요한 분야를 해킹할 때는 엘리트 해커 그룹을 가동하지만 대부분은 저비용의 공격"이라고 설명했다.

미·중 관계를 논할 때마다 어김없이 따라오는 또 다른 의문이 있다. 오바마 전 대통령과 트럼프 대통령의 중국을 향한 온갖 비판은 정말로 근거가 있는 것일까? 아니면 그저 중국과의 기술패권 전쟁에서 우위를 차지하기 위한 미국의 의도적 행위일까? 한때 프랑스 정보기관에서 요직을 지낸 한 관계자는 "우리는 프랑스와 미국 기업을 타깃으로 한 사이버 공격에서 미국이 아무런 근거도 없이 독단적으로 중국을 지목했다고 생각하지 않는다. 미국과 프랑스가 공유한 정보들은 사실에 근거한 것들이었다. 그 모든 자료들이 공격의 배후로 중국을 가리키고 있었다. 이후 미 법무부와 FBI는 해커들을 기소하거나 입건했다. 그것이 미국 정부가 사이버 공격을 다루는 방식"이라고 설명했다.

더구나 트럼프 대통령이 당선된 뒤로 미국은 중국 해커들이 미국 최대의 적이라도 되는 듯 수시로 중국을 비판했다. 미국에서 인기리에 방영된 TV 시리즈 '디 아메리칸즈(The Americans)'(냉전이 최고조에 달했던 80년대에 미국에서 활약한 소련 스파이 부부의 이야기를 그린 미국 드라마. - 옮긴이)에 등장하는 KGB 요원들의 시대가 가고 그 자리를 중국 국가안전부에 소속된 사이버 스파이들이 차지한 셈이었다.

그렇게 미국은 사프란을 공격한 대규모 스파이 사건(2018년 10월 30일)에 연루된 중국 국적 해커 10명을 최근 몇 달간 줄줄이 입건했고 곧이어 APT10 해커 그룹에 속한 요원 2명까지 입건했다(2018년 12월 20일). 2018년 12월, 「뉴욕타임스」 역시 메리어트 호텔 그룹을 타깃으로 벌어진 대대적인 데이터 탈취 사건의 배후로 중국 첩보기관을 지목하며 비판했다. 미국 정보기관 사정에 정통한 한 정보원은 미국은 이 전쟁을 쉽사리 끝내지 않을 것이라 말하며 이렇게 설명했다. "십여 년 전부터 미국은 중국에서 기획한 대규모 해킹의 표적이 되고 있다. 미국이라고 해서 중국을 공격하지 않는 것은 아니지만 해킹의 규모 면에서 중국의 이러한 공격은 미국에 커다란 위협이 되고 있다. 고용이 무너지고 국가경쟁력이 훼손되기 때문이다. 그래서 최근 몇 년 간 미국 정보기관은 중국이 산업계와 사이버상에서 벌이는 스파이 활동을 매우 예민하게 주시해왔다. 실제로 미국 정부는 이 분야에 막대한 시간과 비용을 투입하고 있다. 이는 그만큼 많은 정보를 알아낼 수 있다는 것을 의미한다."

미국사이버보안연맹(National Cyber Security Alliance)이 발표한 데이터에 따르면 사이버 공격의 표적이 된 미국 중소기업의 60%는 공격이 있은 후 6개월 만에 파산으로 내몰렸다.

프랑스와 중국의 위험한 관계

해커와의 전쟁을 선포한 프랑스

"사이버 공격은 정보전쟁의 양상을 완전히 바꿔놓았다. 이제 전쟁은 사이버 공간에서 벌어지고 있다. 그것이야말로 진짜 전쟁이다. 그런데 이 전쟁에서 성공적인 방어를 하려면 막대한 재원이 필요하다." 프랑스 대외안보총국(DGSE)(2009~2012년)에서 요직을 거친 뒤, 3년간 프랑스 국내안보총국(DGSI)(2014~2017년) 수장을 지낸 파트릭 칼바(Patrick Calvar)는 이렇게 지적했다. 40년간 정보기관 요직을 두루 거친 뒤 2017년, 퇴직한 63세의 첩보계 거물 파트릭 칼바는 수많은 스파이 사건을 경험했고 이와 같은 결론에 도달했다. 그는 현재 사이버 공격이 일찍이 경험해보지 못한 수준에 와 있으며 이를 저지하려면 지금 당장 대책을 강구해야한다고 역설한다. 지금이 바로 그때일까. 중국으로부터 사이버 공격을 당해왔던 프랑스, 미국, 러시아의 공격과 방어 능력은 하루가 다르게 발전하고 있다.

그런 맥락에서 2019년 1월 18일, 플로렌스 파를리(Florence Parly) 국방부 장관은 사이버 전쟁에서 하나의 전기를 마련해 주었다. 신임 국방부 장관 플로렌스 파를리는 전임 장관 장-이브 르 드리앙(Jean-Yves Le Drian)이 초안을 잡아놓은 기조를 공식화했다. 사이버 전쟁에서 지금까지 유지해왔던 방어적 기조를 공격적 기조로 전환한다는 것이 골자였다. 이 문제를 두고 프랑스 대외안보총국(DGSE) 기술부는 오랜 시간 고민해 왔다. 이 새로운 기조를 발표하며 프랑스는 경쟁국에 명확한 메시지를 전달하고자 했다. 플로렌스 파를리 국방부 장관은 이렇게 예고했다. "프랑스 군대를 표적으로 사이버 공격이 발생할 경우, 국방부는 법적인 테두리 안에서 적절한 수단을 이용해 적절한 시기에 대응할 것이다. 또 공격자가 누구든 공격의 실행과 수단을 무력화할 것이다."

프랑스가 아무런 밑천도 없이 사이버 전쟁에 대한 기조를 전환한 것은 아니었다. 프랑스 군대는 이미 3,000명의 '사이버 전사'를 보유하고 있다. 그리고 군비편성법에 따라 1,000명의 신규 병력을 추가로 채용해 2025년까지 사이버 병력을 4,000명으로 늘릴 것이다. 방어조치 또한 이미 마련해 놓았다. 2017년 5월, 사이버방어 사령부(COMCYBER)가 특별사령부로 창설되었고, 대외안보총국(DGSE) 또한 주요 역할을 담당한다. 대외안보총국(DGSE)의 기술부에만 대략 2,500명(전체 요원수 6,000명)의 요원이 근무하고 있으며, 이는 프랑스 방송사 카날 플러스(Canal+)에서 성공을 거둔 TV 시리즈 '레전드 오피스(Le bureau des légendes)' 시즌 4의 배경으로 등장하기도 했다. 프랑스 국내안보총국(DGSI)에는 백여 명의 요원들로 구성된 사이버 부서 또한 설치되어 있다. 마지막으로 사이버 공격이 발생해 프랑스의 국익이 침해될 상황에 놓일 때 방어를 위해 개입하는 사이버 소방대 프랑스 정보시스템보안국(ANSSI)에는 600명의 요원이 근무하고 있다.

여기서 끝이 아니다. 2019년 1월 18일, 프랑스는 최근 몇 년간 고수해왔던 기조를 처음으로 변경하기로 했다. 프랑스를 표적으로 한 사이버 공격의 실행자를 공식적으로 지목하지 않는다는 기조를 포기하기로 한 것이다. 실제로 2017년에 국방부 장관은 국방부 서버에 비정상적인 접속이 있었다고 밝히며 러시아에서 시작된 악성코드를 지목했다. 이제 궁금해진다. 국방부는 이 새로운 기조를 중국에도 적용할 것인가?

> # 제3장

중국 스파이의
온상이 된 프랑스

중국 국가안전부의 위험성을 알찍이 경고한 로제 팔리고(Roger Faligot)의 저작 『중국의 정보기관, 마오쩌둥에서부터 현재까지(Les services secrets chinois: De Mao à nos jours)』 표지. 로제 팔리고는 중국 공산당의 서방 침투 문제를 다룬, 클라이브 해밀턴(Clive Hamilton) 교수의 저작 『보이지 않는 붉은 손(Hidden Hand)』에도 조력자로 이름을 올린 바 있다. ⓒ Nouveau Monde

중국 정보기관의 사냥터, 브르타뉴

프랑스 정보기관은 러브스토리를 믿지 않는다. 특히 매력적이고 젊은 여성과 군사 조직의 요원이 사랑에 빠진 이야기라면 더더욱 믿지 않는다.

그런 맥락에서 프랑스의 여러 국가 기관은 브르타뉴 지역을 예의주시하고 있다. 프랑스 국방·국가안보사무국(SGDSN)은 2018년 7월, 한 보고서[45]를 발표하며 브르타뉴 지역에 주둔한 군인들과 젊은 중국 여성들의 혼인 사례가 증가하고 있다고 밝혔다. 특히 브레스트(Brest)에 위치한 브르타뉴-옥시덩탈 대학(Université de Bretagne Occidentale)에 재학 중인 중국 여대생들이 지역 방위대에 지속적으로 접근해왔다는 사실을 지적했다. 한 프랑스 정보기관 요원은 "여성 스파이를 전면에 내세워 민감한 정보를 빼돌리는 방식은 중국이 전형적으로 사용하는 수법"이라며 "중국 정보기관이 프랑스 지방도시를 적극 활용하려 하기 때문에 이 지역에 대한 감시를 소홀히 해서는 안 된다"고 지적했다.

그도 그럴 것이 브르타뉴는 프랑스의 군비가 집중 배치되어 있는 지역 중 한 곳이다. 실제로 프랑스 대륙간탄도미사일 핵잠수함은 브레스트의 일 롱그(Île Longue)섬에 정박해 있다. 정보·통신 시스템을 다루는 국방부의 기술 전문부서격인 프랑스 방위사업청(DGA, Direction générale de l'armement)은 렌느(Rennes) 근교 브뤼즈(Bruz)에 위치하고 있다. 뿐만 아니라 사이버 산학단지(Pôle d'excellence cyber)와 생시르 코에키당(St-Cyr Coëtquidan) 특별군사학교가 있는 브르타뉴 지역에는 안보산업 분야에 관련된 400개 이상의 기업들이 대거 포진해 있다.

---

45   필자가 취재한 자료로 제2장에서도 언급되었다.

말하자면 브르타뉴 지역은 국방 분야에 투신해 경력을 쌓고 싶은 사람에게도, 보안이 엄격한 비밀에 다가서려는 사람에게도 더할 나위 없는 최적의 지역이라 할 수 있다. 이에 한 프랑스 정보기관 요원은 "프랑스 해군이 주둔해 있는 일 롱그는 특히 감시를 강화할 필요가 있다. 브르타뉴 국립고등기술학교(ENSTA)나 브르타뉴 대학에 재학 중인 중국 출신 여학생들이 그 섬을 자주 왕래하기 때문"이라고 전했다.

브르타뉴-옥시덩탈 대학에 재학 중인 유학생 중 중국인이 두 번째로 많고 프랑스에 진출한 16개 공자학원 중 하나가 브레스트에 설립된 것은 우연일 뿐일까? 프랑스 정보기관은 중국의 언어와 문화를 세계에 널리 알리고자 설립된 공자학원 역시 면밀히 감시하고 있다.

브르타뉴에 잠입한 중국 스파이들이 눈독을 들이는 분야는 국방 분야뿐만이 아니다. 정보통에 따르면 프랑스 정보기관은 최근 몇 달간 중국 국가안전부 요원들의 스파이 활동을 추적했다. 중국 정보기관의 요체라 할 수 있는 국가안전부 요원들은 브르타뉴에 위치한 바이오테크놀러지 스타트업 기업에 침투했다. 바이오테크는 중국이 국가발전을 위해 선정한 10개 핵심 분야에 속해 있다. 항공, 전기발전, 또는 신약생산 같은 분야는 '중국제조 2025' 계획에 포함되어 있는데 해당 분야의 국내 자급률을 6년 이내에 70%까지 끌어올리겠다는 것이 이 계획의 골자다. 프랑스 한 정보기관 관계자는 "중국이 어떤 분야에서 스파이 활동을 하고 있는지 알고 싶다면 '중국제조 2025' 계획을 읽어보기만 하면 된다"고 말하기도 했다.

그런데 프랑스 정보기관이 예의주시해야 하는 분야가 하나 더 늘었다. 프랑스 평생교육 업계에서 알짜배기 기업으로 꼽히던 데모스(Demos)

가 2016년, 중국 제1의 인터넷 교육 업체인 웨이둥 클라우드 에듀케이션(Weidong Cloud Education) 그룹에 매각되었기 때문이다. 웨이둥 그룹은 브레스트와 자매결연을 맺은 중국 동부의 항구도시 칭다오에서 시작한 기업으로 브르타뉴에 있는 브레스트 비즈니스 스쿨(Brest Business School)을 소유하고 있기도 하다. 프랑스 정보기관은 무엇보다도 데모스가 군 선발시험 연수과정을 제공한다는 사실에 주목하고 이 분야에서 베이징의 개입 가능성을 두려워하고 있다.

"중국판 KGB", 국가안전부

1983년, 덩샤오핑 시대에 창설된 중국 국가안전부는 중국의 가장 핵심적인 정보기관이라 할 수 있다. 20만 명의 요원들(프랑스 국내안보총국(DGSI)에는 4,000명, 대외안보총국(DGSE)에는 6,000명의 요원이 있다.)이 포진해 있는 국가안전부는 대간첩임무와 대외정보수집 업무를 수행하며 국가 경제개발 기관의 오른팔 역할을 톡톡히 하고 있다. 국가안전부에는 일명 '심해어(深海魚)'라 불리는 수만 명의 비밀요원들이 있는데 이들은 전 세계에 침투해 있다.

한 전직 프랑스 정보기관 요원은 "중국 국가안전부는 산업 스파이 분야에서 미국, 이스라엘의 정보기관과 견줄 수 있을 만큼 뛰어난 실력을 자랑한다"고 전했다. 이 주제에 천착해 온 탐사전문기자 로제 팔리고(Roger Faligot)는 중국 정보기관에 관련된 그의 뛰어난 저작에서 중국 국가안전부를 "중국판 KGB"라고 정의했다.[46] 그는 저서에 이렇게 썼다. "장차 '국

---

46 『중국의 정보기관, 마오쩌둥에서부터 현재까지(Les services secrets chinois: De Mao à nos jours)』, 로제 팔리고(Roger Faligot), 누보 몽드(Nouveau monde), 2010년.

가안전부'라는 명칭은 분명 KGB만큼 유명해질 것이다. 그리고 국가안전부로 인해 중국 사회는 10년 안에 큰 변화를 맞게 될 것이다. 민주주의 국가에서 안보 혹은 정보기관은 그저 정보를 취급하는 기관으로 한정된 범위에서만 활동할 수 있다. 그러나 구소련이나 푸틴 대통령 집권 하의 러시아처럼, 중국의 정보기관은 군, 공산당과 함께 권력의 한 주축을 이루고 있다."

국가안전부의 이런 막강한 권력은 날이 갈수록 프랑스의 대간첩 활동을 어렵게 만들고 있다. 앞서 인터뷰에 응한 프랑스 정보기관 요원은 상황을 이렇게 진단했다. "중국은 현재 프랑스에 가장 많은 문제를 일으키는 국가 중 하나다. 프랑스 정보기관은 문화적인 면에서 중국을 속속들이 알지 못한다. 따라서 프랑스는 지금보다 더 많은 중국통을 정보기관에 영입할 필요가 있다. 물론 능력이 출중하고 신뢰할만한 인물이어야 하지만, 이것이 늘 보장되지는 않는다. 프랑스가 직면한 또 다른 문제는 감시대상의 숫자다. 1990년대에 프랑스에 침투한 KGB 요원의 수는 프랑스 국토감시총국(Direction de la surveillance du territoire, DST) 요원의 수보다 더 많았다. 현재 프랑스에 침투한 국가안전부 요원의 수도 그때 상황과 다르지 않다. 특히 중국 정부의 통제 하에 산발적으로 활동하고 있는 요원들의 수까지 고려한다면 프랑스 정보기관 요원의 수를 훨씬 웃돌 것이라 예상된다. 기업과 인민도 정보 수집을 위해서라면 중국 정보기관에 협조해야 한다며 2017년부터 중국에서 시행한 사이버보안법도 프랑스로서는 반갑지 않다. 그러나 중국이 러시아와 다른 점이 있다면 중국은 상대국의 공권력이 개입하는 상황을 어떻게든 피하려 한다는 것이다. 중국은 외교적 분쟁으로 비화되는 상황을 가능한 피하려 한다."

프랑스와 중국의 위험한 관계

무엇보다도 프랑스 정보기관은 프랑스에서 도를 넘는 스파이 활동을 벌이고 있는 중국 국가안전부를 비판했고 2018년 10월, 「르 피가로(Le Figaro)」는 이 내용을 보도했다.[47] 「르 피가로」에 따르면 프랑스 국내안보총국(DGSI) 및 대외안보총국(DGSE)은 중국이 주로 링크드인(LinkedIn)을 통해 4천 명 이상의 프랑스 기업 임직원에게 '접근'했다는 사실을 파악했다. 중국 국가안전부 소속 요원들이 500개 이상의 가짜 프로필을 만들어 스파이 활동을 목적으로 행정부의 고위간부, 권력의 이너서클, 그리고 프랑스 대기업에 '침투'하려 했다는 것이다. 중국은 왜 이렇게 프랑스에 군침을 흘리는 것일까?

한 정보기관 관계자는 이렇게 진단했다. "당연히 경제와 군사정보 때문이다. 중국은 이 부분을 보완해 서방 세계에 뒤처져 있는 기술을 한 단계 끌어올리려 하기 때문이다. 프랑스의 산업계와 학계를 통틀어 항공, 보건, 바이오테크 분야는 중국이 가장 큰 관심을 보이는 분야다. 프랑스의 해외영토도 중국의 관심대상이다. 그중에서도 태평양의 타히티는 중국도 중요하게 생각하는 지역이다. 한편으로 중국은 외교문제나 다자협정에도 신경을 쓰고 있다. 일례로 2009년, 프랑스가 43년 만에 북대서양조약기구(NATO) 통합군 복귀를 선언하자 중국을 포함한 여러 국가가 프랑스에 더 큰 관심을 나타내기 시작했다. 또한 중국은 파리에 본부를 두고 있는 유네스코(UNESCO)나 경제협력개발기구(OECD) 같은 국제기구에도 눈길을 돌리고 있다."

---

47   '프랑스를 겨냥한 중국의 스파이 활동 계획(Les révélations du Figaro sur le programme d'espionnage chinois qui vise la France)', 크리스토프 코르느뱅(Christophe Cornevin), 장 시시졸라(Jean Chichizola), 「르 피가로(Le Figaro)」, 2018년 10월 22일자.

미쉐린, 에어버스, 그리고 발레오

　사이버 스파이 활동의 범위가 날이 갈수록 확장되고 있다고는 하지만 고전적 스파이 활동은 정보수집 분야에서 여전히 가장 큰 비중을 차지하고 있다. 해커가 만능은 아니기에 기존의 스파이들 역시 발로 뛰어야 한다. 프랑스 국내안보총국(DGSI)이 여러 건의 스파이 활동을 탐지한다고 해도 앞서 살펴본 것처럼 스파이 활동의 실행자와 배후를 정확히 지목하기란 여간 어려운 일이 아니다.

　프랑스 자동차 부품회사 발레오(Valeo)에서 벌어진 사건은 이를 단적으로 보여준다. 2005년 봄, 발레오는 중국인 인턴 리리황(Li Li Whuang)이 사용하던 컴퓨터의 정보가 삭제되고 사내 네트워크에서 기밀 데이터가 다운로드 된 사실을 확인했다. 콩피에뉴 기술대학(Université de technologie de Compiègne) 재학 중 인턴십 과정에 선발되어 냉난방 시스템 관련 부서에 배치된 그녀는 결국 데이터 탈취 혐의로 2005년 4월 27일, 검찰에 소환됐다. 그리고 이 사건은 몇 주 동안 각종 일간지의 1면을 장식했다.

　사건 초기 검찰에 의해 '21세기의 마타하리'라는 별명을 얻은 리리황[48]은 '기밀누설'과 '기업 정보 시스템에 대한 불법적 접근'을 했다는 혐의로 입건됐다. 그녀는 53일간 구치소에 수감되었고 이후 가석방되었다. 그리고 2007년 12월, '기밀누설' 혐의로 가택연금 2개월을 포함해 1년의 징역형을 최종적으로 선고받았다. 다만 이 사건에서 '산업스파이' 혐의는 유죄가 인정되지 않았다. 수사관들이 리리황이 입수한 데이터를 해외로 넘겼

48　　'리리, 너무나 순진했던 엔지니어(Li Li, l'ingénieure trop ingénue)', 다비드 르보 달론(David Revault d'Allonnes), 「리베라시옹(Libération)」, 2007년 11월 21일자.

다는 것을 증명하지 못했기 때문이다.

어쨌거나 '리리황 사건'으로 중국은 체면을 구길 수밖에 없었다. 리리황이 소환되고 몇 주 후, 주프랑스 중국 대사 자오진쥔(趙進軍)과 그 보좌관은 파리 17구에 위치한 발레오 본사를 찾아 경영진에게 유감을 표시했다. 당시 중국 대사는 "중국 국민이 구속된 것은 중국에 큰 충격이며 그 때문에 곤란을 겪고 있으니 리리황을 빼내줄 수 없는지"를 발레오 경영진에게 타진했다. 그리고 며칠 지나지 않아 중국 대사는 발레오를 다시 찾아 경영진에게 압박을 가했다. 여기서 그치지 않고 중국 대사는 법무부 장관이 리리황 사건에 개입해 주리라 기대하면서 발레오 경영진에 도미니크 페르벙(Dominique Perben) 법무부 장관과의 만남을 주선하기도 했다. 그러면서 한편으로 발레오가 중국에 많은 공장을 설립한 만큼 이번 일을 원만히 해결하는 것이 발레오로서도 좋을 것이라며 넌지시 협박을 하기도 했다. 전직 발레오의 한 임원은 "당시 중국은 중국 대사 선에서 사태를 해결하기 위해 거센 압력을 가했다"면서 "리리황이 석방되면서 사태가 진화되었고 '기밀누설' 혐의만을 유죄로 인정하며 사건은 종결됐다"고 전했다.

한편 프랑스 정보기관의 여러 인사들은 이 사건이 그런 식으로 종결된 데에 분을 삭이지 못했다. 당시 수사에 참여했던 요원 중 하나는 "당시 우리는 해결하기 쉬운 사건을 앞에 두고서도 제대로 대처하지 못했다. 체포가 너무 성급했다. 수사관이 리리황의 원룸에서 데이터가 꽉 찬 디스크와 초고속 인터넷이 설치된 것을 확인했지만 그가 무엇을 전송했는지는 밝혀내지 못했다. 그때 체포를 하는 대신 그것을 확인하기 위해 시간을 끌었어야 했다"고 안타까워했다. 그 외에도 수사에 허점은 많았다. 그는 당시를 떠올리며 이렇게 부연했다. "발레오는 당시 자동차 에어컨 시스템과 관련해 전 세계에서 가장 뛰어난 기술을 보유한 회사 중 하나였다. 중국의 자동차 업계, 특히 그레이트월(Great Wall)은 그 기술을 제대로 구현하지 못했기에 그 기술을 필요로 했다. 게다가 리리황이 인턴십을 했던 부서는 냉난방 시스템 관련 부서였다. 사실 이 사건은 온갖 실수의 결정체라 할 수 있다. 발레오의 보안은 너무나 허술했고 수사는 성급했으며 정치계는 사건에 무관심했다. 정치계에서는 발레오 사건 외에도 유사한 사건들이 더 많이 있다는 것을 정말 모르는지 알면서도 모른척하는 것인지 알 수가 없다."

또 다른 유사한 사건을 살펴보자. 2011년, 샹피뉴엘(Champigneulles) (로렌 지방)에 위치한 GE의 자회사 컨버팀(Converteam)에서 중국인 인턴사원 두 명이 선박용 고속 엔진 샘플을 촬영하다 발각됐다. '정보 수집으로 인한 중대한 국익 침해'와 '정보의 해외 불법반출' 혐의로 기소된 두 중국 인턴사원은 결국 결정적인 증거가 부족해 무혐의로 풀려났다. 앞서 인터뷰에 응한 정보기관 요원은 "이런 사건을 해결하기 어려운 이유가 바로 증거 때문이다. 적시에 조사에 착수해 실질적 배후를 찾아낼 때까지 추적을 해야 하는 것은 매우 지난한 과정인데다 결과가 늘 좋지만은 않다"며 수사의 어려움을 털어놨다.

프랑스에서 처음으로 대중적으로 알려진 발레오 사건에 이어 컨버팀에서 이와 유사한 사건이 벌어지자 경제 분야 인텔리전스 부처간 대표단(D2IE)은 프랑스 정보기관 코디네이터 베르나르 바졸레(Bernard Bajolet)에게 2010년에 관련 보고서를 제출했다(제2장 참조). 대표단은 특히 "프랑스 기업에 배치된 인턴사원"과 관련된 "리스크"에 주목했다. 프랑스에 3

만 명(일 세리, 노로코에 이어 세 번째로 많은 수)의 중국인 유학생들이 들어와 있어 정보기관이 중국 스파이 활동의 동태를 파악하기가 훨씬 더 어려워졌다는 것이다. 심지어 2014년에 프랑스 정부는 2020년까지 중국인 유학생 수를 5만 명까지 늘리겠다는 목표를 세웠다. 그렇게 된다면 2020년에는 프랑스에 유학 온 외국 학생 중 중국인 유학생의 수가 가장 많을 것이다. 프랑스의 한 정보기관 관계자는 "경제적 이유와 대학 간 학문교류를 이유로 프랑스가 중국인 유학생을 받아들이는 것은 충분히 이해가 되지만 정치계가 이대로 손을 놓고 있어서는 안 된다"고 지적했다. 그러면서 "중국인 유학생 중 상당수가 중국의 기술발전과 정보전달에 일조하고 있다"고 덧붙였다.

프랑스 대기업에서도 현 상황을 무겁게 받아들이고 있다. 프랑스의 한 대기업 보안책임자는 "법적인 문제들이 발생할 수 있는 리스크를 안고 계속해서 중국인 인턴사원을 채용해야 하는지 고민이 된다"면서 "인턴사원뿐만 아니라 엔지니어 중에서도 의심할 만한 사례가 발견되고 있는데 그런 경우에는 해당 엔지니어의 업무를 제한하고 방어조치를 취한다"고 설명했다. 중국인 인턴사원을 중심으로 이런 의혹들이 확산되자 프랑스 정부는 리스크를 사전에 차단하기로 결정했다. 일례로 프랑스 중앙정보국(DCRI)(프랑스 국내안보총국(DGSI)의 전신)은 사르코지 대통령 비서실 언론홍보부에 인턴으로 지원한 중국인 기자 지망생의 인턴신청을 받아들이지 않았다. 이에 대해 전직 프랑스 국내안보총국(DGSI) 요원은 "당시 우리는 기자행세를 하는 중국인들이 유럽에 입국했다는 첩보를 확인했기에 리스크를 감수하고 싶지 않았다"고 밝혔다.

그러자 중국은 정보 수집을 위해 인턴사원이 아닌 다른 수단을 생각해

냈다. 정보통에 따르면 미쉐린(Michelin, 미슈랭)은 중국인 여성 엔지니어 두 명을 수년간 고용했는데, 프랑스 정보기관은 두 사람이 중국 국가안전부와 연결되어 있다는 강한 의혹을 품었다.

파리에 위치한 세계 유수의 비즈니스 스쿨인 HEC 경영대학원과 ESSEC 경영대학원에서 수학한 두 중국인 여성은 2000년대 초반 미쉐린에 입사했다. 그러나 보안이 철저하기로 손꼽히는 미쉐린은 이내 두 사람이 입사한 진짜 목적을 의심하기 시작했다. 그리고 프랑스 영토 내에서 대간첩활동을 하는 프랑스 국토감시총국(DST)에 두 여성을 조사해 달라고 요청했다. 그때만 해도 국토감시총국에서는 두 여성을 크게 의심하지 않았다. 그렇지만 3개월 후 국토감시총국은 미쉐린 보안책임자가 제기한 혐의를 확인했다. 두 여성은 실제로 중국 정보기관을 위해 일해왔던 것이었다. 게다가 국토감시총국은 더욱 중요한 사실을 알아냈다. 그들의 최종 목표는 미쉐린이 아닌 에어버스였다. 두 여성 중 한 명은 에어버스의 본사가 있는 툴루즈를 매 주말마다 방문했다. 또 다른 한 명은 다수의 석유화학 기업이 포진해 있는 포-쉬르-메르(Fos-sur-Mer)(부슈-뒤-론(Bouches-du-Rhône) 지방)에서 주말을 보냈다. 믿을 만한 소식통에 따르면 미쉐린은 두 여성을 곧바로 해고하지 않았다.[49] 미쉐린은 수년간 두 여성을 단순 업무에 배치했고 그 덕분에 프랑스 정보기관은 두 여성을 장기간 추적해 혐의점을 찾아낼 수 있었다.

그로부터 몇 년 후 또 다른 사건이 프랑스 정보기관의 레이더망에 포착됐다. 이번에는 에어버스의 고위임원이 연루되어 있었다. 걸어다니는 '국방기밀'이라 해도 과언이 아닌 이 임원은 미모의 중국인 여성과 모종의 관계를 맺고 있었고 출장을 갈 때마다 이 여성과 동행했다. 일명 '징이 박

---

49 미쉐린에 문의를 했지만 답변을 들을 수 없었다.

힌 규화'라 불리는 정보·국방안보국(Direction du renseignement et de la sécurité de défense, DRSD) 요원들은 그의 수상한 행보를 포착했고 경고의 메시지를 보냈다. 그러나 이 임원은 경고를 무시하고 순애보를 끝내지 않았다. 결국 프랑스 대외안보총국(DGSE)에 의해 이 중국 여성의 민낯이 드러났다. 이 여성은 2009년, 에어버스 임원과 모스크바에서 체류하던 중 체포됐다. 요원들은 이 여성의 소지품을 수색하다 에어버스의 기술문서 복사본 여러 장을 발견했다. 또 그가 중국 첩보기관에 소속되어 활동해 왔다는 사실도 밝혀냈다. 한편 에어버스 임원은 당시 사장이던 루이 갈루아(Louis Gallois)와 끈끈한 관계였는데도 에어버스를 떠날 수밖에 없었다. 이후 그는 자문회사를 설립했고 에어버스는 그의 최대 고객 중 하나라고 한다.

중국이 프랑스에서 벌이는 대대적인 스파이 활동을 프랑스도 가만히 앉아서 보고만 있지는 않았다. 정보기관 핵심부에서는 프랑스에 체류하는 중국의 상층부 인사들을 감시하는데 주저하지 않았다. 그리고 프랑스 정보기관은 '흑역사' 하나를 남겼다. 사건은 2010년 11월 30일로 거슬러 올라간다. 중국동방항공(中國東方航空) 리우 샤오용(Shaoyong Liu) 회장은 중국 대표단과 에어버스를 방문하기 위해 툴루즈에 도착했다. 그는 저녁 7시경 자신이 묵을 크라운 플라자 호텔로 돌아왔고 객실에서 세 명의 남성과 맞닥뜨렸다. 그들 중 하나는 그의 가방을 뒤지고 있었다. 정보기관 기관지 「엥텔리장스 온라인」에서 보도한 것처럼, 세 남성은 프랑스 대외안보총국(DGSE) 요원이었다. 경찰의 수사로 사건은 무마됐지만 프랑스 대간첩 활동 역사에 길이 남을 뼈아픈 실수였다. 전직 에어버스 임원은 당시를 이렇게 회상했다. "크라운 플라자 호텔 사장이 고소하기를 원했지만 우리가 만류했다. 반면 리우 샤오용 회장은 아무렇지도 않은 듯 보였다.

우리 회사와 아무런 관련이 없었지만 사과의 말을 전하자 그는 내게 미소를 띠며 말했다. '중국에서도 익숙한 일인걸요.'"

중국의 표적이 된 프랑스의 연구실

프랑스 정보기관의 한 고위관계자는 말도 안 되는 협정이 체결되었다고 분노했다. 무슨 일이 벌어졌던 것일까.

몇 개월 전 프랑스 서부에 위치한 이공계 그랑제꼴의 연구실은 박사과정 연구원 정원 총 30명 중 10명을 중국 북동부 지역에 위치한 하얼빈기술연구소 출신들에게 할당하기로 결정했다. 1920년에 설립된 하얼빈기술연구소(哈爾濱工業大學, HIT)는 중국 연구중심 대학 중 9개 명문대를 일컫는 'C9리그'에 속해있는 하얼빈공업대학 산하 연구소이다. 항공우주공학으로 명성을 얻은 연구소는 중국국방과학기술산업국(国家国防科技工业局, SASTIND)[50]이 관할하고 있다. 중국국방과학기술산업국은 인민해방군의 모든 무기 시스템을 설계하고 구매하는 정부 기관으로 중국 언론[51]에 따르면 시속 5,800킬로미터까지 낼 수 있는 초음속 잠수함 개발에 전념하고 있다.

프랑스 정보기관 고위 관계자가 이 협정에 우려를 표하는 데는 또 다른 이유가 있다. 열 명의 중국인 박사과정 연구원이 프랑스 연구실에서 민간 및 군용으로 운용할 수 있는 탐색장비 개발에 참여하기 때문이다. 인터뷰를 위해 필자는 1월의 어느 날 아침, 파리 군사학교 근처 카페에서 그를 만났다. 그는 "정말 말

---

50   과학, 기술, 방위산업을 관장하는 국가기관
51   '상하이에서 샌프란시스코까지 100분 안에 도달하는 중국 개발 초음속 잠수함(Shanghai to San Francisco in 100 minutes by Chinese supersonic submarine)', 스티븐 첸(Stephen Chen), 「사우스 차이나 모닝 포스트(South China Morning Post)」, 2014년 8월 22일자.

도 안 되는 일이 벌어지고 있다"고 분노하며 자신이 우려하는 바를 이렇게 설명했다. "이것은 특별한 경우가 아니다. 중국은 가공할만한 전략을 세웠다. 중국은 전략적으로 중요한 분야를 연구하는 세계 유수의 연구소에 자국의 뛰어난 학생들을 파견한다. 게다가 재정적인 측면까지 공략하는데, 고등교육을 지원하기 위한 중국국가유학기금관리위원회(国家留学基金委, China Scholarship Council, CSC)는 박사과정 연구원 1인당 약 5만 유로를 프랑스 연구소에 지원하고 있다. 어떤 연구소도 이런 금액을 마다하기 어렵다. 프랑스에 체류하고 있는 많은 중국 유학생과 중국의 이런 전략 때문에 프랑스 정보기관은 골머리를 앓고 있다."

프랑스 경제 분야 인텔리전스 부처 간 대표단(D2IE)은 2010년에 제1장 전체를 '프랑스 연구원들의 불법적인 기술 이전'에 할애하며 프랑스 연구 분야에 침투하고 있는 중국의 공격적 전략을 지적하는 보고서를 작성해 발표했다. 보고서에서 대표단은 "중국은 연구결과를 독점하기보다 공유하는 대학이나 연구기관과 기술협력을 체결하면 무엇을 얻어낼 수 있는지를 아주 잘 알고 있다"고 지적하며 "때로 이런 무책임한 행위 때문에 예기치 않은 결과가 벌어지기도 한다"고 학계를 비판했다.

대표단은 보고서에 세계적 명성을 얻은 화학자 로제 나슬렝(Roger Naslain)이 중국에 민감한 정보를 넘겼다가 기소당한 사례를 제시했다. 「배니티 페어」[52]는 이 사건을 상세하게 보도했다. 보르도에 내열구조성 복합재료 연구소를 개소하고 프랑스 원자력·재생에너지청(CEA), 프랑스 방위사업청(DGA)과 협동 연구를 진행한 로제 나슬렝은 항공기 엔진과 로켓 추진체에 사용되는 전략적으

52　'중국은 어떻게 프랑스의 비밀을 훔쳤나(Comment la Chine vole nos secrets)', 에르베 가테뇨(Hervé Gattegno), 프랑크 르노(Franck Renaud), 「배니티 페어(Vanity Fair)」

로 매우 중요한 소재인 세라믹 매트릭스 복합재료를 개발했다. 그는 이러한 연구성과를 인정받아 레지옹 도뇌르 훈장까지 받았다. 그런데 그가 한 중국 여교수와 수시로 연락을 주고받는 정황이 프랑스 정보기관에 포착되면서 결국 발목이 잡히고 말았다. 로제 나슬렝 교수는 1995년부터 이 여교수와 함께 연구를 진행했고 중국군과 연관되어 있는 이 여교수는 얼마 후 중국 최초로 세라믹 매트릭스 복합재료에 관한 특허권을 제출했다. 그렇게 해서 중국은 프랑스와 미국에 이어 세계에서 세 번째로 이 기술을 보유하게 되었다. 이 사건으로 로제 나슬렝 교수는 2007년에 '명예교수'직을 박탈당했고 자신의 연구소에도 접근할 수 없게 되었다.

중국과의 협력으로 프랑스 정보기관을 긴장시킨 사례는 로제 나슬렝 교수만이 아니다. 2006년에 스트라스부르 대학의 연구원 L.B는 프랑스 국립과학연구소(CNRS)의 허가 없이 여러 개의 플라스크를 지니고 광저우로 가는 비행기를 타려다 엔츠하임 공항에서 체포됐다. 플라스크에 담겨 있던 물질은 알츠하이머를 치료할 수 있는 물질이었다. 프랑스 국립과학연구소는 연구원을 제소했지만 1심과 2심에서 모두 기각되었다. 특허권을 얻었거나 특허 신청 중에 있는 물질을 운반할 때 연구원이 연구소에 미리 고지해야 한다는 의무를 규정하는 서면 증거를 제시하지 못했기 때문이다. 이 사건으로 당시 스트라스부르 대학가는 크게 동요했다. 생물학자이자 아카데미 프랑세즈 회원 쥘 호프먼(Jules Hoffmann) 같은 일부 학자들은 연구원을 옹호했다.

앞서 인터뷰에 응한 프랑스 정보기관 고위관계자는 "과학계는 보안 문제와 스파이 활동에 크게 민감하지 않다. 실제로 많은 교수들은 엄격한 보안설비가 갖춰진 제한구역시설의 필요성에 대해 들으려고 하지도 않는다"고 개탄했다. 그는 또 "제한구역시설은 국가의 핵심 과학기술을 보호하는 장치의 일부로서, 관련 부처의 허가를 받은 후 연구원들이 출입할 수 있는 구역이 제한된다"고 했

프랑스와 중국의 위험한 관계

다. 그는 이어서 "중요한 시설임에도 일부 대학에서는 그런 시설에 재원을 투입하려 하지 않는다. 그런 시설을 갖추기 위해서는 CCTV를 설치해야 하고 출입카드도 제작해야 하며 새로운 건물을 지어야 할 때도 있다. 비용이 들 수밖에 없다. 과학계의 인식이 바뀌어야 한다. 프랑스 국민들이 중국에 좋은 일 시키자고 세금을 내는 것이 아니지 않은가. 이런 상황이 개선되지 않는다면 연구 관리 소홀로 언젠가 한 대학의 총장은 감옥에 가게 될지도 모른다"고 지적했다.

또한 2010년에 발표한 보고서에서 경제 분야 인텔리전스 부처 간 대표단(D2IE)은 프랑스 대학이 맺은 기술이전 협정을 비판했다. 대표단은 특히 2009년 상하이 국제기술이전네트워크와 프랑스 퀴리협회가 맺은 협약에 주목했다. 국가 차원에서 실행한 연구 결과를 기업으로 이전해 주는 조직을 두고 있는 퀴리협회에는 프랑스 원자력·재생에너지청(CEA), 프랑스 국립보건의학연구소(INSERM)같은 다수의 핵심 국가기관들이 소속되어 있다. 그밖에도 푸아티에 대학 기술 연구소(IUT de Poitiers)는 2014년에 중국 통신업체 중흥통신(ZTE)과 수년에 걸친 파트너십 협약을 체결했다. 이 협약에는 200명의 중국 대학생이 푸아티에의 통신회사에서 1년간 인턴십을 하는 과정이 포함되어 있었다. 이 소식을 접한 프랑스 총리실은 푸아티에 대학에 해당 과정을 프랑스가 아닌 다른 국가에서 진행할 것을 요청했다. 프랑스에서의 인턴십 과정을 진행할 수 없게 된 ZTE는 계획을 수정할 수밖에 없었다. 현재는 15명에서 20명의 중국 대학생이 매년 푸아티에 대학 기술 연구소 통신분야에서 교육을 받고 있으며 ZTE 유럽 계열사에서 인턴십에 참여하고 있다.

프랑스 정보기관과는 반대로 프랑스 외교계 대다수는 프랑스와 중국의 관계에 정부가 지나치게 신중을 기한다고 비판한다. 2017년 7월 29

일, 장-모리스 리페르(Jean-Morice Ripert) 전 주중국 프랑스 대사가 작성한 방안서를 보면 대번에 알 수 있다. 필자가 입수한 방안서의 제목은 '학계와 과학계를 위한 프랑스 대중국 외교방안(Diplomatie universitaire et scientifique de la France en Chine)'이었다. 리페르 대사는 대사직을 맡은 지 15일 만에 이 방안서를 작성했다. "중국은 프랑스와 협력하면서 프랑스가 보유한 노하우를 공유하고자 한다. 문제는 프랑스와 중국의 협력 목적이 같지 않다는 데 있다. 또 협력에 걸림돌이 되는 여러 가지 제약 때문에 프랑스와 중국의 과학기술 협력은 활발히 이루어지지 않고 있다. 프랑스는 미국, 영국, 심지어 호주보다 중국과의 협력에서 뒤처지고 있다."

장-모리스 리페르는 이어서 강조했다. "프랑스가 자국이 보유한 과학과 기술을 보호해야 한다는 생각에 사로잡혀 중국이 더 앞서나가고 있는 과학 분야에서 협력을 주저한다면, 그리고 중국이 미래에 더 앞서나갈 것으로 예상되는 많은 분야에서 협력을 주저한다면, 득보다는 실이 클 것이다. 프랑스가 중국과의 협력에 소극적인 이유는 대중국 외교에 있어 혁신 의지가 약하기 때문이다. 그것은 프랑스가 신생 분야에 자금을 투자할 수 있는 탁월한 능력이 있는 시장을 스스로 포기하는 것이나 마찬가지다."

외교부, 총리실, 국방부, 재경부에 이르기까지 프랑스는 중국을 상대로 명확한 전략을 채택하는 데 있어 갈피를 잡지 못하고 있는 듯하다.

중국의 통신감청시스템

중국 스파이들의 가방에는 정보 수집을 위한 갖가지 도구들이 들어 있다. 정보통에 따르면 2017년 10월, 방산·보안국제박람회(밀리폴(Milipol))에서 프랑스 정부기관은 흥미로운 물건을 손에 넣었다. 전시장에서 멀지 않은 부르제(Bourget)(센-생-드니(Seine-Saint-Denis)) 가로수길에서 중국이 설치해 놓은 장비를 발견한 것이다. 그 장비는 바로 'IMSI 캐쳐'로 휴대전화 통화내용을 감청할 수 있는 감시 장비였다. 이 장비는 세관에 신고되지 않은 물품이었기에 곧 압류됐다.

전직 프랑스 정보기관 관계자는 "당시 에어버스와 중국 정부 간 체결한 협약이 곧 발표될 예정이어서 일을 크게 만들지 않았다. 결국 장비를 돌려주며 프랑스에서는 사용하지 말라고 경고했다"고 당시를 떠올렸다. 몇 주 후인 2017년 11월 27일, 중국은 에어버스에 항공기 160대를 발주했다(복도 1개형 여객기인 A320 110대, 대형 여객기 A330 50대). 수십억 유로에 달하는 계약이었으니 어느 정도 손해를 감수할 수밖에 없었다..... 그리고 몇 년 후 역시 부르제에서 열린 항공·우주국제박람회에서 중국은 똑같은 짓을 저질렀다. 앞서 인터뷰한 정보기관 관계자는 "늘 있어왔던 일이다. 중국뿐만 아니라 러시아와 이스라엘은 그런 일에 매우 능숙하다"고 전했다.

저널리스트 뱅상 조베르(Vincent Jauvert)[53]의 보도에 따르면 중국은 2014년에 유럽, 아프리카, 중동 간 통신내용의 일부를 감청할 수 있는 위성 감청센터를 설치했다. 파리 남쪽, 슈비이-라뤼(Chevilly-Larue)에 설치된 이 센터는 베이징 외곽에 본부를 두고 있으며 미국의 NSA와 동일한 역할을 하는 인민해방군의 총참모부 제3부, APL-3과 깊숙이 연관되어 있다. 게다가 센터에는 대유럽 정보수집 임무를 담당하고 있는 61046부대가 파견되어 있다. 그러나 프랑스 정부는 이에 크게 신경 쓰지 않는 듯했다. 으레 그랬듯 프랑스 정부는 막강한

---

53   '프랑스에 있는 중국의 '커다란 귀'(Les 'grandes oreilles' de Pékin en France)', 「르 누벨 옵제르바퇴르(Le Nouvel Observateur)」, 2014년 9월 3일자.

동맹과 외교적 마찰을 빚는 것을 원치 않았기 때문이다.

어쨌든 벵상 조베르의 「르 누벨 옵제르바퇴르(Le Nouvel Observateur)」보도는 중국이 얼마나 단시간에 감청을 통한 정보수집에서 강대국들과 어깨를 나란히 할 수 있게 되었는지를 보여주었다. 로제 팔리고는 중국 정보기관에 관한 내용을 집대성한 그의 저작에서 "1990년대에 덩샤오핑, 양상쿤, 그리고 장쩌민 주석은 당대에 가장 성능이 뛰어난 감청 장비를 설치해야 한다고 역설하며 미국의 뒤를 바짝 쫓았다"[54]고 지적했다. 더욱 놀라운 것은 독일 정보기관 연방정보국(BND)과 미국 정보기관 국가안전보장국(NSA)이 당시 중국에 도움을 주었다는 것이다. 1989년 천안문 사태가 일어나기 전까지, NSA는 CIA와 마찬가지로 기술정보나 미사일 발사 정보를 수집하기 위해 신장(중국 북서부)에 설치된 기지국을 중국과 공동 관리해왔다. 전직 프랑스 정보기관 고위 관계자는 "중국은 현재 정보 수집을 위한 모든 수단, 즉 기술과 인력을 모두 갖추고 있으며 정보수집에서 세계에서 둘째가라면 서러울 정도"라고 평가했다. 그러면서 "중국은 이제 미국과 러시아를 부러워 할 이유가 딱히 없다"고 덧붙였다.

중국은 이런 평가에 대해 "과학기술 분야에서 중국에 따라잡히고 추월당한 서방세계가 중국을 질시하고 투덜거리며 하는 말일 뿐"이라며 중국에 가해지는 모든 비판적 의견을 일축했다(책 말미 부록 참조).

---

54   『중국의 정보기관, 마오쩌둥에서부터 현재까지(Les services secrets chinois: De Mao à nos jours)』, 로제 팔리고(Roger Faligot), 누보 몽드(Nouveau monde), 2010년.

제4장

프랑스와 중국의
미묘한 관계를 보여주는
중국 우한 P4 실험실

중국 후베이성 우한에 있는 우한바이러스연구소 중 일부를 찍은 사진이다. 둥근 탑 모양 시설이 있는 곳이 바로 생물안전도(Biosafety level) 4등급(P4) 연구실이 있는 건물이다. 이 실험실은 프랑스의 협력으로 지어졌다. ⓒGetty Image

거대한 벙커, 우한의 P4 실험실

2018년 2월, 천 개 호수(千湖之省)의 성이라 불리는 후베이성의 잿빛 하늘에서 내리는 가는 빗줄기가 저 멀리 보이는 양쯔강을 부옇게 가리고 있다. 칭하이성에서 발원하여 쓰촨성을 지나 상하이까지 흐르며 총 길이 6,380km를 자랑하는 양쯔강은 나일강과 아마존강에 이어 세계에서 세 번째로 긴 강으로 중국 내 경제규모 8위의 성인 후베이성 강변에 우뚝 선 거대한 마천루들 사이에서 장엄하게 일렁인다.

후베이성의 성도 우한은 중국 동부 한가운데 위치해 있어서 베이징과 홍콩에서의 각 거리가 거의 같은, 인구 천만 명의 도시이다. 또한 마오쩌둥 체제에서 총리를 역임한 친프랑스주의자 저우언라이와 드골 장군이 1966년에 체결한 파트너십 덕분에 중국 도시 중 가장 친(親)프랑스적인 도시로 여겨진다. 그런 이유로 푸조시트로엥그룹(PSA), 유로콥터(Eurocopter), 로레알(L'Oréral), 페르노-리카르(Pernod-Ricard) 등 백여 개 프랑스 기업이 현재 우한에 들어와 있고 대(對)중국 프랑스 투자의 약 40%가 이곳에 집중된다.

최신식 우한 공항에 다다라 비에 젖은 활주로에 비행기가 착륙한 뒤, 1시간 조금 안 되는 거리를 차량으로 이동해 우리는 마침내 목적지에 도착했다. 삭막한 분위기에 아무런 특색도 없는 곳에 끝이 보이지 않는 6차선 도로와 나무가 우거진 구릉 사이에 끼어있었다. 그곳에는 세 개의 건물이 들어서 있었는데 하나는 붉은 벽돌로 지은 거대한 건물로 아직 건축 중이었고 또 다른 건물은 마치 감옥처럼 보안이 삼엄했다. 마지막으로 '우한 바이러스 연구소(Wuhan Institute of Virology)'라고 쓰인 직사각형의 흰색 건물이 눈에 들어왔다. 연구소를 총괄하고 있는 위안 지밍(Yuan Zhiming) 소장이 우리를 맞아주었다. "파리에서 오시는 길은 편안하셨나요?" 그가 만면에 미소를 띠고 프랑스어로 물었다. 미생물학 교수이기도 한 그는 이번 방문의 목적지로 우리를 안내했다. 우리가 오르는 계단의 벽에는 친중파 프랑스인들의 사진이 전시되어 있었다. 자크 시라크(Jacques Chirac) 전 프랑스 대통령을 비롯해, 자신의 이름을 내건 연구소를 운영하는 리옹 출신 사업가 알랭 메리외(Alain Mérieux), 사회당 출신 전 장관 장-마리 겐(Jean-Marie Guen), 베르나르 카즈뇌브(Bernard Cazeneuve)의 사진이 담긴 액자가 걸려있었다.

"여기입니다." 연구소 소장이 말했다. 우리 앞에 모습을 드러낸 근사한 신축 건물은 마치 포트 녹스(Fort Knox)(미 연방의 금괴가 보관된 금고가 있는 미 육군 기지. - 옮긴이)같았다. 3,000제곱미터가 넘는 규모의 벙커는 4층 건물로, 안이 비어 있는 여러 개의 공간이 분리 배치되어 있었고 내진 설계가 적용된 바닥 슬래브 위에 설치되어 있었다. 건물의 자재는 민간뿐만 아니라 군에서도 사용하는 자재였다. 그곳에서 근무하는 연구원들은 반드시 가장 엄격한 수준의 보호 장구와 방호복을 착용해야 한다. 만약 바이러스에 감염이라도 된다면 생존 확률이 극히 낮기 때문이다. CCTV는 24시간 돌아가며 연구소의 활동을 감시하고 있고 표지판에는 전 직원에 대해 연구소 내부에 혼자 남아있는 것을 금지한다는 안내 문구가 적혀있었다.

이 비밀스러운 건물은 생물안전 4등급(P4) 고위험 병원체를 연구하는 실험실이며 그곳에는 지구상에서 가장 위험한 바이러스(에볼라, 코로나바이러스, 고병원성 조류인플루엔자(H5N1) 등)가 보관되어 있다. 연구소는 감염원을 추적하고 그것에 대항할 수 있는 방안을 강구해 전 세계 수만 명의 생명을 구하자는 취지로 설립되었다. 전 세계적으로 이런 형태의 실험실은 30여 개가 존재하는데 그 중 3분의 1은 미국에 있다. 위안 지밍 소장은 "이 방은 에볼라와 유사한 CCHF(크림-콩고 출혈열) 바이러스를 연구하는 곳이며 이 방에는 햄스터나 생쥐와 같은 작은 동물들이 보관되어 있습니다"라고 설명했다. 2017년 2월, 프랑스 총리 베르나르 카즈뇌브(Bernard Cazeneuve)의 참관하에 개소한 우한 P4 실험실은 세계보건기구 협력 센터로 거듭나길 바라고 있다.

중국이 이 분야에서 거둔 최초의 성과라 할 수 있는 생물안전 최고등급의 이 실험실은 프랑스와 중국의 끈끈하면서도 지난한 협력의 결과물이다. 이 프로젝트를 진행하는 중에 중국은 생물학무기를 제작하려 한다는 의혹을 받았고 프랑스와 중국에서도 의견이 분분했으며 프랑스 정부 내에서도 논쟁이 끊이지 않았다. 2003년에 착수한 이 프로젝트는 그야말로 끝이 보이지 않는 길고 긴 강물 같았다. 가장 대표적인 불·중 협력 사례이면서도 가장 비밀스럽게 진행된 우한 바이러스 실험실에 관한 새로운 사실들을 이제 여기서 꺼내놓으려 한다.

국방부의 만류에도 중국의 편에 선 대통령과 총리

2003년 초, 급성 폐렴의 대유행으로 전 세계는 패닉 상태에 빠졌다. 수만 명이 격리되었고 비행편이 무더기로 취소되었으며 학교는 문을 닫아야 했고 의료용 마스크가 불티나게 팔려나갔다. 중증급성호흡기증후군(사스(SARS))으로 명명된 이 전염병이 확산되면서 아시아를 비롯한 12개국에서

8,000명 이상이 감염되고 800명이 사망하면서 팬데믹이 선언되었다. 세계보건기구(WHO)에 따르면 사스는 사람과 동물을 모두 감염시키는 21세기 최초의 '신종' 감염병으로 사람들은 과거 전 세계를 죽음의 공포로 몰아넣었던 페스트 같은 전염병이 다시 재현되는 것은 아닌지 두려워했다.

다행히도 사스는 제법 빠르게 진압되었는데, 세계보건기구에 따르면 중국 남부 광저우 지방에서 첫 감염 사례가 보고되고 8개월 후인 2003년 7월부터 기세가 꺾이기 시작했다. 전문가들에 따르면 사스의 원인으로 지목되는 코로나 바이러스의 숙주는 박쥐이다. 바이러스는 광저우 근교 광둥 지역 가축 시장에서 판매되는 소형 육식 포유류인 사향고양이를 통해 빠른 속도로 인간에게 전파되었다. 전염성이 강한 사스는 이후 홍콩, 싱가포르, 말레이시아, 필리핀, 베트남, 대만(타이완), 캐나다를 강타했다. 당시 중국은 국제사회로부터 많은 비판을 받았는데 그중에서도 세계보건기구가 전염병의 상황을 알리고 확산을 막는데 늑장대응을 했다는 이유로 중국을 강하게 비판했다. 이 일로 큰 타격을 입은 베이징은 무엇보다도 이런 바이러스를 탐지할 수 있는 수단을 보유해 전염병에 대한 대응책을 더욱 강화하고자 했다. 일부 조류에서 인간에게 전염되는 고병원성 조류인플루엔자(H5N1)가 2003년에 아시아를 휩쓸면서 전염병 대응에 대한 중국의 의지는 더욱 커졌다.

2003년 초부터 프랑스 국립과학연구소(CNRS)의 카운터파트너인 중국과학원(中国科学院, 중국 거대 PC 판매 업체 레노보(Lenovo)의 최대 주주이기도 하다.)은 프랑스에 고등급 생물안전 실험실을 들여오고 싶다는 바람을 내비쳤다. 1999년, 리옹에 유럽 최대의 장-메리외(Jean-Mérieux) P4

실험실을 개소한 프랑스는 해당 분야에서 가장 앞서 나가고 있는 국가 중 하나였다. 당시에는 미국, 러시아, 독일, 영국, 남아프리카 공화국, 그리고 프랑스 같은 일부 국가만 P4 실험실을 보유하고 있었다. 두 국가 간 협의에는 전직 우주 비행사였던 프랑스 교육·연구 혁신부 장관 클로디 에뉴레(Claudie Haigneré)와 중국의 관계 부처, 그리고 중국과학원이 참여했다.

중국 측에서는 당시 과학원 부원장으로 후에 보건부 장관이 된 천쭈(陳竺, Chen Zhu)가 협상에서 매우 중요한 역할을 했다. 프랑스통으로 알려진 그는 생 루이(Saint-Louis) 병원의 로랑 드고스(Laurent Degos) 박사팀에서 혈액학과 분자생물학을 연구했다. 유전학자이자 암전문의인 로랑 드고스 박사는 드골 장군 말년에 주치의를 지내며 이름을 알렸으며 자크 시라크 전 대통령의 측근으로도 알려져 있는데, 자크 시라크 대통령은 2004년 로랑 드고스 박사를 프랑스 고등보건청(HAS) 수장으로 임명하기도 했다. 천쭈는 자신의 이런 독특한 이력을 무기로 양국을 매끄럽게 조율하며 중국의 P4 실험실 개소에 결정적인 역할을 했다.

한편 프랑스 측은 중국의 요청에 우유부단한 태도를 보였다. 처음에 프랑스는 중국이 전염병을 보다 효과적으로 대응해 세계 보건 상황 개선에 기여할 수 있으리라는 생각에 중국을 지지했다. 그런데 문제가 있었다. 프랑스가 P4 실험실 설치를 위해 중국을 돕는 건 그렇다고 쳐도 혹시라도 중국이 프랑스가 이전해 준 기술을 악용해 생물학무기를 개발한다면? 중국이 공격성이 강한 생물학무기 개발계획을 세우고 있다는 의혹이 이미 제기된 상황이었기에 프랑스 정보기관의 우려는 더욱 커져만 갔다. 게다가 중국의 모든 P3 실험실(P4 실험실에서 다루는 병원체보다 덜 위험한 병원체를 다루는 실험실)은 인민해방군의 통제 하에 있으며 중국이 생물학무기 확산 저지에 관한 내부규약을 잘 준수하고 있는지도 불투명했다.

프랑스 정보기관은 2004년 여름, 중국이 장차 P4 실험실 5개소(민간 3개소, 군 2개소)를 추가로 설치할 계획을 세우고 있다는 첩보까지 입수했다. 프랑스의 지원을 받아 P4 실험실 1개소만을 우한에 설치하겠다고 한 베이징 측의 말과 상반되는 정보였다. 한편 프랑스는 1972년에 생물학무기 금지 협약에 조인했고 화학과 생물학 분야에서 군과 민간에서 사용할 수 있는 재화와 기술을 수출하는 41개 주요국이 가입되어 있는 '호주 그룹(Le Groupe d'Australie, 영어로는 The Australia Group 이라고 하며, 대량살상무기 기술 확산방지를 위해 1984년 설립된 비공식 조직이다. - 옮긴이)'에 속해 있어 몇 가지 의무를 준수해야 했다. 프랑스는 어떤 경우에도 생물학무기 확산에 일조했다는 비난을 듣고 싶지는 않았다.

이러한 여러 가지 우려에도 불구하고 프랑스는 이 위험한 프로젝트를 실행하는데 있어서 중국을 돕기로 신속하게 결정했다. 프랑스 국방사무국(Secrétariat général à la Défense, 국방·국가안보사무국(SGDSN)의 전신)의 면밀한 조사가 진행되었고 중국의 막역지우 장-피에르 라파랭(Jean-Pierre Raffarin) 당시 총리는 사스가 창궐했던 2003년 4월에 중국을 방문한 뒤 2003년 말, 중국에 긍정적인 의견을 전달했다. 프랑스가 중국의 P4 실험실 건립을 적극 돕는 쪽을 택한 것이다. 단 중국이 실험실을 공격 목적으로 사용하지 않을 것을 약속하는 일부 조건을 함께 달았다. 이렇게 이 프로젝트는 신종 감염병에 대응하고 생물 안전에 필요한 환경을 조성하는 데 있어서 보다 폭넓은 협력의 사례로 남게 되었다.

그렇지만 여기서 짚고 넘어가야 갈 부분이 있다. 프랑스 정보기관은 당시 중국이 실험실을 악용할 우려가 있음을 분명히 경고했다. 그러나 장-피에르 라파랭 총리는 2004년에 P3 이동 실험실 4기의 중국 수출을 허가했다. 그것은 국방부의 의견을 묵살하고 장-피에르 라파랭 총리가 중국에 마련해 준 선물이나 마찬가지였다. 이후 2004년 10월, 자크 시라크 대통령이 중국을 방문했고 파트너십이 체결됐다. 파트너십은 신종 질병에 관한 정부 간 협약의 형태로 체결되었다. P4 실험실 건립 및 관련 분야에 대한 양국의 과학연구 협력 프로그램과 이미 중국에 인도된 P3 실험실 역시 협약 내용에 포함되었다.

프랑스 행정부가 협약을 서둘러 진행하려고 하자 정부 부처 여기저기서 볼멘소리가 터져 나왔다. 한 고위 공무원은 "대통령과 총리가 특히 국방부에서 제기한 여러 문제들을 무시하면서 일을 서둘러 진행시켰다"고 당시를 회상하며 "프랑스 국방부의 만류에도 불구하고 정부에서는 서둘러 계약을 체결하려 했다. P4 실험실의 실패는 그때 예견되었는지도 모르겠다"고 덧붙였다. 또 다른 고위 관계자는 "시라크 대통령은 협약에 매우 긍정적이었고 친구인 중국을 기쁘게 해주고 싶어 하는 듯 했다"고 말했다. 한편 라파랭 총리는 협약이 체결되기까지 어려움이 많았다며 이렇게 말했다. "한 국가의 원수 대 원수로 맺은 정치적 협약이었지만 국방부는 막후에서 어떻게든 이 협약이 체결되는 것을 저지하려 했다."

이 협약을 두고 프랑스 측의 내부갈등이 얼마나 심했는지를 단적으로 보여주는 사례가 있다. 2003년, 프랑스 1차 대표단은 중국을 방문했고 주중국 프랑스 대사관에 모였다. 주중국 프랑스 대사 장-피에르 라퐁(Jean-Pierre Lafon)의 집무실 분위기는 무겁기 짝이 없었다. 중국 책임자들과 협의를 하러 온 콜레주 드 프랑스(Collège de France) 교수이자 면역학자 필립 쿠릴

스키(Philippe Kourilsky)는 중국과 '외교적 갈등'을 빚을 뻔한 일부 국방부 공무원들을 힐난했다. 그는 프랑스 공무원들이 중국을 너무 심하게 의심하며 너무 많은 것들을 요구하고 있다고 비판했다. 여기에 주중국 프랑스 대사까지 합세하며 목소리를 높였다. 그는 "대표단이 좀 더 유연한 태도를 보이지 않으면 '목이 날아갈 것'이며 이것은 부탁이 아닌 지시"라고 위협하더니 이내 표정관리를 했다.

의심의 여지가 없었다. 장-피에르 라퐁 대사는 시라크 대통령의 외교고문 모리스 구르도-몽타뉴(Maurice Gourdault-Montagne)의 '지시'에 따라 행동하는 것이 분명했다.[55]

생물학무기 사용을 둘러싼 우려

2005년 9월, 베이징. 칵테일 파티가 열리고 있는 주중국 미국 대사 클라크 랜트 주니어(Clark T. Randt Jr.)의 관저 로비. 주중국 프랑스 대사관을 방문하기 위해 파리에서 막 도착한 한 프랑스 교수에게 주중국 미국 대사관의 한 과학 담당관이 달려오더니 다짜고짜 이렇게 말했다. "P4 실험실은 절대 안 됩니다! 절대로요!" 교수는 당시 상황을 떠올렸다. "미국은 신종 질병 탐지를 위해 중국을 돕고 있었으면서도 중국이 P4 실험실을 악용할 수도 있다며 강한 우려를 표했다. 당시 아틀란타와 메릴랜드 군사기지 포트 데트릭(Fort Detrick)에 두 개의 P4 실험실을 보유하고 있던 미국은 생물학무기 확산 가능성을 재기하며 프랑스에 여러 차례 경고를 보냈다." 이에 한 프랑스 외교관은 "미국은 중국이 생물학무기를 만들기 위해

---

55   사실관계 확인을 위해 인터뷰를 요청했으나 답변을 들을 수 없었다.

P3, P4 실험실을 악용할 시도 모른다고 우려했다. 미국은 프랑스 국방사무국이 내건 조건을 보고 일부 안심하면서도 우리를 '무책임'하다고 비판했다"고 전했다.

그런데 미국의 우려가 현실로 나타나기까지는 그리 오랜 시간이 걸리지 않았다. P3 이동식 실험실 네 대가 어떻게 사용되었는지를 묻는 한 프랑스 국방사무국 관계자의 질문에 중국은 어물쩍 넘어가려는 태도를 보였다. 한 프랑스 공무원은 "실험실을 인도하고 몇 달 뒤, 중국은 많은 부품을 주문했다. 중국에 P3 실험실의 상태를 물었더니 히말라야 가까운 지역에 설치한 일부는 겨우내 얼어버렸고 다른 실험실은 없어졌다는 대답이 돌아왔다. 정말 당혹스러웠다"고 밝혔다. 중국이 프랑스를 당황시킨 사례는 이것뿐만이 아니다. 중국은 P4 실험실 시공을 위해 당초 선정되었던 리옹의 건축 설계 사무소인 RTV를 배제하고 2005년, 중국의 설계사무소 IPPR로 시공사를 교체했다. 그런데 프랑스 정보당국이 확인해 본 결과 이 설계 사무소는 인민해방군이 통제하는 기관인 중국기계공업집단(中國機械工業集團, China National Machinery Industry Corporation, CNMIC)(대형 기계 설비 제조 및 공사를 시행하는 국유기업. - 옮긴이)에 속해 있었다.

CIA는 특히 중국기계공업집단을 주시하고 있었는데 중국기계공업집단에 가입한 일부 기업이 중국 정보당국의 스파이로 활동하고 있다는 의혹을 품고 있었기 때문이다. 그 때문에 한때 CIA 랭리(Langley)[56]의 블랙리스트에 오르기까지 했다. 이렇게 의심쩍은 부분이 많았지만 프랑스는 중국에 거부권을 행사하지 않았다. 마지막으로 또 다른 정보가 프랑스 정보당국에 전달됐다. 2005년, 파키스탄의 군 실험실에 파견되었던 중국 연구

---

56 미국 버지니아주에 위치한 CIA 본부

원 일부가 중국과학원에 합류했다는 소식이었다. 프랑스 정보당국은 중국이 생물학무기를 개발하고 있을지도 모른다는 의혹을 품고 이를 프랑스 정부에 보고했다. 그러나 이번에도 아무런 후속조치가 이루어지지 않았다.

사르코지 대통령의 결자해지

2004년 10월에 자크 시라크 대통령이 중국을 방문한 후, 신종 감염병에 관한 싱크탱크와 운영위원회가 꾸려졌다. 그러나 양국 간 협력은 첫걸음부터 삐걱댔다. 앞서 인터뷰에 응한 프랑스 외교관은 "법, 규범, 보건 기준 등 중국과 프랑스의 간극이 너무나 컸다"고 말했다. 그러면서 "프랑스 공무원 일부가 당시 하얼빈(중국 북동부)에 있는 동물 실험실을 방문했는데 너무나 낙후된 시설에 크게 당황했다. 그런 환경에서는 연구원들이 감염에 노출될 위험이 매우 컸다"고 덧붙였다. 양국 간 문화와 기술의 차이로 이내 양국 사이에는 엄청난 단절이 발생했다. 프랑스 외교관은 "중국 생물 프로그램에 관한 의혹을 고려할 때 중국은 이 협정에서 요구하는 규정을 준수하기가 매우 어려웠을 것"이라고 부연했다.

프랑스는 '호주 그룹'에서 명시한 규정을 준수하고 세계보건기구에 자문을 구하라고 중국에 여러 차례 요구했지만 모두 허사였다. 기술을 바라보는 관점 역시 양국이 너무나 달랐다. 또 다른 프랑스의 한 공무원은 당시를 이렇게 떠올렸다. "중국은 비용을 줄이려고 했다. 그러나 실험실의 안전 문제가 걸려있어 비용을 줄이는 것은 쉽지 않았다. 실험실에 병균을 운반하는 것도 큰 문제였다. 생물학적 안전을 보장할 수 있는 환경이 마련되어 있지 않았기 때문이다. 법적 테두리를 명확하게 규정하지 않은 채 사업을 진행했나." 법적 기준이 제대로 마련되지 않은 상태로 사업이 진행되자 공사 감리를 맡은 프랑스 엔지니어링 그룹 테크닙(Technip)은 사업에서 아예 손을 떼 버렸다. 법적 리스크를 조금이라도 부담하고 싶지 않아서였다. 프랑스의 한 공무원은 "2004년부터 2009년까지 중국이 국제 규정을 준수하려 하지 않아 사업이 답보상태에 있었다"고 밝혔다. 그러나 중국 측의 위안 지밍 소장은 "이렇게 민감한 분야의 협력 사업에서 당연히 발생할 수 있는 어려움"이라며 프랑스 측의 우려를 일축했다.

그런데 니콜라 사르코지 대통령이 엘리제궁에 입성하면서 양국의 관계는 더욱 경색됐다. 사르코지 대통령은 당선 후 2007년 12월에 중국을 처음으로 방문하여 불·중 관계에 관한 담화문을 발표했다. 그는 담화문에서 "자크 시라크 전임 대통령의 외교방침을 계승하겠지만 나는 더 잘 해내고 싶다"고 말했고 이는 양국 간 역사적인 위기의 시발점이 되었다. 사르코지 대통령은 2008년 3월, 티베트에서 유혈 사태가 벌어진 뒤 후진타오 주석에게 전화를 걸어 베이징 올림픽 개막식에 불참하겠다고 전했다. 같은 해 4월 7일, 베이징 올림픽 성화가 파리를 지나는 행사가 열렸고 12월에 사르코지 대통령이 달라이 라마를 만나자 중국은 유럽연합과의 정상회담을 취소하며 '약속을 지키지 않는' 사르코지 대통령을 비난했다. 중국인들은 까르푸(Carrefour)를 비롯해 중국에 진출한 일부 프랑스 유통업체에 대한 불매운동까지 벌였다. 이에 대해 위안 지밍 소장은 "그런 외교적 긴장 때문에 사업이 지체된 것은 분명한 사실"이라고 인정했다.

그리고 2009년 봄, G20 정상회담을 계기로 사르코지 대통령과 후진타오 주석의 만남이 성사됐고 경색된 양국관계의 물꼬가 트였다. 양국 관계가 개선되자 P4 실험실 사업도 탄력을 받았다. 앞서 인터뷰에 응한 프랑스 공무원은 "2008년에 벌어진 일련의 일들 때문에 프로젝트는 심각한

난관에 부딪혔다. 그러나 사르코지 대통령은 시라크 대통령이 시작한 사업을 이어가길 원했고 결국 그렇게 했다"고 전했다. 프랑스와 중국이 대화를 재개한 후, 외교부, 국방부, 국방사무국, 의료보건안전국(Agence française de sécurité sanitaire des pro- duits de santé, AFSSAPS)을 일선에 배치한 프랑스 측은 2009년, 중국에 법조인을 파견해 중국이 생물학적 안전과 안정성에 관련된 규정을 개정하는데 도움을 주었다. 기술적인 논의 역시 재개되었고 2011년 6월, 마침내 우한 남부 실험실이 첫 삽을 떴다. 이후 2016년에 공사가 마감되었고 2017년 2월에는 P4 실험실 개소식이 성대하게 열렸다.

알랭 메리외의 지나친 중국사랑

P4 실험실이 설립되고 베이징이 가장 감사하게 생각한 프랑스 인사는 누구일까? 아시아에 더할 나위 없는 애정을 보여준 자크 시라크 대통령? 불・중 우호관계의 기수 장-피에르 라파랭 총리? 아니면 친중 유력인사 슈나이더 일렉트릭(Schneider Electric)(프랑스의 세계적인 에너지 관리 및 자동화 전문기업. - 옮긴이)의 장-파스칼 트리쿠아르(Jean-Pascal Tricoire) 회장? 중국 정부에 따르면 모두 아니다.

2018년 12월, 중국 정부는 개혁개방 40주년을 맞아 110명의 유력 인사들에게 감사를 표했다. 그 명단에는 그간 중국에 가장 큰 기여를 한 10명의 외국 인사들도 포함되어 있었다. 오히라 마사요시(大平正芳) 일본 전 총리, 세계경제포럼 클라우스 슈밥(Klaus Schwab) 회장의 이름들 틈에 '중국개혁개방 우정상'을 수여하게 되는 한 프랑스인의 이름이 눈에 띄었다. 비오메리외(BioMérieux) 실험실 설립자이자 메리외 연구소(Institut Mérieux) 소장 알랭 메리외(Alain Mérieux)였다. 그는 리옹 출신 사업가로 시진핑 주석과 돈독한 관계인 것으로 알려셨으며, 경제전문주간지 「샬랑쥬」에 따르면 프랑스 20대 부호에 이름을 올리기도 했다.

그는 무엇보다 '중국 의학과 보건 발전'에 대한 공로로 잘 알려져 있다. 그가 수장으로 있는 메리외 연구소는 호흡기 병리학과 같이 중국이 핵심 분야로 여기는 분야에서 중국과 여러 연구 파트너십을 체결해왔다. 1970년대 말, 알랭 메리외의 장인 폴 베르리에(Paul Berliet)는 중국에 트럭을 수출하며 중국과 관계를 맺기 시작했고, 이후에는 알랭 메리외 또한 메리외 연구소에서 개발한 인간용·동물용 백신을 중국 과학계 유력 인사에게 선보였다. 2014년 3월, 시진핑 주석이 국가 원수로서 처음으로 프랑스를 공식방문하면서 첫 일정을 메리외 집안의 근거지인 리옹에서 시작한 것만 봐도 중국에서 그의 영향력이 얼마나 큰지 짐작하고도 남는다.

이렇게 중국이 자신에게 보여주는 신뢰와 우정을 알랭 메리외는 P4 실험실로 보답해야 했다. 프랑스 우파 정당 RPR 당원에서 출발해 론-알프(Rhône-Alpes) 지역 부위원장직을 맡은 알랭 메리외는 시라크 대통령의 측근으로서 2003년부터 뜨거운 감자로 떠오른 P4 실험실 공동 프로젝트를 중국 보건부 장관 천쭈와 앞장서서 지지했다. 프랑스 정부의 일부 고위 관계자들과 대립하는 것도 마다하지 않았다. 프랑스뿐만 아니라 중국에서도 영향력을 과시하는 알랭 메리외의 지나친 친중 행보에 프랑스 정부 일각에서는 그에게 곱지 않은 시선을 보냈다. 프랑스의 한 고위 공무원은 "그는 국방부와 국방사무국의 골칫거리였다"고 말하며 "알랭 메리외는 중국 측 관계자를 앞에 두고 프랑스 관계자를 비방하는 것도 서슴지 않았다. 그가 정말 누구 편인지 헷갈릴 정도였다"고 술회했다. 일각에서는 그를 이중스파이로 의심하기도 했다. 또 다른 한 프랑스 공무원은 "알랭 메리외는 2008년 베이징 올림픽과 관련해 식품이력추적과 식품안전이라는 거대 시장에 눈독을 들였다. 그가 이중플레이를 하고 있다고 의심할 수밖에 없었다"고 말했다.

이렇게 프랑스 협상단 내에서 갈등이 지속되자 사르코지 대통령과 외교고문 장-다비드 르비트(Jean-David Levitte)는 이 프로젝트에서 시라크 대통령의 흔적을 지우고자 특단의 조치를 취했다. 2010년 봄, 알랭 메리외는 뒷방으로 물러났고 에콜 폴리테크니크 출신으로 프랑스 통신규제청장(ART)을 지낸 장-미셸 위베르(Jean-Michel Hubert)가 불·중 합동 프로젝트의 새로운 조정자로 임명되었다. 앞서 인터뷰에 응한 공무원은 "적절한 조치였다. 프랑스 정부를 무시한 채 개인 제트기로 중국을 왕래하던 알랭 메리외는 정부가 수세적인 입장으로 돌아섰다는 것을 눈치채지 못했다. 중국이 요구하는 것을 모두 들어줄 수는 없었다"고 부연했다. 필자는 사실관계 확인을 위해 알랭 메리외 측에 인터뷰를 요청했지만 답변을 들을 수 없었다.

"중국이 그럴 리가 없다"

에볼라, 크림-콩고 출혈열(CCHF), 니파 바이러스 취급과 관련해 중국 당국의 승인을 얻은 P4 실험실이 2017년, 가동에 들어갔다. 그러나 세계적으로 출현하는 전염병을 파악하고 그에 대응할 수 있는 세계보건기구 협력센터로 자리 잡으려면 국제 규정이 요구하는 여건을 완벽하게 갖춰야 하는 숙제가 남아있었다. 2020년에 최종승인을 받으면 250명의 전임 연구원이 배치되어 본격 가동될 터였다.

가동까지 15년 이상이 소요된 프로젝트가 막바지에 이르렀으니 프로젝트의 대차대조표를 작성해보자. 합법적이면서 동시에 수많은 리스크를 내포하고 있는 이 프로젝트에 프랑스 정부가 뛰어든 것이 옳은 결정이었을까? 중국은 약속을 지켰을까? 이 실험실이 세계 보건 상황 개선에 기여하게 될까? 이에 위안 지밍 소장은 "그 무엇도 쉽지 않았다. 몇몇 사안에서 암초를 만날 수밖에 없던 까다로운 프로젝트였다"고 소회를 밝혔다. 그러면서 "프랑스와 중국 간에 의견 차이가 있었고 외교적 마찰도 있었지만 결국 프로젝트를 성공적으로 마무리했다. 중국은 이제 아시아를 비롯한 전 세계 전염병에 보다 효과적으로 대응할 수 있는 수준 높은 실험실을 보유하게 되었다"고 덧붙였다.

프랑스에서도 이 프로젝트를 매우 긍정적으로 평가했다. 외교부는 "프랑스는 중국이 바이러스에 대응하기 위한 첨단 연구 시설을 마련하는데 큰 도움을 주었다"고 자평하며 "프로젝트에 안전과 보호 협약을 포함시킨 만큼 완벽하게 성공적인 프로젝트"라고 덧붙였다. 그러나 P4 실험실에서 연구 활동을 하고 있는 프랑스 연구원은 현재 1명뿐이다. 바로 미생물학자이며 릴 대학병원(CHU de Lille)에서 근무했던 르네 쿠르콜(René Courcol) 교수이다. 당초 50명의 프랑스 연구원을 파견하기로 한 계획과는 다른 모습이다. 그나마 P4 실험실에서의 그의 임무는 2020년에 종료된다.

그럴싸하게 포장된 외교적 성과 이면에 여전히 여러 문제들이 산재해 있다. 한 프랑스 공무원은 "15년간 중국은 수차례 약속을 지키지 않았다. 특히 생물학무기를 개발하지 않는다는 조항에 대해서는 늘 애매한 태도를 취했다"고 지적했다. 그러면서 "중국 지도부에서는 우한의 P4 실험실 외에 다른 P4 실험실은 없으며 새로운 P4 실험실을 설치할 계획도 없다고 단언했다. 그러나 현재 중국에 다수의 P4 실험실이 있는 것으로 파악됐고 그 중 몇몇 곳에서는 수상한 움직임이 포착되었다"고 덧붙였다.

중국에 최초로 파견된 국방무관(1997-2000년)이자 아시아 외교 싱크탱크 아지21(Asie21) 회원인 다니엘 쉐페르(Daniel Schaeffer)는 이 프로젝트에 대해 "프랑스가 정말로 우려해야 할 것은 중국의 야심이다. 중국이 자기 실험실에서 획득한 노하우를 경쟁국에 이전해 줄 것이라고 생각하나? 프랑스는 중국이 아주 손쉽게 악용할 수 있는 민감한 기술을 넘겨준 셈이다. 2000년대 초반에 제기되었던 이런 우려는 여전히 불식되지 않고 있다"고 평했다. 프로젝트 협상단에 참여했던 일부 프랑스 관계자는 이 프로젝트가 P4 실험실 설치에만 집중된 것에 아쉬움을 표하며 이렇게 말했다. "2004년에 체결된 프로젝트 협약에는 교육과 연구가 포함되어 있었다. 우리는 코로나 바이러스나 신종 인플루엔자(H1N1)와 같은 풍토병 연구에 있어 중국과 긴밀한 협력을 할 수 있을 것이라 기대했다. 그러나 기대는 빗나갔다. 중국은 오로지 P4 실험실 설치에만 관심이 있었다."

반면 정부 일각에서는 프랑스가 손해 본 장사는 아니라고 평가했다. 전직 프랑스 외교 보좌관은 "위선 떨 일이 아니다. 중국이 다른 생각을 품고 있었다면 굳이 프랑스에 도움을 요청하지 않았을 것"이라며 프랑스가 만들어준 P4 실험실에 대한 비판적 의견을 반박했다. 한 프랑스 고위 공무원도 "핵무기와 달리 생물학무기는 빈자의 무기이다. 막강한 경제력을 갖춘 중국이 세균무기나 생물학무기를 개발할지도 모른다는 의심은 터무니없다"며 의견을 보탰다.

사스가 전 세계를 강타하고 15년이 훨씬 더 지난 지금, 세계적 규모를 자랑하는 중국 최초의 P4 실험실은 여전히 논란의 중심에 서있다(이 책이 프랑스에서 출간된 것은 2019년 10월로, 중국 후베이성 우한에서 코로나19가 출현하기 2개월 전이었다. - 옮긴이).

제5장

프랑스의 친중인사들

장-피에르 라파랭 전 총리는 자크 시라크 전 대통령과 더불어 프랑스의 대표적인 친중 인사로 손꼽힌다. 그는 중국을 최소 100여 차례 이상 방문하며 중국 공산당 핵심들과 인맥을 다져왔다. 사진은 2019년 9월 29일, 중국 건국 70주년 행사에서 장-피에르 라파랭 전 총리가 시진핑 중국 국가주석으로부터 전 세계 친중 인사들 중에서도 단 여섯 명만 받은 것으로 알려진 우의훈장을 받고서 기념촬영을 하는 모습이다. ⓒ AP/연합뉴스

한 프랑스 외교관의 지나친 친중행보

    2018년 5월 16일, 베르사유 궁전. 길이 120m, 너비 12m의 유서 깊은 바타유 회랑(프랑스 역사박물관으로 사용되는 베르사유 궁전에 있는 회랑. - 옮긴이)은 사람들로 북적였다. 클로비스 왕에서 나폴레옹 장군에 이르기까지 프랑스 역사에 길이 남을 위대한 승리자를 그린 들라크루아(Delacroix)와 프라고나르(Fragonard)의 작품 앞에는 한껏 차려입고 우아함을 뽐내는 한 무리의 관람객이 모여 있다.

    화웨이 사장 켄 후, 중국 여배우 공리(巩俐, Gong Li), 중국과 프랑스의 정치인, 대기업 CEO, 영화배우 등으로 구성된 사교모임의 회원들이다. 그 자리에는 에두아르 필립(Édouard Philippe) 전 프랑스 총리, 로랑 파비위스(Laurent Fabius) 전 프랑스 총리, 장-피에르 라파랭 전 프랑스 총리, 앙마르슈 소속 하원의원 부온 탄(Buon Tan), 자크 시라크 행정부에서 장관을 지낸 르노 뒤트레이(Renaud Dutreil), 프랑스 영화배우 줄리에트 비노쉬(Juliette Binoche), 도미니크 드 빌팽 전 프랑스 총리의 아들로 갤러리를 운영하고 있는 아르튀르 드 빌팽(Arthur de Villepin), 그리고 그의 아내 배우 아나 지라르도(Ana Girardot)가 참석했다. 한편에는 바이올리니스트 르노 카퓌송(Renaud Capuçon)이 몇 분 후 궁전 예배당에서 열릴 연주회를 준비하고 있다.

    그리고 여기 450명의 소수 상류층 사람들에 둘러싸여 있는 한 사람이 있다. 바로 에두아르 필립 총리의 외교 고문 에마뉘엘 르냉(Emmanuel Lenain)이다. 반백의 덥수룩한 머리, 가느다란 무테안경, 회색 양복, 검은 넥타이를 맨 그는 손님들 사이를 분주히 오간다. '프랑스·중국 재단(France

China Foundation)'('불·중 재단'으로도 표기) 공동 설립자이기도 한 그가 바로 이 성대한 디너파티의 기획자이다. 정보통에 따르면 이 파티에 사용된 비용은 30만 유로에 달한다.

'불·중 재단이 주관하는 이 친교의 장'에 발을 딛기 위해서는 그만한 재력이 뒷받침되어야 한다. 2012년부터 시작된 이 모임에 참여하려면 연간 15,000유로에서 50,000유로를 지불하고 회원으로 가입해야 한다. 그래야 이 재단에서 주관하는 디너파티에 참석할 수 있다. 회원이 아닌 사람들이 파티에만 참석하려면 12,500유로에 달하는 입장권을 사야 한다. 이렇게 짭짤한 수익을 내는 비즈니스 이외에도 불·중 재단은 매년 양국의 발전에 기여한 프랑스와 중국 인사 40명을 선정해 발표하고 시상식을 갖는다(마크롱 대통령과 에두아르 필립 전 총리도 과거에 이 명단에 이름을 올린 바 있다).

정계와 재계를 주무르며 불·중 외교의 중심에 서 있는 에마뉘엘 르냉의 행보에 외교계 일각에서는 비판의 목소리가 나오기도 한다. 한 프랑스 외교관은 "고위 공무원으로서 프랑스를 대표하면서 동시에 불·중 우호관계를 추앙하는 개인 사업체를 운영하는 것은 말도 안 된다. 공과 사를 구분해야 한다"며 일침을 가했다. 한 프랑스 정부 부처 관계자 역시 "2018년 6월, 에두아르 필립 총리가 중국을 방문했을 때 많은 불·중 재단 회원들이 동행했다. 그 모습을 보며 에마뉘엘 르냉이 재단의 이익을 위해 에두아르 필립 총리 곁에서 자신의 지위를 십분 활용하고 있는 것은 아닌지 의문이 들 수밖에 없었다"며 비판의 목소리를 보탰다.

필자가 이와 관련해 에마뉘엘 르냉 측에 답변을 요청하자 그는 재단이 주관하는 행사에 참여하고 있기는 하지만 재단 내에서 어떤 역할도 맡고 있지 않다고 주장했다. 그러면서 "나는 공과 사를 구분할 줄 아는 사람이다. 비난받을 짓은 절대 한 적이 없다"고 강조했다.

상하이 총영사(2010~2015년), 외교부 아시아·오세아니아 국장(2015~2017년)을 지낸 에마뉘엘 르냉은 2017년, ENA(프랑스 국립행정학교) 동기인 에두아르 필립 총리실에 합류했다. 불·중 재단 이외에도 르냉이 꾸준히 보여온 친중적 태도는 일부 인사들에게 불만을 샀다. 예컨대 외교부 유력 인사이자 주중국 프랑스 대사(2014~2017년)를 지낸 모리스 구르도-몽타뉴(Maurice Gourdault-Montagne)는 개인적으로 에마뉘엘 르냉의 행보를 탐탁지 않게 생각했다. 한 베테랑 외교관은 "두 사람은 각각 대사와 영사로 중국에 부임하면서 서로 알게 되었다. 모리스 구르도-몽타뉴 대사는 중국에 늘 강경한 태도를 보였지만 에마뉘엘 르냉은 정반대였다"고 술회했다. 자신을 향한 이런 비판적인 의견들에 에마뉘엘 르냉은 이렇게 반박했다. "내가 딱히 친미라고 할 수 없는 것처럼 친중이라고도 말할 수 없다. 나는 중국이 내포하고 있는 가능성과 리스크를 잘 알고 있다."

이런 와중에 고부가가치 기술을 보유한 프랑스 기업을 중국에 진출하도록 돕고 프랑스와 중국의 경쟁력 강화를 위한 공동 혁신 클러스터 개발을 골자로 하는 '불·중 혁신센터(maisons franco-chinoises de l'innovation)' 프로젝트 계획이 발표되면서 논란은 더욱 가열됐다. 주중국 프랑스 대사관에서 구상하고 2018년 6월 25일, 에두아르 필립 총리가 중국을 방문해 발표한 이 프로젝트에 외교부, 재경부, 교육·연구·혁신부에서는 유보적인 입장을 취했다. 그럼에도 불구하고 이 프로젝트는 결국 성사되었는데 그 뒤에는 역시 에마뉘엘 르냉이 있었다.

앞서 언급한 세 정부 부처는 총리실과 주중국 프랑스 대사관에 프로젝트로 인해 발생할 수 있는 기술이전 문제나 지적 재산권 침해 등의 리스크를 경고했다. 이것이 괜한 우려가 아니라는 것을 증명하기 위해 각 부처에서는 프랑스가 최근 몇 년간 유사한 형태의 파트너십 제안을 여러 차례 거절했다는 증거까지 첨부했다. 당시 상황에 대해 한 정부 부처 관계자는 이렇게 말했다. "총리의 중국 방문을 며칠 앞두고 나는 총리실 보좌진에게 이 프로젝트로 프랑스가 얻을 수 있는 이득이 무엇인지 물었다. 그러자 그들은 총리가 그것을 발표할 수 있도록 이제부터 우리가 잘 찾아봐야 한다고 대답했다."

그러나 에마뉘엘 르넹에게 붙은 "친중인사"라는 꼬리표는 결국 그의 발목을 잡고 말았다. 2019년 9월, 주중국 프랑스 대사관 인선 물망에 올랐던 에마뉘엘 르넹은 막판에 태국과 브라질에서 대사를 지낸 로랑 빌리(Laurent Bili)에게 밀려나고 말았다. 이에 대해 한 외교관은 "총리가 에마뉘엘 르넹을 지지했지만 그를 반대하는 사람들이 많았고 결국 그들의 의견이 관철됐다"고 전했다. 에마뉘엘 르넹은 위로 차원에서 다른 자리를 제안받았다. 그리고 그는 알렉상드르 지글러(Alexandre Ziegler)의 후임으로 주인도 프랑스 대사관으로 자리를 옮겼다.

알리바바 회장의 열성팬, 로랑 파비위스 전 총리

에마뉘엘 르넹을 곱지 않은 시선으로 보는 정부 인사들이 많았다고 해도 외교부 장관을 지낸 로랑 파비위스(Laurent Fabius)만큼은 그의 편이었다. 그 역시 중국에 후한 점수를 주는 인사로 알려져 있다. 총리직까지 두

루 거진 로랑 파비위스는 불·중 재단 전략 고문(에두아르 필립, 장-피에르 라파랭, 자크 아탈리(Jaques Attali) 역시 이 재단의 전략 고문이다.)으로 수년간 중국의 입장을 열렬히 옹호한 인사 중 하나로 손꼽힌다. 2018년 12월 10일, 필자가 몸담고 있는 「샬랑쥬」와의 인터뷰에서 프랑수아 올랑드 전 대통령이 "로랑 파비위스는 중국에 대단한 애정을 갖고 있다"고 말할 정도였다.

중국에 대한 그의 애정은 그가 외교부 장관(2012~2016년) 시절 중국 거대 전자상거래 업체 알리바바의 창업자 마윈에게 드러낸 관심으로 대변된다. 「블룸버그」에 따르면 400억 달러에 달하는 자산을 보유해 중국 최고의 부호로 꼽히는 마윈은 2016년 5월, 로랑 파비위스 당시 외교부 장관으로부터 레지옹 도뇌르 훈장을 받았다. 그리고 그보다 몇 개월 앞서 로랑 파비위스는 경제외교 강화를 주창하며 프랑스에 알리바바를 끌어오고자 했다. 실제로 2014년 5월에 프랑스 정부와 알리바바는 전자상거래 플랫폼 알리바바 티몰을 통해 프랑스 기업들의 중국 수출을 촉진하는 협약을 체결했다. 이 플랫폼을 이용하는 실사용자가 5억 5천만 명 이상으로 집계되는 만큼 거대한 중국 시장에 군침을 흘리는 프랑스 기업들로서는 무척 환영할 만한 소식이었다.

그러나 이 협약 역시 프랑스 행정부의 거센 반대 의견에 부딪혀야 했다. 한 고위 공무원은 알리바바 사이트에서 판매되는 수많은 위조품을 지적하며 "그 협정은 어떤 의미에서 악마와 손을 잡는 것이나 마찬가지"라고 평가했다. 그러면서 "프랑스는 위조품을 하나의 사회악으로 보고 전쟁을 선포했으면서 다른 한편으로 위조된 프랑스 제품을 구매할 수 있는 플랫폼을 제공하는 기업과 협약을 체결했다. 재경부, 관세청, 그리고 정보당국은 이 협약에 반대했다. 그러나 외교부와 로랑 파비위스는 이 협약을 강력하게 밀어부쳤다"고 부연했다. 잡음이 많았던 이 협약을 체결하면서 로랑 파비위스는 알리바바에 유리한 조항을 제시하기까지 했다.

당시 사정을 잘 아는 한 정부 핵심인사는 "그는 마윈을 맹목적으로 믿었다. 로랑 파비위스는 선을 넘었다. 마윈에 대한 그의 지지는 도가 지나쳤다"고 지적했다. 게다가 로랑 파비위스는 마윈에게 유럽 제품을 중국 소비자에게 배송할 수 있는 물류 허브를 프랑스에 구축하라는 제안을 하기까지 했다. 2014년 10월, 로랑 파비위스는 "마윈 회장이 프랑스에 물류 허브를 구축한다면 프랑스는 적합한 부지를 제안할 것"이라고 말했다. 그러나 그의 이런 달콤한 제안은 수포로 돌아갔다. 알리바바가 유럽 최초 전자상거래 물류 허브를 구축하기 위해 선택한 곳은 벨기에의 리에쥬(Liège)였기 때문이다.

로랑 파비위스가 외교부 장관으로 재임하는 동안 관심을 보인 중국인 사업가는 마윈 뿐만이 아니다. 로랑 파비위스는 중국 차(茶) 제조업체 산허(Sanhe)의 우룽산(Wu Rongshan) 회장에게도 관심을 가졌으며 여러 번 존경을 표하기까지 했다. 로랑 파비위스는 2014년 2월 23일, 푸저우에 중국-유럽 다실을 연 산허에 축전을 보내는가 하면 2015년에는 우룽산 회장에게 레지옹 도뇌르 훈장을 수여했다. 이러한 지원은 외교부에서 이례적인 것으로 받아들여지긴 했지만 밑지는 장사는 아니었다. 「르 몽드」[57]에서 보도한 것처럼 산허는 프랑스 문화유산, 그중에서도 특히 외교부가 소유하고 있는 라 셀-생-클루(La Celle-Saint-Cloud) 성(城)의 가치를 알리기 위해 설립된 플래그-프랑스 르네상스(Flag-France Renaissance) 협회의 주요 기부자 중 하나

---

57   '두 프랑스 기업을 약탈한 파비위스 커플의 중국인 친구(L'ami chinois du couple Fabius qui a spolié deux fonds français)', 자크 폴로루(Jacques Follorou), 「르 몽드(Le Monde)」, 2018년 5월 12일자.

로 이름을 올렸기 때문이다. 참고로 이 협회의 회장은 로랑 파비위스의 동거인 마리-프랑스 마르샹-바일레(Marie-France Marchand-Baylet)다.

외교부 장관 재임 3년 동안 로랑 파비위스는 중국에 많은 기대를 걸었다. 이와 관련해 필자는 인터뷰를 시도했지만 답변을 들을 수 없었다. 2012년 외교부 장관에 임명된 그는 취임사에서 중국을 "새롭게 들어서는 프랑스 행정부의 중요 사안"으로 여길 것이며 프랑스는 "새로운 마음가짐으로" 불·중 관계를 재정립할 것이라고 역설했다. 한 프랑스 외교관은 "그는 결국 약속을 지켰다"고 운을 떼며 이렇게 말했다. "사르코지 대통령 재임 기간 경색되었던 불·중 관계를 로랑 파비위스 장관이 잘 풀어나갔다. 그는 중국과의 관계 개선을 위해 열심히 뛰었다. 중국 관광객을 프랑스에 유치하기 위해 그가 기울였던 노력만 봐도 알 수 있다. 게다가 그는 2015년, 유엔 기후변화협약 당사국 총회(COP21) 때도 중국이 약속을 지킬 수 있도록 제 역할을 충분히 다했다. 그러나 양국이 껄끄러워하는 문제들에 대해서는 비평하는 모습을 거의 볼 수 없었다. 반면 현 외교부 장관 장-이브 르 드리앙(Jean-Yves Le Drian)은 그런 문제들에 대해 정면돌파 하려는 모습을 보여주고 있다."

사회당 출신 정부 인사 중 로랑 파비위스만큼이나 중국에 호감을 가졌던 인사는 또 있다. 프랑수아 올랑드 행정부에서 내무부 장관을 지냈으며 하원에서 불·중 우호단체 회장을 역임한 브뤼노 르 루(Bruno Le Roux)다. 2017년 프랑스 자동차 제조업체 클레망-바야르(Clément-Bayard) 회장에 취임한 그는 이후 거대 중국 철도차량 제조업체 중국중차(中国中车, CRRC)와 합작회사를 설립했다. 프랑스 샤를르빌-메지에르(Charleville-Mézières)에 본사를 둔 이 기업은 중국중차가 제작한 전기버스를 프랑스 북동부 도시 아르덴(Ardennes)에 배치할 계획을 세우고 있다. 「라 레트르 아(La Lettre A)」[58](정치·경제·시사 문제를 다루는 디지털 신문. - 옮긴이)에서 보도한 것처럼, 올랑드 전 대통령의 측근으로 분류되는 브뤼노 르 루는 알리바바와도 파트너십을 맺기 위해 클럽 마프랑스(Club MaFrance)라는 단체를 설립했다.

한편 올랑드 전 대통령 재임기간 동안 두 차례 정무차관을 지낸 장-마리 르 겐(Jean-Marie Le Guen)은 자신이 부회장으로 있던 하원의 불·중 우호단체에서 쌓아온 중국 인맥을 활용했다. 도미니크 스트로스 칸(Dominique Strauss-Kahn) 전 IMF총재의 보좌관을 지내기도 한 장-마리 르 겐은 2017년 6월, 보험사 시아치 생-토노레(SIACI Saint-Honoré)의 CEO 피에르 도네스베르그(Pierre Donnersberg)의 특별 고문으로 임명되었다. 그리고 2018년 초, 중국하이난항공그룹(HNA)과 시아치 생-토노레의 파트너십이 체결되었고 그렇게 장-마리 르 겐은 중국하이난항공그룹 소유의 두 회사(게이트그룹(GateGroup), 스위스포트(Swissport)) 이사회에 합류했다.[59]

불·중 비즈니스의 대부, 장-피에르 라파랭 전 총리

"차이니즈 비즈니스 클럽(Chinese Business Club)의 성공적 론칭을 축하드립니다. 양국이 서로의 의견을 들으며 서로를 이해하고 아이디어를 모아 함께 미래를 설계하고 구상할 수 있는 이런 교류의 장이 마련되어 더없

---

58 '중국이 좋아하는 프랑스 외판원 브뤼노 르 루(Bruno Le Roux, précieux VRP de Pékin en France)', 「라 레트르 아(La Lettre A)」, 2018년 7월 18일자.
59 『메이드 인 차이나, 프랑스(La France Made in China』, 피에르 티센(Pierre Tiessen), 레지 수부이아르(Régis Soubrouillard) 공저, 미셸 라퐁(Michel Lafon), 2019년.

이 기쁩니다." 2017년 6월 30일, 루브르(Louvre)와 방돔(Vendôme) 광장을 사이에 두고 위치한 더 웨스틴 호텔의 호화로운 연회장에서 장-피에르 라파랭은 그날 귀빈으로 초대된 한 인사에게 감사를 표시했다. 바로 차이니즈 비즈니스 클럽의 설립자 아롤드 파리조(Harold Parisot)였다.

고가 부동산업으로 커리어를 시작한 이 40대의 사업가가 불-중 교류 네트워크를 구축하자는 아이디어를 내놓은 때는 2012년이었다. 프랑스 비즈니스계의 저명한 인사들에게 널리 알려진 이 상류층 모임은 파리의 가장 호화로운 호텔에서 매년 십여 차례 오찬 모임을 갖는다. 이 모임은 중국과 비즈니스를 하고자 하는 사람들이 반드시 거쳐야 하는 코스로 여겨진다. 이 모임에 참석하는 주요 인사로는 사르코지 전 대통령, 현직 장관(재경부 장관 시절의 에마뉘엘 마크롱, 장-이브 르 드리앙), 파트릭 푸이아네(Patrick Pouyanné) 토탈(Total) 회장, 프레데릭 마젤라(Frédéric Mazzella) 블라블라카(BlaBlaCar) 회장 등 CAC40 혹은 스타트업 기업들의 회장들, 정보당국에 몸담았던 베르나르 스쿼아시니(Bernard Squarcini), 알랭 바우에(Alain Bauer), 알렉상드르 베날라(Alexandre Benalla), 그 외 유명인사들(카를라 브루니(Carla Bruni), 이자벨 위페르(Isabelle Huppert)), 그리고 다수의 프랑스와 중국 외교관들이 있다.

장-피에르 라파랭은 이 '5성급' 인맥을 자랑하는 모임에 두 차례 귀빈으로 초대된 바 있고 오찬 모임에 12회 이상 참석하며 열성적으로 활동하고 있다. 아롤드 파리조 회장은 그를 이렇게 평가했다. "장-피에르 라파랭은 중국을 가장 많이 방문한 프랑스 인사다. 프랑스와 중국의 관계 발전에 그보다 더 크게 기여할 수 있는 사람이 또 누가 있겠는가?"

중국을 방문할 때마다 국가 원수급 환대를 받는 장-피에르 라파랭은 미국 외교관 헨리 키신저(Henry Kissinger)도 속해 있는 '위대하고 진실한 중국의 친구(grands et vrais amis de la Chine)'라는 매우 폐쇄적인 이너서클에 들어가 있다. 사업가 알랭 메리외(제4장 참조)와 더불어 그는 중국이 가장 아끼는 프랑스 인사일 것이다. 50년 가까이 지속된 이 오랜 '우정'은 푸아티에 출신의 순진한 청년이었던 그가 ESCP 유럽 비즈니스 스쿨에 재학 중이던 1970년에 처음으로 중국을 여행하면서 시작되었다. 그 후 2003년, 장-피에르 라파랭은 총리가 되어 중국을 방문했고 이 때 불·중 외교 역사에 길이 남을 '전설'을 만들었다.

당시 중국에는 사스[60]라는 전염병이 대유행이어서 유럽의 여러 지도자들은 중국 방문을 꺼려했다. 그런 악조건 속에서도 장-피에르 라파랭은 과감하게 중국을 방문했고 이에 중국은 그에게 경의를 표했다. 한 프랑스 외교관은 이에 관해 재미있는 에피소드를 들려주었다. "시라크 대통령이 퇴임하고 2년이 지나 중국을 방문했을 때였다. 베이징에서 후진타오 주석과 저녁 식사 자리가 마련되었고 이 자리에서 시라크 대통령은 후 주석에게 사실 당시 장-피에르 라파랭 총리는 중국 방문을 내켜하지 않았다고 이야기했다. 라파랭 총리는 시라크 대통령에게 등이 떠밀려 울며 겨자먹기로 중국을 방문한 것이었다. 중국으로 떠나기 전에 장-피에르 라파랭 총리는 시라크 대통령에게 자신이 사스에 걸리기라도 하면 어떻게 하느냐고 물었다 한다. 그러자 시라크 대통령은 웃으며 이렇게 답했다고 한다. '너무 걱정 말게, 다른 총리를 지명하면 되니까.' 이 이야기를 들은 후진타오 주석은 그저 웃을 수밖에 없었다."

---

[60] 제4장 참조.

2005년, 총리직 퇴임 후에도 장-피에르 라파랭은 계속해서 프랑스와 중국의 관계를 가까이서 지켜보았다. 중국 특사로 마르탱 오브리(Martine Aubry)를 임명한 올랑드 전 대통령이 중국을 방문할 때도 예외는 아니었다. 사르코지 전 대통령 임기 때도 그의 영향력은 건재했다. 그는 장-피에르 라파랭에게 2009년, 주중국 프랑스 대사 자리를 제안했다. 마크롱 대통령 역시 불·중 외교에서 장-피에르 라파랭을 필요로 했다. 2018년 초, 그에게 중국에 진출한 프랑스 기업을 지원하는 임무가 주어지며 대중국 정부 특사로 임명되었다.

2017년 6월, 상원의원 직에서 중도사퇴하기로 한 장-프랑수아 라파랭은 개인의 자격으로 '불·중 관계 발전'에 기여하고자 했다. 중국과 관련된 그의 활동 리스트는 빽빽했다. 그가 가장 큰 비중을 두었던 활동 중 하나는 '번영과 혁신 재단(Prospective and Innovation Foundation)' 이사장으로서의 활동이었다. 전 상원의장 르네 모노리(René Monory)와 로레알 전 CEO 프랑수아 달(François Dalle)이 1989년에 설립한 이 재단은 '현 세계의 엄청난 변화'에 관한 여러 사안들을 다루는 싱크탱크로 알려져 있다. 그러나 이 재단에서 가장 집중하는 것은 중국과의 교류다. 프랑스 기업에 몇 천 유로의 경비가 소요되는 중국 연수를 제안하고 매년 여름 푸아티에에서 중국에 관한 세미나를 개최하기도 한다. 장-피에르 라파랭의 업무는 그가 총리를 지낼 때 그의 외교 고문이었던 세르쥬 드갈레(Serge Degallaix)가 돕고 있다.

한편 아시아판 다보스 포럼이라 할 수 있는 보아오 포럼의 이사진이기도 한 장-피에르 라파랭은 중국과 관련된 또 다른 여러 직책을 맡고 있는데 그는 현재 불·중 위원회(중국과의 비즈니스 개발과 협력을 지원하기 위해 설립된 단체) 경제 심포지엄 의장, 불·중 비즈니스 포럼(양국 사업가들의 또 다른 교류의 장) 공동 의장, 중국 자동차 부품업체 플라스틱 옴니엄 이사, 마지막으로 상하이에 위치한 중국유럽국제경영대학원(CEIBS) 교수(장-피에르 라파랭은 '드골 장군에 관한 강좌'를 운영하고 있으며 프랑스와 중국의 리더십 전략 비교 강의를 하고 있다.)직을 맡고 있다.

장-피에르 라파랭의 가족들 역시 그의 친중 행보를 따랐다. 예컨대 그의 누이 프랑수아즈 빌랭(Françoise Vilain)은 라파랭처럼 불·중 비즈니스 관련 일을 하고 있다. 그가 대표로 있는 단체 퓌튀랄리아(Futurallia)(국제적으로 발돋움하려는 중소기업을 대상으로 하는 포럼)는 2015년 10월에 장-피에르 라파랭이 이끄는 '번영과 혁신 재단', '비즈니스 프랑스(Business France)'(프랑스 기업들의 세계화를 지원하는 국가차원 정부기관. - 옮긴이)와 공동으로 중국 청두에 진출한 30여개 프랑스 기업을 대상으로 비즈니스 포럼을 개최하기도 했다. 비엔느 상공회의소에 몸담았던 그의 형 제라르 라파랭(Gérard Raffarin) 역시 도매거래(기업 간 거래)를 주로 취급했고 2018년에 해산한 불·중 협력 단체를 4년간 운영했다.

프랑스 정보당국은 이렇게 많은 프랑스 인사들이 중국과 여러 방식으로 접촉하고 있는 상황을 영 마뜩잖아 했다. 프랑스 시사 주간지 「발뢰르 악튀엘(Valeurs actuelles)」[61]에 따르면, 실제로 대간첩 활동과 대경제침투 임무를 맡고 있는 프랑스 국내안보총국(DGSI)에서는 이들을 예의주시했다. 국내안보총국(DGSI) 요원들은 라파랭 전 총리가 중국에 이용당하고 있는 것은 아닌지를 의심했다. 장-피에르 라파랭 전 총리는 이러한 의심

---

61   '국내안보총국(DGSI)이 예의주시 하고 있는 라파랭 총리와 중국의 석연찮은 관계(Quand les mystérieux liens chinois de Raffarin attirent l'attention de la DGSI)', 루이 드 라그넬(Louis de Raguenel), 「발뢰르 악튀엘(Valeurs actuelles)」, 2018년 7월 17일자.

프랑스와 중국의 위험한 관계

에 '펄쩍뛰며' 격노했다. 그는 "내가 중국에 이용당하고 있다는 것은 말도 안 되는 마타도어다. 나는 최근 몇 년간 중국에 진출한 천여 개 이상의 프랑스 기업을 지원했다. 나는 언제나 프랑스의 국익을 우선하며 중국 기업에 들어가 한 자리 차지할 생각은 추호도 없다"고 항변했다. 그러면서 중국에 관한 정보를 수집하기 위해 때때로 그를 불러 '질문'하는 프랑스 국내안보총국(DGSI), 대외안보총국(DGSE)과도 좋은 관계를 유지하고 있다고 말했다.

아무튼 라파랭 전 총리의 사례는 프랑스 정부 내에서 격렬한 논쟁을 불러일으켰다. 한쪽에서는 "우리는 프랑스 사회에 영향력을 끼칠 수 있는 사안들을 잘 살펴봐야 한다. 이쯤 되면 그가 프랑스의 국익보다 자신이나 제3국의 이익을 더 우선하고 있는 것은 아닌지 자문해봐야 한다"고 말했다. 다른 한쪽에서는 보다 유보적인 입장을 취했다. 특히 한 프랑스 외교관은 이렇게 자신의 의견을 피력했다. "장-피에르 라파랭 전 총리는 중국과 오랫동안 우호 관계를 유지하며 다양한 활동을 해 왔다. 베이징과 그런 우호 관계를 맺고 있는 인사는 프랑스에서 몇 되지 않는다. 그는 베이징에 프랑스가 원하는 바를 전달할 수 있는, 외교적으로 필요한 인물이다. 물론 프랑스 공무원으로서의 역할과 개인의 사익이 충돌하는 지점이 생길 수 있다. 당연히 그런 문제는 제기할 수 있다. 하지만 그렇다고 해서 그가 대중국 외교에서 쌓아온 경험을 깡그리 무시해야 하나? 나는 그렇게 생각하지 않는다." 그럼에도 불구하고 필자가 수집한 정보를 보면 불·중 관계에 그가 차지하는 비중이 때로 프랑스 외교를 외태롭게 할 수도 있겠다 싶은 생각이 든다. 이에 대해 주중국 프랑스 대사관에서 근무했던 한 직원은 "그가 불·중 외교에 개입하는 지점과 그의 역할은 주중국 프랑스 대사의 입장에서 보면 선을 넘은 것일 수 있다.

그것은 오히려 프랑스 외교에 해가 될 수 있다"고 지적했다.

불·중 교류에 관련해 이런저런 활동을 하는 것 외에 장-피에르 라파랭 전 총리는 2011년에 그의 아내와 공저로 중국어로만 집필한 책을 출간하기도 했다.[62] 이 책은 그의 친중행보를 곱지 않은 시선으로 보는 사람들을 더욱 거슬리게 만들었다. 책의 내용이 그야말로 중국을 향해 부르는 사랑의 세레나데나 다름없었기 때문이다. 「리베라시옹(Libération)」에서 비평한 것처럼 프랑스 상원부의장을 지내기도 한 라파랭 전 총리는 그 책에서 "공산당의 일당독재 체제를 조심스럽게 찬양"하며 "때때로 베이징의 도그마를 한 글자도 틀리지 않고 그대로 옮겨 적었다."[63] 게다가 장-피에르 라파랭 전 총리는 최근 몇 년간 중국 공산당이 독재 체제를 정당화하기 위해 내세운 '화합'이니 '운명 공동체'니 하는 개념을 지지하기도 했다. 그렇지만 라파랭 전 총리는 이렇게 말하며 자신의 친중 행보를 합리화했다. "나는 특정한 누군가에게 이득이 되는 행동을 할 생각이 없으며 그저 자유롭게 모든 이들과 대화할 수 있어야 한다고 생각할 따름이다. 중국은 오늘날 무시할 수 없는 강대국이 되었다. 프랑스는 중국과 교류해야 하며 미·중 무역전쟁에서 균형적인 입장을 취해야 한다. 이것은 그저 상식이지 중국이 추구하는 사회상에 동의한다는 말이 절대 아니다."

62　　『중국이 우리에게 가르쳐 준 것(Ce que la Chine nous a appris)』, 장-피에르 라파랭(Jean-Pierre Raffarin), 안-마리 라파랭(Anne-Marie Raffarin), 르 사부아르 몽디알(Le Savoir mondial), 2011년.
63　　'라파랭의 마오쩌둥 찬양(Le petit livre rouge de Raffarin)', 필립 그랑주로(Philippe Grangereau), 「리베라시옹(Libération)」, 2011년 10월 27일자.

프랑스와 중국의 위험한 관계

중국을 사랑한 도미니크 드 빌팽 전 총리

중국을 애정 어린 시선으로 바라본 시라크 행정부의 총리는 장-피에르 라파랭 뿐만이 아니다. 현재 빌팽 인터내셔널(Villepin International) 컨설팅에 소속되어 고급 경영 컨설턴트로 전향한 도미니크 드 빌팽(Dominique de Villepin) 전 총리 역시 빠지면 섭섭하다. 빌팽 인터내셔널은 홍콩에 자회사를 두고 있으며 이는 홍콩에서 프랑스 와인 유통사업을 하는 그의 아들 아르튀르 드 빌팽(Arthur de Villepin)이 운영하고 있다. 역시 홍콩에 거주하고 있으며 매우 비밀스럽게 활동하고 있는 도미니크 드 빌팽 전 총리는 2013년부터 2016년까지 중국 신용정보사 유니버셜 크레딧 레이팅 그룹(Universal Credit Rating Group) 자문 회의 의장직을 맡았다. 그리고 2015년에서 2018년까지 전 유럽위원회 집행위원장 로마노 프로디(Romano Prodi)와 함께 80억 달러를 보유한 중국 투자신탁 중국민생은행(中國民生銀行, CMB)의 국제 위원회에 소속되어 활동하기도 했다. 현재도 도미니크 드 빌팽 전 총리는 정기적으로 중국을 방문해 여러 학회에 참석하고 있다. 2017년 12월에는 중국 우전에서 열린 세계인터넷대회(World Internet Conference)에 참석했다. 도미니크 드 빌팽 총리의 행보에 대해 한 프랑스 사업가는 "그는 매우 활발하게 활동하고 있으며 투자자들이 중유럽, 동유럽, 그리고 아프리카에 진출할 수 있도록 돕고 있다. 특히 그는 자신이 해당 지역의 국가원수들과 친분이 있다는 것을 강조한다"고 말했다.

중국과 우호적인 관계를 맺고 있는 시라크 행정부의 또 다른 외교관은 티에리 다나(Thierry Dana)다. 그는 1998년부터 2002년까지 엘리제궁 외교 정책실에서 근무했고 이후 외교부 아시아 국장을 거쳐 자신의 이름을 따 프랑스와 아시아 기업의 투자를 돕는 컨설팅 회사(TD꽁세이(TD Conseil))를 설립했다. 특히 그는 2006년, 홍콩의 샹그리라 호텔&리조트 그룹이 유니프랑스(Unifrance)(프랑스 수출진흥청, '비즈니스 프랑스(Business France)'의 전신) 본부가 있던 파리의 고급 건물을 매입하려 할 때 컨설팅에 참여했던 것으로 알려져 있다.

프랑스 전력공사(EDF)의 '중국인'들

외교계나 정계에서만 중국에 우호의 손짓을 보냈던 것은 아니다. 프랑스 대기업의 일부 임원들도 최근 몇 년간 친중 행보만큼은 저들에게 결코 뒤처지지 않는다는 것을 보여주었다. 언론에서 "프랑스 전력공사(EDF)의 중국인"[64]이라는 별칭을 붙여준 에르베 마슈노(Hervé Machenaud)의 사례가 가장 대표적이다.

프랑스 최고의 이공계 엘리트 학교 에콜폴리테크니크(Ecole Polytechnique) 출신 에르베 마슈노는 2010년대 초반부터 주목받기 시작했는데 이는 당시 앙리 프로글리오(Henri Proglio)가 사장으로 있던 EDF의 2인자 자리를 꿰차면서 부터다. 프랑스 시사 주간지 「르 누벨 옵제르바퇴르(Le Nouvel Obervateur)」[65]와 시사 풍자 주간지 「르 카나르 앙셰네(Le Canard enchaîné)」[66]에서 보도한 것처럼 2011년, EDF는 중국 국영 원자력 발전 기업

---

[64] '프랑스전력공사(EDF)의 중국인(Le 'Chinois' d'EDF)', 마티외 페슈베르티(Matthieu Pechberty), 「르 쥬르날 뒤 디망슈(Le Journal du dimanche)」, 2013년 1월 5일자.
[65] '프랑스전력공사(EDF)와 중국의 원자력 협상에 관한 폭로(EDF-Chine: révélations sur des négociations atomiques)', 카롤린 미셸-아귀르(Caroline Michel-Aguirre), 「르 누벨 옵제르바퇴르(Le Nouvel Observateur)」, 2012년 9월 26일자.
[66] '프랑스전력공사(EDF)와 중국 광핵그룹의 황당한 원자력 파트너십(Un drôle de partenariat

광핵그룹(中国广核集团, CGNPC)과 비밀리에 협약 체결을 준비하고 있었다. EDF는 이 협약을 준비하면서 프랑스 원자력 업계가 깊숙이 숨겨왔던 기밀을 중국 파트너사와 공유한다는 계획까지 세웠다. 아레바(Areva)와 미쓰비시(Mitsubishi)가 합작 개발한 1000MW급 원자로와 경쟁할 수 있는 동급의 원자로를 공동 개발하는 것이 협약의 골자로, 이 협약에는 중국으로의 기술이전이 포함되어 있었다. 이 프로젝트는 프랑스 원자력 업계에 태풍을 몰고왔다. 이 프로젝트와 동시에 EDF, 광핵그룹, 그리고 아레바, 3자의 공식협상이 진행되고 있었기 때문이다. 이후 EDF와 광핵그룹이 체결하려 했던 협약은 프랑스 재정감독원(Inspection générale des Finances, IGF)의 조사대상이 되었다.

한편, 프랑스 대외안보총국(DGSE)은 이 협약을 지지하며 중국에 호감을 감추지 않았던 에르베 마슈노와 중국의 의심스런 관계를 조사하기 시작했다. 프랑스 대외안보총국(DGSE)이 2002년부터 EDF 아시아 지역 국장직을 맡고 있는 2인자 에르베 마슈노를 예의주시 하게 된 때는 2012년 2월 말, 산업·에너지부 장관 에릭 베송(Eric Besson)이 중국을 방문하면서부터다. 처음으로 이 이야기를 꺼낸 에릭 베송 전 장관은 당시를 이렇게 술회했다. "중국을 방문하기 전에 정부에서는 EDF, 아레바, 광핵그룹 간 3세대 원자로 개발에 관련된 파트너십을 찬성하는 것으로 의견을 모았다. 그리고 협상 테이블에서 프랑스는 반대급부로 중국에 내수시장을 개방하라는 조건을 내걸었다. 그게 프랑스의 입장이었다. 그때 에르베 마슈노는 프랑스 기업 대표들 옆에 서서 프랑스가 내건 조건이 탐탁지 않다는 듯이

---

nucléaire entre l'électricien français et son homologue chinois China Guangdong Nuclear Power Company(CGNPC)', 「르 카나르 앙셰네(Le Canard enchâiné)」, 2012년 12월 26일자.

궁시렁거리고 있었다. 협상이 끝나고 나는 그를 따로 불러 경고했다. 그는 내가 EDF의 입장을 대변해주지 않았다고 항변하더니 이내 누그러졌다."

수일이 지나 에릭 베송 전 장관은 중국에 매수당한 것으로 의심되는 에르베 마슈노와 EDF가 체결하려는 협정에 대해 조사하고 있는 여러 수사관들을 대면해야 했다. 에릭 베송 전 장관은 "그때 나는 수사관들에게 그는 중국에 매수당하지 않았다. 다만 설득되었을 뿐이다. 그러나 그것이 더 최악이라고 말했다"며 당시를 떠올렸다. 그리고 이렇게 한탄했다. "에르베 마슈노는 원자력의 미래가 중국으로 넘어갔다는 말에 설득되었고 프랑스의 국익보다 EDF의 이익이 더 중요하다는 말에 설득되었다. 이것이 스톡홀름 증후군이 아니고 무엇이겠는가."

에르베 마슈노는 "그건 그의 생각일 뿐"이라고 에릭 베송 전 장관의 말을 일축했다. 그러면서 "조사 결과 내겐 어떤 잘못도 없다는 것이 확인되었다. 그 모든 의혹에 신뢰할 만한 근거는 아무것도 없다"고 주장했다. 프랑스와 중국의 원자력 협정은 원점에서 재검토되었고 프랑스 재정감독원(IGF)과 대외안보총국(DGSE)은 에르베 마슈노에게 어떤 혐의도 없다는 결론을 내렸다. 2016년, EDF를 퇴직한 뒤 베이징에 거주하고 있는 에르베 마슈노는 현재에도 불·중 비즈니스 업계에 몸담고 있다. 그는 2018년까지 불·중 전력생산 파트너십(Partenariat France Chine Électricité) 협회의 회장직을 맡아 활동하다 이후 프랑스와 중국이 합작한 투자회사 트레일 캐피탈(Trail Capital)에 합류했다. 장-피에르 라파랭의 측근인 자비에 마랭이 수장으로 있는 트레일 캐피탈(Trail Capital)은 중국의 '실크로드 펀드'가 공동 출자한 회사로 인수할만한 유럽 기업들에 눈독을 들이고 있다.

프랑스 대외안보총국(DGSE)의 '중국인'들

프랑스의 정보기관 요원들은 주로 자국 인사들을 조사하는 임무를 띠고 활동하지만 그들 역시도 중국의 유혹에 흔들릴 때가 있다. 정보기관에 정통한 한 전직 프랑스 대외안보총국(DGSE) 요원은 대중국 첩보활동의 어려움을 이렇게 토로했다. "수십 년 전부터 우리는 중국 때문에 골머리를 앓고 있다. 일단 중국은 프랑스에서 물리적으로 너무나 멀리 떨어져 있다. 예컨대 모스크바에 파견된 요원들은 관리·감독이 훨씬 수월하다. 비행기로 네 시간이면 갈 수 있는 거리이기 때문이다. 그러나 중국은 물리적 거리가 훨씬 멀기 때문에 관리·감독에 사각지대가 생길 수밖에 없다. 게다가 중국은 상대를 회유하는 방법을 완벽하게 알고 있다. 중국은 마이스(MICE), 즉 돈(money), 이념(ideology), 강압(coercion), 자의식고양(ego)을 이용해 상대를 자기 편으로 끌어들인다. 마지막으로 숫자 문제가 있다. 다른 국가에서와 마찬가지로 중국에서 프랑스 대외안보총국(DGSE) '출장소'의 소장은 프랑스 본부의 대표 역할을 한다. 그런데 출장소가 대사관에 설치되기 때문에 중국 정보기관이 끈질기게 접근할 가능성이 매우 높다. 그리고 안타깝게도 때로 몇몇은 유혹에 넘어가기도 한다."

프랑스 방송사 TMC의 인포테인먼트 프로그램 '코티디앙(Quotidien)'이 2018년 5월 24일에 방영한 내용 그대로다. 방송에서는 퇴직한 프랑스 대외안보총국(DGSE) 요원 두 명이 중국 권력과 내통한 혐의로 입건된 내용을 다뤘다. 2017년 12월, 기소된 두 전직 요원은 현재 프렌(Fresnes)과 플뢰리-메로지(Feury-Mérogis)에 있는 교도소에 각각 수감되어 있다. 그들이 중국의 유혹에 넘어간 때는 이십 년 전이다. 두 요원 중 나이가 더 많은 72세의 앙리 M.은 저널리스트 프랑크 르노(Franck Renaud)가 2010년에 발표한 그의 저서[67]에서 밝힌 것처럼, 1997년에 대외안보총국(DGSE) 중국 출장소장으로 임명된 뒤 피에르 모렐(Pierre Morel) 주중국 프랑스 대사의 중국 여성 통역사와 수개월 간 모종의 관계를 유지했다. 그런데 그 여성은 중국 정보기관에 협력하고 있다는 혐의를 받고 있었고 1998년, 프랑스 대외안보총국(DGSE)은 몇 개월 만에 앙리 M.을 다시 프랑스에 복귀시키기로 했다. 한 전직 대외안보총국(DGSE) 요원은 "본부에서 일을 크게 만들고 싶어 하지 않았다. 그는 대외안보총국(DGSE) 내에서 평판이 좋았지만 중국에 포섭 당했고 결국 대외안보총국(DGSE)을 떠나야 했다"고 술회했다. 그런 상황에서도 앙리 M.은 중국과의 관계를 단절하지 않았다. 그는 1999년, 중국에 진출하고자 하는 프랑스 기업을 위한 컨설팅 회사를 설립했고 이후 중국으로 건너가 대사관에서 만났던 중국인 통역사와 결혼했다. 그리고 결국 2017년 말 체포됐다.

    67세의 피에르-마리 H.은 대외안보총국(DGSE)에서 더 눈에 띄지 않는 인물이었다. 독실한 가톨릭 신자로 대외안보총국(DGSE)에서 비교적 이른 시기에 요직에서 멀어진 그는 결국 2000년대에 디종(Dijon)으로 파견되어 행정직에서 근무했다. 특별한 임무를 맡지 않았던 그는 퇴직을 몇 개월 앞두고 2016년에 그의 아내와 컨설팅 회사를 설립했다. 프랑스 시사 주간지 「발뢰르 악튀엘(Valeurs actuelles)」[68]에 따르면 피에르-마리 H.는 모리스 섬에서 일 년에도 여러 차례 중국 정보기관 요원을 만났고 "2만 5천 유로 이상의 현금이 든 여행 가방을 들고 취리히 공항에서 세관 검사를 받던 중" 2017년 12월, 중순 체포되었다. 그의 아

---

67   『프랑스 대사관 뒷편의 외교관들(Les Diplomates, derrière la façade des ambassades de France)』, 프랑크 르노(Franck Renaud) 저, 누보 몽드(Nouveau Monde), 2010년 발간.
68   '대외안보총국(DGSE)의 중국인 사건(L'affaire des Chinois de la DGSE)', 라파엘 스탱빌(Raphaël Stainville), 「발뢰르 악튀엘(Valeurs actuelles)」, 2018년 7월 12일자.

내 역시 이 사건에서 '범죄자 은닉 및 배임' 혐의로 기소되었다.

프랑스 법원(justice française)의 수사판사는 두 전직 요원에게 구체적으로 어떤 혐의를 적용해 기소했을까? 그들에게는 '외국 정보기관에 국익을 심각하게 손상시킬 수 있는 정보를 넘긴 혐의', '외국 정보기관과 내통한 혐의', '외국 정보기관에 넘길 목적으로 정보수집을 한 혐의', '국방기밀을 탈취한 혐의'가 적용되었으며 둘 중 한 사람에게는 이에 더해 '주도적 배임행위 혐의'가 적용됐다. 그리고 두 전직 요원은 중국 정보당국에 첩보기법과 노하우를 누설한 혐의와 중국에 파견된 다른 요원들을 잠재적 위험에 빠트린 혐의로 고발되기까지 했다.

이 사건으로 대외안보총국(DGSE)은 내부를 쇄신했다는 평가를 받았다. 그리고 얼마 후 사건의 전모가 밝혀지며 또 다시 세간이 떠들썩해졌다. 이 사건에 정통한 한 관계자는 "대외안보총국(DGSE)이 수년 전부터 두 요원을 감시한 것은 사실이지만 증거를 잡은 것은 최근이었다"고 말했다. 정보기관에 오랜 기간 몸담았던 이 전직 요원은 이 사건을 통해 대외안보총국(DGSE)은 원하는 어떤 메시지를 전달하려 했다며 이렇게 말했다. "이 문제를 법정으로 끌고 가면서 대외안보총국(DGSE)은 요원들에게 확실한 경고를 보낸 것이나 다름없다. 바로 '배신하지 말라'는 경고였다. 그것은 어떤 의미에서 스크리팔(Skripal) 사건[69]을 통해 러시아가 전달하려 했던 메시지와 일맥상통하는 것이었다."

69 　영국 정보기관 MI6의 이중스파이로 활동하던 러시아 정보기관 전직 요원 세르게이 스크리팔(Serguei Skripal)은 그가 영국에 체류하던 2018년 3월, 독살 시도 사건의 피해를 입었다. 테레사 메이(Theresa May) 영국 총리는 공개적으로 러시아의 소행이라고 저격했고 이 사건은 전 세계적으로 116명의 러시아 외교관들이 축출당하는 국제적 스캔들로 비화되었다.

이 사건은 중국에 파견된 프랑스 대외안보총국(DGSE) 요원들이 끊임없이 받는 유혹을 떨쳐내기가 얼마나 어려운 것인지를 여실히 보여주었다. 이 사건이 종결되고 10년 후, 중국 출장소에 파견된 대외안보총국(DGSE) 요원 디디에 L. 역시 중국 정보기관과 수차례 접촉한 뒤 프랑스로 긴급 소환되었고 업무에서 완전히 배제됐다.

제6장

프랑스의 갈팡질팡
대(對)중국 외교

캐세이 캐피탈 홈페이지의 밍포카이(차이밍포) 소개화면. 캐세이 캐피탈의 최고경영자(CEO)인 밍포카이는 프랑스와 중국의 권력자들과 두루 두터운 인맥을 쌓아온 것으로 알려져 있다. 불·중 공동기금을 관리하는 캐세이 캐피탈은 주로 정치적인 힘으로 입지를 구축했다는 의혹을 받고 있다. (2021년 10월 4일 캡쳐)

툴루즈 공항, 그 처절한 실패의 현장

그 다툼의 현장을 보고 놀라지 않을 사람은 없었다. 2015년 5월, 툴루즈-블라냑(Toulouse-Blagnac) 공항의 정부 지분을 중국 컨소시엄 카실 유럽(Casil Europe)에 매각한다는 정부의 발표가 있고 채 한 달이 지나지 않았을 때, 툴루즈 공항에서는 고성이 오고 갔다. 프랑스 정부 대표단, 지방의회 의원, 중국 인수단으로 구성된 새로운 심의위원회가 차후 계획을 논의하기 위해 모인 자리였다. 현장을 보고 어리둥절했다는 한 회의 참석자는 당시 상황을 이렇게 설명했다. "갑자기 중국 컨소시엄 관계자 두 사람이 고함을 지르기 시작했어요. 그러더니 자리에서 일어나 주먹다짐을 했고 사람들이 그 둘을 말렸죠. 정말 혼란스러운 분위기였어요. 덕분에 컨소시엄이 제대로 굴러가지 않고 있다는 것을 바로 눈치챌 수 있었지만요."

툴루즈 공항은 단기적 이익을 추구하는 기업의 논리와 중국 공산당의 전략 사이에서 갈팡질팡하는 중국 투자의 대표적 사례라 할 수 있다. 툴루즈 공항은 최근 4년간 더없이 혼란한 경영상황을 겪었고 카실 유럽은 2019년 5월14일, 보유하고 있던 지분 49.9%를 매각하기 위해 프랑스 건설사 에파주(Eiffage)와 '배타적 협상'에 들어갔다. 중국 측의 원대한 꿈이 깨지는 순간이었지만 프랑스 정부와 지방의회 의원들에게는 매우 만족스러운 결말이었다. 프랑스 재경부는 "악화된 경영상황을 끝내야만 했다. 4년 동안 중국 컨소시엄은 아마추어 같은 경영방식으로 적절한 판단을 내리지 못했다"고 평가했다.

2015년 4월, 산둥 하이-스피드 그룹(Shandong Hi-Speed Group)이 51%, 프리드먼 퍼시픽 에셋 매지니먼트(Friedmann Pacific Asset Management)가 49%를 출자한 '카실 유럽 컨소시엄'은 2순위 입찰자보다 18% 많은 3억 8백만 유로를 입찰가로 제안하며 툴루즈-블라냐 공항 지분 49.9%를 손에 넣었다. 산둥 하이-스피드 그룹은 프랑스의 국가지분관리청(Agence des participations de l'Etat, APE)과 같은 역할을 하는 중국 자산 감독 및 행정 위원회에서 관리한다. 중국 거대 토목기업으로 중국 500대 대기업에 포함되며 매출액이 50억 유로에 달한다. 프리드먼 퍼시픽 에셋 매니지먼트는 홍콩에서 설립되었으며 영국령 버진아일랜드에 주소지를 두고 있는 투자신탁 회사다. 이 회사는 10억 유로 이상의 자산을 관리하고 있으며 항공기 대여사업을 하는 자회사를 소유하고 있다. 두 회사는 이 특별한 컨소시엄을 구성하며 매우 원대한 장기 프로젝트를 계획했고 툴루즈 공항의 여객 수송량이 2014년 750만 명에서 2046년에는 1,840만 명으로 증가할 것이라고 기대했다. 또한 중국 직항 항공을 개설하고 총 8억 5천만 유로를 투자할 예정이었다(총금액 중 3분의 2는 15년에 걸쳐서 2031년까지 집행될 예정이었다).

　그런데 얼마 지나지 않아 첫 번째 먹구름이 드리워졌다. 프랑스 측은 컨소시엄을 이룬 두 중국 그룹이 불화를 겪고 있으며 서로 상반된 주장을 하고 있다는 사실을 확인했다. 툴루즈-블라냐 공항 심의위원회에 참여했던 한 위원은 당시 상황을 이렇게 설명했다. "산둥 하이-스피드 그룹은 국영기업으로 툴루즈 공항이 '일대일로 사업'의 연장선상에 있다고 생각해 이 사업에 흥미를 보였다. 경영진은 심지어 프랑스의 항만, 특히 세트(Sète)에 있는 항만을 매입하려 했다. 결국 성사되지는 않았지만 말이다. 반면 프리드먼 퍼시픽 에셋 매지니먼트는 신탁회사로, 투자한 금액을 빠르게 회수하려고 했다. 단기적 이익을 추구한 것이다. 그 결과 두 기업은 미래 전략에 있어 시시때때로 충돌했다."

툴루즈 공항 지분 매입 두 달 후, 컨소시엄은 커다란 암초를 만났다. 자유분방한 성격으로 알려진 프리드먼 퍼시픽 에셋 매니지먼트의 설립자이자 카실 유럽 컨소시엄의 대표인 마이크 푼(Mike Poon)이 실종된 것이다. 툴루즈는 발칵 뒤집혔다. 수개월 후에야 마이크 푼 대표는 부정부패 사건으로 중국 법정에 서며 모습을 드러냈다. 그는 기자들의 질문 공세에 이렇게 대답했다. "베이징이 중국 항공업계의 관행에 대해 조사를 벌이고 있었는데 나 역시 조사에 소환되어 심문을 받았다. 아직도 무슨 일이 일어났던 것인지 이해할 수 없다."[70]

2015년 말, 돌연 실종됐다가 사흘 만에 나타난 푸싱(Fosun) 그룹 회장이자 클럽메드(Club Med) 소유주 궈광창(Guo Guangchang) 회장 역시 중국 당국이 벌인 반부패 수사를 받았던 바 있다. 마이크 푼 대표는 당시 겪은 어려움을 이렇게 토로했다. "그때 상황이 매우 혼란스러웠다. 문제가 한 두 가지가 아니었다. 일단 심의위원회의 모든 중국 이사진이 영어를 할 줄 아는 것이 아니었다. 게다가 산둥 하이-스피드 그룹을 대리하던 웨이빙 쳉(Weibing Zeng) 이사회 의장은 프랑스어도 영어도 할 줄 몰라 의사소통이 거의 불가능했다. 의사소통 문제 외에 다른 문제도 있었다. 2016년 10월, 심의 위원회는 중국 측의 요구에 따라 툴루즈-블라냑 공항 주주들에게 1,500만 유로의 배당금을 지급했다. 이 결정 때문에 여러 지방의회 의

---

70 '툴루즈 공항, 2015년 실종된 중국인 주주는 어떻게 되었나(Aéroport de Toulouse: qu'est devenu l'actionnaire chinois qui avait disparu des radars en 2015)', 실비 앙드로(Sylvie Andreau), 「르 쥬르날 뒤 디망슈(Le Journal du dimanche)」, 2017년 10월 30일자.

원과 협회는 분노했고 카실 유럽이 '쌈짓돈을 빼먹고 있다'[71]며 비판했다."

　중국 주주들과 지방의회 의원들 간에 날선 공방이 오갔고 2017년 12월, 프랑스 정부는 큰 결단을 내렸다. 툴루즈 공항 심의위원회 의장이자 국영철도회사(SNCF) 사장을 지낸 안-마리 이드락(Anne-Marie Idrac)과 프랑스 국가지분관리청(APE)의 2인자 루시 무니에사(Lucie Muniesa)가 총대를 멨다. 프랑스 정부는 두 사람에게 중국 컨소시엄을 몰아내고 다른 인수자를 찾으라는 특명을 내렸다. 새로운 인수자는 카실 유럽 보유 지분 49.9%와 3년 후에 중국 주주들에게 양도할 예정이었던 프랑스 정부 보유 지분 10.1%를 매입해야 했다.
　그리고 마침내 프랑스 대형 건설사 뱅시(Vinci), 에파주, 투자신탁사 아르디앙(Ardian) 컨소시엄이 인수자로 나섰다. 지자체는 매우 기뻐했다. 마이크 푼 대표가 자신의 지분을 매각하는데 동의하면서 첫 번째 장애물을 쉽게 넘었다. 반대로 산둥 하이-스피드 그룹의 경영진은 이에 반대하며 2018년 1월 거부권을 행사했다. 당시 사정을 잘 아는 한 관계자는 "국영기업인 산둥 그룹은 툴루즈에 진출함으로써 중국의 힘을 과시하려 했을 것"이라고 말했다. 벽에 부딪힌 프랑스 정부는 상황을 좌시할 수 없다고 생각해 과감한 결단을 내렸다.
　2018년 2월, 프랑스 정부는 중국 주주들에게 약속했던 지분 10.1%를 넘기지 않겠다고 통보했다. 프랑스 재경부의 한 관계자는 "프랑스 정부의 결정은 더 이상 중국 컨소시엄과 함께 갈 수 없다는 메시지였다"고 말하며

71　　　'배당금 지급한 툴루즈 공항(L'aéroport de Toulouse distribue des dividendes)', 「르 피가로(Le Figaro)」, 2016년 10월 20일자.

"프랑스 정부의 강경한 태도에 카실 유럽도 사업에서 손을 떼고 말았다"고 덧붙였다. 몇 개월 후, 중국 컨소시엄은 세계적 투자은행 라자르(Lazard)에 지분 매각을 위임했고 2019년 5월, 에파주 컨소시엄이 마침내 '배타적 협상' 대상자로 선정되었다.

그러나 쉬운 것은 아무것도 없었다. 이 모든 과정은 양측 간 치열한 법정 공방 속에서 이루어졌다. 일례로 2018년 4월 16일, 프랑스 법원은 툴루즈 공항의 민영화 자체를 무효화했다. 중국 컨소시엄이 애초에 입찰에 응할 자격이 없었다고 판단했기 때문이다. 카실 유럽 컨소시엄도, 프랑스 정부도 항소를 거듭하며 지난한 싸움이 이어졌다. 그리고 며칠 후, 툴루즈 공항 지분 40%를 보유하고 있던 지자체와 툴루즈 상공회의소는 중국 주주들이 보유하고 있던 주식을 법원에 공탁했다. 여차했다가는 대실패로 돌아갈 수도 있었을 그야말로 법정에서 벌어지는 게릴라전이었다(2019년 12월 30일, 에파주가 카실 유럽 지분 49.9%를 매입하면서 2020년부터 툴루즈 공항 지분 100%를 프랑스 공공과 민간이 소유하게 되었다. - 옮긴이).

한편 프랑스 회계감사원(Cour des comptes)은 2018년 11월, 매우 비판적인 보고서[72]를 작성해 툴루즈 공항 사례를 면밀히 분석했다. 회계감사원은 툴루즈 공항은 "심각한 무능"으로 점철된 "실패한 민영화"라며 다음과 같은 평가를 내렸다. "입찰 자격 기준을 명확하게 제시하지 않은 채 자본력만을 고려해 인수자를 선정한 것부터 잘못이었다. 게다가 국가지분관리청(APE)은 입찰 자격으로 공항 경영 분야의 경력을 요구하지도 않았

---

72 '툴루즈, 리옹, 니스 공항 민영화 절차에 관하여(Le processus de privatisation des aéroports de Toulouse, Lyon et Nice)' 보고서, 회계감사원(Cour des comptes), 2018년 11월.

다. 한편 프랑스 정부는 산둥 하이-스피드 그룹과 '중국 정부의 특수한 관계'를 고려해 지분율을 제대로 정리하지 못했고 상황을 더 복잡하게 만들었다. 지자체가 국가지분관리청(APE)에 지자체에서 더 많은 지분을 보유할 수 있도록 지분율 조정을 요청했는데도 국가지분관리청(APE)은 공항을 민영화할 생각에 지자체와 민간 컨소시엄 양쪽에 헛된 기대를 불어 넣으며 갈등을 조장한 측면이 있다."

심의위원회의 방만한 배당금 지급 정책 역시 회계감사원에 덜미를 잡혔다. 그나마 배당금 지급에 관련된 몇 가지 정당한 사유는 찾을 수 있었다. 2014년과 2017년 사이에 승객수가 750만 명에서 920만 명으로 23.3% 증가했고 공항 리노베이션을 위한 대규모 공사가 실행되었다는 것이었다.

클럽메드에서 아코르호텔까지…프랑스를 사랑한 중국

16억 4,000만 유로. 2018년에 중국이 프랑스에 투자한 금액이다. 다국적 법무법인 베이커 매킨지(Baker McKenzie)에 따르면, 프랑스는 지난해 중국이 선호하는 투자국 10개국 중 7위에 랭크됐다. 그렇다면 프랑스에서 중국이 인수한 기업들을 살펴보자.

프랑스 마가린 제조업체 생 위베르(St Hubert)는 중국 유제품 제조업체 싼위안(Sanyuan)과 동맹을 맺고 있는 푸싱그룹에 인수됐다. 인수금액은 총 7억 달러였다. 중국중신집단유한공사(中国中信集团有限公司, CITIC)의 시틱 캐피탈(CITIC Capital Holdings LTD)은 프리미엄 색조, 기초 용기를 납품하는 악실론(Axilone)을 5억 8천만 달러에 인수했다. 그리고 2019년, 프랑스 스마트 카드 부품 제조 업체 린센스(Linxens)는 22억 달러에 칭화(Tsinghua)유니그룹에 인수되었다.

중국의 대(對)프랑스 투자비율이 총 외국투자 중 2% 밖에 안 되기는 하지만 중국은 최근 몇 년 간 프랑스의 여러 핵심 기업을 손아귀에 넣었다(전체 또는 일부). 둥펑자동차(東風汽車公司)는 푸조시트로엥그룹(PSA)의 최대 주주로 푸조 직원들 및 프랑스 정부와 원만한 관계를 잘 유지하고 있다. 중국의 국부펀드 중국투자공사(中國投資有限責任公司, CIC)는 지하자원 탐사·개발 공기업 GDF Suez 자회사의 지분 30%를 매입했다. 중국동방항공(中國東方航空, China Eastern Airlines)은 에어프랑스-KLM 항공 지분 10%를 매입했다. 진지앙(Jin Jiang)호텔은 아코르(Accor)호텔 지분 15%를 매입했다. 푸싱그룹은 클럽메드를 인수하면서 앙리 지스카르 데스탱(Henri Giscard d'Estaing) 대표를 유임해 클럽메드를 국제적으로 개발하는 데 힘을 실어주었다.

중국이 대기업에만 투자하는 것은 아니다. 일례로 중국 투자그룹 펑웬자본(洋沅资本, Fortune Fountain Capital, FFC)은 250년 이상의 역사를 가진 프랑스 고급 크리스탈 브랜드 바카라(Baccarat)를 인수했다. 중국 거대 분유제조업체 시뉴트라(聖元, Synutra)는 프랑스 브르타뉴의 한 분유생산업체에 투자했다. 약 160개의 보르도 와이너리 역시 중국 투자자들의 손아귀에 들어갔다. 심지어 프랑스 농촌 역시 중국의 투자대상이 되고 있다. 중국은 2014년에 앵드르(Indre)와 알리에(Allier) 지역의 농지 3,000헥타르를 사들였다.[73]

마지막으로 중국 및 홍콩 기업들의 자회사 700개가 현재 프랑스에 진출해 4만 5천 명 이상의 고용을 창출하고 있다. 비즈니스 프랑스(Business

---

73   세제, 위생용품, 두유, 분유를 제조하는 중국 제조업체이자 여러 제과점을 소유하고 있는 리워드(Reward)가 매입했다. 이 회사는 2019년 5월에 파산했다.

France)에 따르면 중국 기업은 영국과 프랑스에서 비슷한 수의 고용을 창출하고 있다. 중국의 투자가 점점 더 증가하는 상황에서 프랑스 정부는 웃어야 할지 울어야 할지 갈피를 잡지 못하고 있다.

중국에 절대 내어줄 수 없는 원자력과 해저케이블

"절대로 안 된다!" 2010년 가을, 사르코지 행정부에서 정보기관에 몸담았던 베르나르 바졸레(Bernard Bajolet)는 벼락같이 고함을 쳤다.

후에 프랑스 대외안보총국(DGSE) 국장 자리에 오르게 되는 베르나르 바졸레에게 며칠 전 한 정보가 전달됐다. 알카텔-루슨트가 매우 민감한 분야로 여겨지는 해저케이블 업체 알카텔 서브마린 네트웍스(ASN)의 자본금으로 알카텔 상하이 벨이라는 중국 자회사를 설립하려 한다는 정보였다. 이 아이디어를 생각해 낸 알카텔-루슨트의 CEO 벤 버바이엔(Ben Verwaayen)은 다국적 통신회사가 침체기에 빠진 상황에서 수익을 창출할 수 있는 기회를 엿보고 있던 참이었다. 그룹의 핵심 임원들끼리 이 문제에 대한 회의를 하고 몇 분이 지난 후, 그들 중 한 사람이 엘리제궁으로부터 전화 한 통을 받았다. 전화를 건 사람은 베르나르 바졸레였다. 그는 "우리는 그 계획에 절대 반대한다. 있을 수 없는 일"이라고 딱 잘라 말했다.

프랑스 정부의 신속한 대응은 프랑스가 알카텔 서브마린 네트웍스(Alcatel Submarine Networks, ASN)를 얼마나 중요하게 여기는지를 단적으로 보여준다. 필수기반시설운영자로 분류되는 ASN은 세계적으로 해저 광케이블 분야를 선도하는 기업에 속한다. ASN이 보유한 선박은 케이블을 배에 싣고 해상으로 나가 통신사뿐만 아니라 거대 플랫폼 기업(아마존, 구글, 페이스북 등)을 위해 해저에 케이블을 부설한다. 이런 케이블의 대부분은 전 세계적으로 이동통신과 인터넷이 구현되도록 하는데 있어 핵심적인 역할을 한다. 또 해저 케이블은 정보기관들에 있어서도 결정적 역할을 하는데, 그들은 스파이 행위를 목적으로 케이블의 종착지점에 '접속'하길 마다하지 않는다(프랑스에는 브르타뉴(Bretagne) 지방 라니옹(Lannion)과 펭마르(Penmarch), 두 곳에 종착지점이 있다).

이와 관련해 당시 디지털 경제부 장관이던 플뢰르 페를랑(Fleur Pellerin)은 2013년, 프랑스 경제일간지 「레 제코(Les Echos)」와의 인터뷰에서 이렇게 설명했다. "ASN의 노하우는 독보적이다. 해저 케이블의 생산, 포설, 유지보수까지 모두 커버할 수 있기 때문이다. 프랑스에서 전체 아프리카 대륙과 해외를 초고속으로 연결하는데 있어서 없어서는 안 될 분야이다. 또한 이 분야는 사이버감시와 국토 안보에도 연관되어 있어 민감할 수밖에 없다." 2015년, 노키아가 알카텔-루슨트를 인수하면서 ASN의 소유권이 노키아로 넘어갔는데도 프랑스 정보기관은 여전히 ASN을 유심히 주시하고 있다. 중국이 이 분야에 공격적인 투자를 하는 만큼 더욱 엄격한 감시가 필요한 분야다.[74]

최근 몇 년 간 아레바(Areva)를 둘러싸고 벌어진 일련의 상황은 중국이 프랑스에서 언제나 환영받지는 못한다는 것을 여실히 보여준다. 파산 직전까지 간 프랑스 원전 설비업체 아레바는 2016년과 2017년에 해체 상

---

74   2019년 6월, 중국 정부는 세계적인 케이블 제조업체 헝퉁그룹에 화웨이의 해저 케이블 자회사인 화웨이 마린 네트웍스의 지분 51% 인수를 승인했다.

황에 내몰렸다. 이에 프랑스 정부는 그룹을 두 분야로 분리하는 구조조정 결정을 내렸다. 한 분야는 정부가 단독으로 20억 유로를 증자할 수 있는 고위험 분야(여기에는 특히 핀란드 EPR 원전[75] 건설이 포함되어 있다. 이 원전의 공사 지연으로 막대한 손실이 났다.)였고 다른 한 분야는 해외 파트너 기업에 개방해 30억 유로를 증자할 계획을 세운 사용 후 핵연료 사이클[76] 분야였다. 얼마 후 프랑스 정부는 협상대상자로 일본 기업 미쓰비시와 일본원전(JNFL)을 선정했고 두 기업은 5억 유로를 투입해 아레바 지분 10%를 인수했다. 중국핵공업집단공사(中國核工業集團公司, CNNC) 역시 아레바 지분 인수에 관심을 보였다.

그런데 중국과의 협상은 일본과의 협상보다 훨씬 더 팽팽한 분위기에서 진행됐다. 중국핵공업집단공사가 너무나 많은 요구를 했기 때문이다. 중국핵공업집단공사는 아레바 이사회에 대리인이 참석할 수 있게 해 달라, 일본보다 더 많은 지분을 확보할 수 있게 해 달라, 심지어 투자 회수를 보장하는 조항을 추가해 달라고까지 요구했다. 국방부장관 장-이브 르 드리앙(Jean-Yves Le Drian)의 신경을 거슬리게 하는 요구였다. 당시 국방부장관 고문은 "핵연료 생산은 매우 까다로운 문제다. 중국이 원하는 모든 것을 제공할 수는 없다"고 대응했다. 재경부에서도 단호한 모습을 보였다. 당시 재경부 장관이었던 미셸 사펭(Michel Sapin)은 상황을 이렇게 술회했다. "마카이(馬凱, Ma Kai) 중국 부총리와 그 문제를 두고 매우 강경한 자세로 협상에 임했다. 일본 측이 이사회에 참석하는 것에 별 의미를 두지 않은 반면에 중국 측은 그것을 중요한 문제로 여겼다. 그러나 우리는 그 요

---

75   유럽형 가압 경수로(EPR·European Pressurized Reactor)
76   핵연료의 채굴부터 정련, 농축, 전환, 가공, 사용, 재처리, 방사성 폐기물 보존까지의 전체 순환 과정.

구를 받아줄 수 없었다. 그래서 중국 국적이 아닌 독립된 이사를 임명하는 것이 어떻겠냐고 제안했지만 중국은 거부했고 협상은 결렬됐다. 결국 자본 재조정에 필요한 자금을 프랑스 정부가 부담했다.

보다 예상치 못한 분야에서 중국의 자본 투입에 반대한 사례도 있다. 바로 콩파니 데 잘프(Compagnie des Alpes)와 중국 푸싱그룹의 사례다. 프랑스 국영 투자펀드 예금·위탁기금(Caisse des Dépôts et Consignations, CDC)의 자회사로 세계 최대 스키장 전동 리프트 개발업체인 콩파니 데 잘프는 최근 몇 년 간 중국의 거대 기업들이 지속적으로 관심을 가져온 업체였다. 특히 2022년 동계 올림픽을 개최할 예정인 중국은 해당 분야에서 프랑스가 보유하고 있는 노하우를 탐냈다. 당시 사정을 잘 아는 한 관계자는 "프랑스 정부와 지방의회 의원들은 두 기업 간 자본 결합에 반대했다. 중국 측에 압도적으로 유리한 거래였기 때문"이라고 당시 상황을 설명했다. 그러나 이후 2018년 12월, 콩파니 데 잘프 회장 도미니크 마르셀(Dominique Marcel)은 푸싱그룹과의 파트너십 체결을 공식적으로 발표했다. 그는 콩파니 데 잘프가 독립적으로 운영될 것이라고 강조하면서도 중국과 파트너십을 체결한 만큼 "중국의 지분 인수 참여 가능성을 배제하지 않을 것"이라고 덧붙였다.

프랑스 정부는 핵심 산업분야 이외에도 중국의 과도한 투자에 제동을 걸었다. 보르도 지역에 6채의 성을 소유하고 있는 알리바바 창업자 마윈은 2017년에 코트 드 뉘(Côte de Nuits) 지역에서 특급 와인 3만 병을 생산하는 7헥타르 규모의 도멘(Domaine, 부르고뉴 지역의 양조장을 이르는 용어. - 옮긴이), 클로 드 타르(Clos de Tart)를 인수하려 했다. 그런데 프랑스 사업가이자 억만장자인 프랑수아 피노(François Pinault) 역시 클로 드 타르에 관심을 보였고 프랑스 재경부와 대통령궁에서는 클로 드 타르를 소유한 모므생(Mommessin) 가(家)에 접촉해 마윈보다는 프랑스 사업가를 선택해 달라고 부탁했다. 프랑스 정부의 설득이 통했던 것일까? 마윈이 더 큰 매각대금을 제시했는데도,[77] 클로 드 타르는 결국 2017년 가을, 명품패션기업 케링 그룹(Kering Group)의 수장 프랑수아 피노(Francois Pinault)에 매각되었다. 그렇게 클로 드 타르는 프랑스의 깃발 아래 남게 되었다. 그리고 매각대금 2억 2천만 유로를 자랑하며 세계에서 가장 비싼 와인 도멘이 되었다.

마크롱 대통령의 갈팡질팡 대중국 외교

에마뉘엘 마크롱 대통령의 임기 초반은 프랑스 정부의 대(對)중국 경제정책의 혼란상을 그대로 보여준다. 대통령이 프랑스에 더 많은 외자를 끌어들이기 위해 해외 투자자들에게 투자를 적극적으로 장려하는 반면, 정부 부처에서는 프랑스 영토에서의 외자 통제를 강화하기로 결정하는 식이었다. 실제로 국방, 에너지, 교통과 같은 '핵심' 분야에 대한 외국자본 투입을 국가가 통제할 수 있는 2014 몽트부르(Montebourg) 시행령이 2019년 1월 1일부터 인공지능, 반도체, 사이버보안 분야까지 확대되었다. 게다가 규정을 위반하는 기업에 처벌할 수 있는 장치를 마련한 팍트(Pacte)법(기업 성장과 변화를 위한 행동계획 관련법)을 채택하면서 이 조치는 더욱 힘을 받게 되었다. 예컨대 한 기업이 고용 분야

---

[77] 이 이야기는 드니 사베로(Denis Saverot)의 보도에서 상세히 다뤄졌다. '프랑수아 피노는 어떻게 마윈을 제치고 부르고뉴 클로 드 타르를 인수했나(Comment François Pinault a supplanté le Chinois Jack Ma pour racheter le Clos de Tart en Bourgogne)', 「라 르뷔 뒤 뱅 드 프랑스(La revue du vin de France)」, 2018년 5월 17일.

프랑스와 중국의 위험한 관계

의 규정을 위반한 경우 매출액의 10%에 해당하는 벌금을 부과할 수 있게 된 것이다. 2013년부터 2015년까지 경제 분야 인텔리전스 부처 간 대표(D2IE)였던 클로드 르벨은 "정부 통제 시스템에 큰 결함이 있었다. 그것을 개선한 것은 잘된 일"이라고 평가했다.

이로써 프랑스 재경부는 프랑스와 유럽에서 증가하는 외국 자본에 대응할 수 있는 새로운 무기를 갖게 됐다. 2019년 3월에 발표된 유럽연합집행위(EC) 보고서에 따르면 유럽연합 역외 국가에서 역내로 유입되는 투자는 지속적으로 증가하고 있으며 유럽 기업이 외국 기업에 인수되는 비율은 10년 전 25%였던데 반해 현재는 35%에 달한다. 프랑스 재경부는 "이러한 투자 중 일부 중국의 투자는 지나치게 공격적으로 이루어지고 있다"고 지적하며 "방어력을 강화할 필요가 있다"고 역설했다. 특히 2018년 1월에 마크롱 대통령이 중국을 방문했을 때, 브뤼노 르 메르(Bruno Le Maire) 재경부 장관은 중국이 프랑스에서 "약탈"을 하고 있다며 중국을 비난했다. 브뤼노 르 메르 장관은 기업과 분야를 막론하고 프랑스 내에서의 중국의 투자를 "대대적으로 제재할 것"이라고 밝혔다.

그러나 그는 선전포고만 해놓고 여전히 공격은 하지 않고 있다. 부품 제조업체 프라마톰 커넥터스 인터내셔널(Framatome Coennectors International)(아레바의 자회사)의 후신, 린센스가 중국 칭화유니그룹에 인수된 것만 봐도 그렇다. 2018년 여름, 프랑스 행정부는 검토 결과, 절차에 문제가 없고 린센스의 사업 분야가 전략적으로 중요하지 않은 분야이기에 해외 매각을 제재할 이유가 없다고 결론지었다. 행정부의 그런 결정에 여러 의원들은 분노했다. 특히 2018년에 프랑스 산업정책에 관한 국회 조사위원회 의장을 맡았던 프랑스 공화당 하원의원 올리비에 마를레(Olivier Marleix)는 2018년 9월 20일, 브뤼노 르 메르 재경부 장관에게 다음과 같은 서한을 보내 프랑스 행정부의 조치를 비판했다. "중국의 거대 반도체 제조업체 칭화유니그룹은 칭화대학교가 지분의 51%를 보유한 사실상 국유기업입니다. 칭화유니그룹이 230억 달러의 매각금액으로 미국 기업 마이크론 테크놀러지(Micron Technology)를 인수하려 했지만 오바마 대통령이 제동을 걸어 인수가 무산된 것을 잘 아실 겁니다. 미국에는 명확한 대(對)중국 전략이 있습니다. 반도체 분야에서 뒤처진 기술력을 만회하기 위해 2016년, 중국이 세운 5개년 계획의 8대 중점 산업분야에 대해 오바마 행정부에 이어 트럼프 행정부는 중국이 미국 기업을 인수할 수 없도록 제재를 하기로 결정했습니다. 그런데 칭화유니그룹이 린센스를 인수하겠다고 나섰을 때 프랑스 정부는 아무런 대응도 하지 않았습니다."

게다가 재경부 산하 경제기획국(Direction générale du Trésor)은 2016년 중국 정부가 운영하는 한 기술연구센터와 밀접하게 연관된 중국 반도체 제조업체 중신궈지(中芯國際, SMIC)가 프랑스의 중요 반도체 제조업체 알티스 반도체(Altis Semiconductor)를 인수하려 한다는 것을 알면서도 입찰에 참여하는 것을 승인했다. 프랑스 상업법원(tribunal de commerce)은 결국 독일 기업 X-Fab을 인수대상자로 선정하기는 했지만 프랑스 경제기획국이 중국의 입찰 참여에 개의치 않았다는 사실은 그저 놀라울 따름이었다. 올리비에 마를레 하원의원은 "행정부, 특히 재경부는 어떤 투자가 프랑스의 국익에 보탬이 되는지를 평가할만한 전략도, 명확한 기준도 마련해 놓지 않았다. 무엇보다도 프랑스 정부가 명확한 지침을 마련하는 것이 시급하다"고 지적했다.

실제로 프랑스 정부의 지침은 무척 모호했다. 2003년에서 2009년까지 경제 분야 인텔리전스(intelligence économique) 관련 기구에서 요직을 지낸 알랭 쥐에는 "전략적으로 중요한 분야를 어떤 기준으로 지정해야 하는 지부터 걸림돌을 만났다. 항공기 제조업체 다쏘(Dassault)나 방산업체 탈레스(Thales)의 일부 하도급 업체는 전략적 중요 분야로 분류됐지만 전략적으로 중요하더라도 덜 알려진 다른 업체들은 중요 분야로 분류되지 못했다"고 설명했다.

경제전쟁학교(Ecole de guerre économique)(경제전쟁과 경제세계화의 맥락에서 경제교육을 제공하는 프랑스의 고등교육 기관. - 옮긴이) 원장 크리스티앙 아르뷔로(Christian Harbulot)는 이러한 전략 부재의 원인으로 재경부를 지배하는 자유주의 경제철학을 지목하며 이렇게 비판했다. "경제기획국은 자유시장경제에서 자국의 기업을 보호하는 조치를 국가의 지나친 개입으로 보는 경향이 있다. 그렇게 되면 외국 투자자를 끌어오는 데 불리하다고 생각하기 때문이다. 그런 관점에서 이 문제에 언제나 관심을 가져왔던 재경부 산하 경제·산업 싱크탱크 코르 데 민(Corps des Mines, 프랑스 최상위 그랑제꼴로 평가되는 공학계열 대학 국립광업학교(Mines ParisTech) 출신으로 구성된 싱크탱크. - 옮긴이)이 자유시장경제를 추구하는 인사들에 의해 재경부 파워게임에서 밀려난 것을 보면 안타까울 뿐이다."

이런 비판은 특히 재경부 산하 경제기획국의 2인자였으며 2018년 여름, 경제 분야 인텔리전스 관련 기구의 대표로 임명된 토마 쿠르브(Thomas Courbe)를 향하고 있다. 해외무역담당 정무차관(2014~2017년)과 내무부 장관(2017년 3월~5월)을 지낸 마티아스 페클(Matthias Fekl)도 이러한 비판에 의견을 같이했다. "현재 프랑스 정부는 중국의 자본유입을 막겠다는 의지가 없는 듯하다. 경제기획국이 그것을 가장 완벽하게 보여준다. 이는 특히 엘리트 지도층을 양성하는 시앙스포파리정치대학(Science-Po)이나 국립행정학교(ENA)(두 학교 모두 파리에 위치해 있으며 최상위 그랑제꼴로 분류된다. 전통적으로 프랑스의 정치, 외교 분야 엘리트들을 배출해 온 교육 및 연구기관으로 프랑스의 역대 대통령, 총리, 장관, 국회의원, 외교관 등 주요 관계 및 정계 인사들의 거의 대부분이 이 학교 출신이다. - 옮긴이)에서 저속한 자유시장경제를 강조하는 교육을 받은 엘리트들이 정부에 다수 포진해 있기 때문이다. 의식의 전환이 필요한 시점이다."

그 외 다른 분야에서도 마크롱 대통령은 프랑스 경제를 보호하려는 의지가 보이지 않는다. 한 프랑스 고위 공무원은 "마크롱 대통령은 경제 보호주의에 큰 관심이 없다"고 말하며 "마크롱 대통령은 재경부 장관으로 있을 당시 툴루즈 공항의 민영화를 적극적으로 지지했고 중국 주주들에 대한 경고도 전혀 들으려 하지 않았다"고 덧붙였다. 한편 우리가 취득한 정보에 따르면 정보기관 고위 관계자 알랭 자뷔롱(Alain Zabulon)은 당시 비밀업무 수첩에 툴루즈 공항을 중국 컨소시엄에 넘길 시 감수해야 할 리스크에 대해 기록한 바 있다. 그는 비관적인 논조로 이러한 인수가 해결책보다는 문제점이 더 많은 베이징의 '일대일로' 전략에 완벽하게 부합한다고 지적하면서, 공항에서 고작 몇 킬로미터 떨어진 곳에 위치한 에어버스 본사에 대한 중국의 산업스파이 활동 리스크를 고려해야 한다고 적었다. 위에서 언급한 고위 공무원은 "대통령궁, 총리실, 재경부는 그러한 우려를 완전히 무시해버렸고 이제 우려는 현실이 되었다. 프랑스는 이 문제에서 몇 년을 뒤처져 있다. 중국의 인수 계획을 수십 번이고 수백 번이고 반대하는 미국의 강경한 외국인투자심의위원회(CFIUS)에 견주어보면 프랑스의 대처는 안일하기 짝이 없다"고 지적했다.

한편 프랑수아 올랑드 전 대통령은 어렵지만 '꼭 필요한' 국내 경제에서의 투자 유치와 보호주의의 양립을 강조했다. "투자자들을 끌어모아야 합니다. 그래야 고용창출과 프랑스의 국익에 도움이 되기 때문입니다. 2013년 '붉은 모자 시위'(프랑스 브르타뉴에서 2013년에 열린 '환경세 반대와 고용을 위한' 대규모 시위 시위로 농부, 운송업자, 사용자, 수공업자, 노동자, 상인, 지방의 회의원 등 15,000명이 시위에 참가했다. 참가자들은 역사적으로 브르타뉴 농민반란을 상징하는 붉은 모자를 쓰고 브르타뉴의 경제위기에 대처할 것을 정부에 촉구했다. - 옮긴이)가 격화할 때, 중국이 브르타뉴에 투자한다는 소식을 듣고 무척 반가웠습니다.[78] 그러나 다른 한편으로 프랑스의 핵심전략 산업을 보호하는 것도 매우 중요합니다. 아레바를 지키기 위해 정부가 실행했던 것이 바로 그것입니다." 당시 재경부 장관 미셸 사펭은 한발 더 나아갔다. "중국에 프랑스의 부채를 떠안아 달라고 하면서 프랑스에 투자하는 것은 안 된다고 말할 수 없습니다. 줄타기를 잘 해야 합니다. 다시 말해 고용을 창출하는 투자는 기꺼이 받아들이되 리스크가 내포되어 있다면 거부할 수 있어야 합니다."

최초의 불·중 공동기금, 그 지난한 과정

협상은 사르코지 대통령의 임기 초반인 2007년부터 시작되었는데, 용두사미가 될 뻔했다. 당시 프랑스 예금·위탁 기금(CDC)의 수장이던 오귀스탱 드 로마네(Augustin de Romanet)는 중국과 공동기금을 조성하고자 했고 중국의 주요 국부 펀드 중 하나인 중국투자공사가 물망에 올랐지만 협상이 성사되지 못했다. 이후 프랑스 측은 중국 공산당 혁명 원로의 아

---

[78] 중국 거대 분유제조업체 시뉴트라(聖元, Synutra)는 카레(Carhaix)(피니스테르(Finistère))에 분유 제조 공장을 설립했다. 그러나 사업은 사실상 성공하지 못했다. 2019년 3월, 프랑스 협동조합 소디알(Sodiaal)은 재정적 어려움에 빠진 시뉴트라 지분을 일부 인수했다.

들인 태자당[79] 첸위완(Chen Yuan)과 접촉했다. 중국이 보유한 어마어마한 외환보유고를 해외에 투자하기 위해 1994년 설립한 중국개발은행(國家開發銀行, CDB) 총재 첸위안은 프랑스의 제안을 수락했다. 그런데 2008년에 협상의 초입 단계에서 티베트 사태가 터졌고 프랑스와 중국이 대립하면서 협상은 완전히 중단되었다. 1년 후, 중국개발은행은 다시 협상 테이블로 돌아왔고 공동기금에 20억 유로를 출자하겠다고 밝혔다.

협상에 참여했던 한 프랑스 고위공무원은 당시 상황을 이렇게 설명했다. "중국개발은행은 우리에게 대리인을 보냈는데 그의 투자 포트폴리오에는 프랑스뿐만 아니라 튀니지(Tunisia)와 차드(Chad)도 있었다. 그런데 대리인은 중국어만 할 줄 아는 사람이어서 협상이 어려웠다. 게다가 중국개발은행은 20억 유로를 출자하는 대가로 모든 곳에 개입하려 했다. 물론 프랑스는 중국이 출자하는 금액에 보조를 맞춰줄 만한 재원을 마련할 수 없었다. 중국인들은 잘 이해하지 못하는 듯했다. 어쨌든 우리는 계획을 하향조정할 수밖에 없었다. 그리고 2010년, 유로존 위기가 발발했다. 모든 것이 멈췄고 모든 것을 재검토해야 할지도 모를 상황에 놓였다. 중국은 이 위기로 프랑스 경제가 타격을 입는 것을 우려했다. 우리는 중국을 안심시켰고 프로젝트는 다시 재개되었다. 그리고 2012년 9월, 협상이 시작되고 5년 만에 프랑스 예금·위탁기금(CDC)과 중국개발은행은 동일한 금액을 출자해 프랑스와 중국의 수출 중소기업을 지원하기 위한 1억 5천만 유로 규모의 자본개발기금이 설립됐다. 불·중 공동기금은 글로벌 투자사 캐세이 캐피탈(Cathay Capital)에서 운용하기로 결정됐다. 장-피에르 라파랭의 측근 자비에 마랭이 대표

---

79   중국 공산당 혁명원로의 자손들을 일컫는 표현이다.

로 있는 트레일 캐피탈 역시 물망에 올랐으나 우리는 밍포 카이가 대표로 있는 캐세이 캐피탈을 선택했다."

캐세이 캐피탈의 창업주이자 회장인 50세의 밍포 카이(Mingpo Cai, '차이밍포'라고도 부름)는 불·중 관계에서 키맨으로 평가받는다. 그는 프랑스 EM리옹 비즈니스 스쿨을 졸업하고 프랑스 가전제품 제조업체 SEB에서 커리어를 시작했는데 SEB 가전을 중국에 최초로 들여온 것으로도 유명하다. 이후 그는 정·재계의 거물급 인사들과 가까이 지내며 인맥을 쌓았다. 특히 그는 뮐리에(Mulliez) 가(家) 같은 프랑스 대부호들을 설득해 수천만 유로의 투자금을 유치하는데 성공했고 캐세이 캐피탈을 설립하기에 이르렀다. 밍포 카이가 종종 참석하는 불·중 상류층 모임 차이니즈 비즈니스 클럽(Chinese Business Club)의 회장 아롤드 파리조(Harold Parisot)는 밍포 카이에 대해 "CAC40에 이름을 올린 우량기업들과 네트워크를 형성하고 있으며 프랑스의 시스템을 아주 잘 이해하고 있는 경영인"이라고 평했다.

캐세이 캐피탈은 현재 크게는 프랑스와 중국, 그리고 미국과 독일에 이르기까지 80개 기업의 자산 25억 유로를 운용하고 있다. 캐세이 캐피탈은 프랑스에서 매우 다양한 분야에 투자를 실행하고 있다. 홈패브릭 기업 입델롬(Yves Delorme), 미용기업 자크 데상쥬(Jacques Dessange), 패딩으로 유명한 의류업체 몽클레어(Moncler), 쥬얼리 업체 모부생(Mauboussin), 건강식품회사 이브 퐁루아(Yves Ponroy)를 비롯해 e-커머스와 인공지능 분야의 수많은 스타트업 기업들까지 모두가 캐세이 캐피탈의 투자처다. 캐세이 캐피탈은 "중국의 문을 프랑스 기업에 개방하고 중국은 투자를 통해 중국의 스타트업 기업과 중소기업이 유럽에 진출할 수 있도록 돕는다"는 신조로 기업을 운영한다고 전해진다.

그러나 프랑스 재계 일각에서는 자수성가한 사업가 밍포 카이의 급작스런 신분상승을 곱지 않은 시선으로 보기도 한다. 한 상업은행장은 "그 사람은 프랑스에 크게 감사해야 한다. 프랑스 예금·위탁기금(CDC)과 중국개발은행이 없었다면 지금 그 자리에 절대 오르지 못했을 것"이라 말하며 "요술봉을 한 번 휘둘렀을 뿐인데 초라한 두 칸짜리 방에서 에펠탑이 내다보이는 400제곱미터의 저택으로 신분상승을 했다"고 빈정거렸다. 또 한 프랑스 공무원은 "그 사람은 말발이 세서 무엇이든 포장을 잘해 영향력 있는 사람들을 끌어 모으는 재주가 있다"고 평가했다.

실제로 밍포 카이는 2016년 5월, 프랑스 경제기획국 국장 브뤼노 베자르(Bruno Bézard)를 스카웃하면서 대어를 낚았다. 에콜 폴리테크니크 출신으로 프랑스 국립행정학교를 수석으로 졸업한 프랑스 엘리트의 변절을 두고 당시 직업윤리에 관한 논쟁이 일어나기도 했다. 2014년 12월, 캐세이 캐피탈은 프랑스 공공투자은행(Bpifrance)이 출자한 1억 유로와 운용하고 있는 출자기금 중 하나를 이용해 총 5억 유로를 청산했다고 발표했다. 그런데 경제기획국 국장이던 브뤼노 베자르는 프랑스 공공투자은행의 지분 50%를 보유한 주주이자 프랑스 예금·위탁기금(CDC) 감독 위원회 위원이었다. 게다가 경제기획국은 프랑스 공공투자은행 이사로서 이사회에 참석하기까지 했다.

재경부의 한 공무원은 "브뤼노 베자르가 캐세이 캐피탈로 갈 거라는 소식을 들었을 때, 나는 귀를 의심했다. 그것은 명백히 부당한 전직"이라고 비판의 목소리를 냈다. 국가지분관리청(APE) 청장으로 7년을 일했고 주중국 프랑스 대사관에서도 2년을 보낸 브뤼노 베자르는 2016년 「샬랑쥬」[80]와의 인터뷰에서 "기업들을 가까이 상대하며 아시아와 관련된 실무적인 일을 해보고 싶다"는 바람을 내비쳤다. 한편 직업윤리위원회는 만장일치로 그의 전직을 승인했고 심지어 관례로 여겨지는 면담조차 진행하지 않았다. 직업윤리위 의장 롤랑 페이레(Roland Peylet)는 「샬랑쥬」에 "프랑스 형법 제 432-13조에 명시된 것처럼 공무원은 자신이 관리하거나 감독한 기업으로 전직할 수 없다. 브뤼노 베자르는 그 경우에 해당되지 않았기 때문에 이해충돌이 없다고 판단했다"는 의견을 전해왔다.

캐세이 캐피탈로 자리를 옮긴 고위 공무원은 경제기획국 국장만이 아니다. 2016년 7월, 프랑스 공공투자은행(Bpifrance)의 기금 운용 담당 이사, 다니엘 발미스(Daniel Balmisse) 역시 불·중 합작 중소기업에 합류해 운영이사직을 꿰찼다. 이때도 역시 프랑스 정부는 그의 전직에 어떤 문제도 없다는 의견을 내놨다.

---

[80] '경제기획국 국장의 수상한 전직(Ce que cache l'étrange départ du directeur du Trésor)', 로랑 파르그(Laurent Fargues), 「샬랑쥬(Challanges)」, 2016년 5월 24일자.

제7장

프랑스 축구 구단의

중국 자본

프랑스 축구 '리그 2'에 속한 FC소쇼-몽벨리아르(FC Sochaux-Montbéliard)는 중국 자본에 넘어간 최초의 프랑스 축구 구단으로, 이후 초라한 성적과 재정 문제 등으로 계속 구설에 오르게 되었다. 사진은 FC소쇼-몽벨리아르를 소유한 중국계 기업 레두스(LEDUS)를 비난하는 프랑스의 축구팬들. ⓒ Getty Image

FC 지롱댕 드 보르도의 매각을 둘러싼 협상 막전막후

2016년 3월 겨울이 끝나갈 즈음, FC 지롱댕 드 보르도(FC Girondins de Bordeaux)는 프랑스 '리그 1'에서 부진을 면하지 못하고 있었다. 당시 골키퍼 출신 울리히 라메(Ulrich Ramé) 감독이 이끌던 FC 지롱댕 드 보르도는 간신히 11위에 오르며 시즌을 마감했다. 이렇게 구단이 침체된 상황에서, 1881년에 설립되었으며 1999년부터 구단을 소유한 엠시스(이하 M6, 프랑스 최대 민영방송국. - 옮긴이)가 놀랍게도 중국 기업과 구단 매각 협상을 진행하고 있다는 소문이 돌기 시작했다.

프랑스의 축구 구단을 인수하겠다고 나선 중국 기업은 스포츠 마케팅 및 법률 회사인 디스포츠(Desports)[81]로 엔터테인먼트, 스포츠, 부동산, 제약 분야 등 다수의 계열사를 거느리고 있는 중국 거대 기업 우한 당다이 그룹(Wuhan Dangdai Group)의 한 계열사였다. 구단에 몸담았던 한 임원은 "디스포츠와 스포츠광인 젊은 CEO 지앙리장(Jiang Lizhang)(38세로 알려져 있다.)은 FC 지롱댕 드 보르도 구단을 유럽 구단들과 네트워크를 구축할 수 있는 교두보로 삼고자 했다. 또 와인 덕분에 보르도는 중국에서 가장 잘 알려진 유럽 도시 중 하나이기도 했다. 이런 요소들이 베이징이 주력하고 있는 '소프트파워' 전략에도 부합했다"고 전했다.

2016년 1분기에만 스페인 그라나다 C.F.(Granada C.F.)를 인수하고 미국 프로농구팀 NBA 미네소타 팀버울브스(Minnesota Timberwolves) 지분 5%를 잇달아 사들인 디스포츠는 프랑스 리그 1의 전설적 구단, FC 지롱댕

---

81 디스포츠는 2018년 4월, 중국과 홍콩에서 파리 축구 클럽 스폰서십 관리에 관련해 파리 생제르맹 구단 PSG(Paris Saint-Germain Football Club)와 파트너십 계약을 체결했다.

드 보르도에 눈독을 들였다. 구단 매각을 두고 다른 대안이 없던 M6는 인수 의향자와 일단 협상을 해보기로 했다. 앞서 인터뷰에 응한 구단 임원은 "처음에는 상당히 미심쩍어 한 것이 사실이지만 오래지 않아 디스포츠가 정말로 FC 지롱댕 드 보르도 구단을 인수하려 한다는 것을 알게 됐다"고 말했다.

첫 번째 교섭 이후, M6는 디스포츠와 배타적 협상에 들어갔다. 그리고 그 해 여름, M6의 니콜라 드 타베르노(Nicolas de Tavernost) 사장은 중국 측과의 협상을 위해 상하이로 날아갔다. 그는 또 1998년에 FC 지롱댕 드 보르도와 자매결연을 맺었으며 후베이성의 성도이자 디스포츠의 모회사 당다이(当代)그룹의 본사가 있는 우한에 실무팀을 파견했다. 지네딘 지단(Zinédine Zidane)과 크리스토프 뒤가리(Christophe Dugarry)를 배출한 프랑스 축구 구단이 중국의 손에 넘어갈지도 모른다는 설은 점점 더 현실이 되어가고 있었다. 니콜라 드 타베르노 사장은 "당시 고민이 정말로 컸다. 매각이 이루어질 수 있는 절호의 기회였다"고 말했다.

이후 양측 간 매각 대금 협상이 이루어졌다. 5천만 유로에 달하는 매각 대금 이외에도 디스포츠가 이적 시장에 2년간 5천만 유로를 투자하고 잉여금을 선수 영입에 재투자할 것이며 구단의 상징색이나 구장 이름을 변경하지 않겠다는 내용이 협상안에 포함되어 있었다. M6 당시 사장은 "우리는 중국 측에 많은 것을 요구했다. 구단을 보호하고 성장시키고 싶었기 때문이다. 디스포츠는 요구 조건을 모두 받아들였지만 중국 자본 유출이라는 걸림돌이 발생했다"고 말했다. M6는 디스포츠가 구단 인수를 실행할 자금을 충분히 확보하고 있는지를 확인하기 위해 중국 측에 중국 국영은행이자 시가총액 기준 세계 1위 은행인 중국공상은행(中国工商银行, Industrial and Commercial Bank of China, ICBC) 프랑스 지사에서 매각대금에 대한 은행 보증을 진행해 달라고 요구했다. M6 당시 사장은 "중국 측이 서약서에 구단 측의 서명이 있어야만 보증을 실행할 수 있다고 했다. 그런데 우리로서는 매각 대금을 받을 수 있다는 확신이 없이 서명을 할 수 없었다. 우리는 디스포츠에 다른 해결방안을 찾아보라고 요청했지만 결국 해결책을 찾지 못했다"고 밝혔다.

막후 협상이 지지부진해지자 2016년 9월, FC 지롱댕 드 보르도 구단주는 결국 협상을 끝내기로 결심했다. 당시 조슬린 구르베넥(Jocelyn Gourvennec) 감독이 이끌던 FC 보르도는 '리그 1'에서 5위로 올라섰다. M6 전 사장은 "당시 팀의 전력이 상승하고 있어 매각을 논할 상황이 아니었다. 우리는 디스포츠에 2017년 1분기에 재협상을 할 수 있다고 전했지만 디스포츠는 제안을 거절했다"고 말했다. 그럴 수밖에 없었다. 1년 후 디스포츠는 이탈리아 축구 구단 파르마 칼초 1913(Parma Calcio 1913)을 인수했기 때문이다. 그러나 중국에 그렇게 성공적인 거래는 아니었다. 2018년 가을, 디스포츠가 주주들의 비판에 부딪혔기 때문이다. 유럽 축구에 맞지 않는 방식으로 구단을 운영한다는 이유였다. 이후 디스포츠의 지분율은 60%에서 30%로 감소했다. 디스포츠가 소유한 스페인 그라나다 C.F. 구단 역시 성적이 신통치 않았고, 결국 2017년에 2부 리그로 강등되었다. M6 전 사장은 "이제와 하는 말이지만 그때 디스포츠가 FC 보르도를 인수하지 않은 것이 정말 다행이었다"고 웃으며 말했다.

M6는 결국 2018년, FC 지롱댕 드 보르도 구단을 미국 컨소시엄 GACP에 매각했다. 그런데 2015년 즈음, 또 다른 중국 대기업이 FC 보르도 구단

에 관심을 보인 적이 있었다. 2015년 말 「메디아파르(Mediapart)」,[82](「르 몽드」 퇴직기자들이 모여 설립한 인터넷 뉴스사이트. - 옮긴이)는 클럽메드와 패션 브랜드 랑방(Lanvin)을 소유하고 있는 푸싱 그룹이 FC 보르도를 인수하려 한다고 보도했다. 푸싱 그룹은 심지어 지네딘 지단이라는 프랑스의 걸출한 스포츠 스타를 감독으로 영입하고 싶어 했다. 그런데 2016년 초, 지단이 레알 마드리드 감독으로 부임하자 푸싱 그룹은 FC 보르도 구단 인수 협상에서 손을 떼고 다른 구단을 탐색했다. 그리고 2016년 7월, 푸싱 그룹은 크리스티아누 호날두(Cristiano Ronaldo)를 맡고 있는 거물 에이전트 조르제 멘데스(Jorge Mendes)를 영입해 영국 축구 구단 울버햄튼(Wolverhampton)을 인수하려 했다. M6 전 사장은 "푸싱 그룹이 FC 보르도에 관심을 보였지만 협상은 진척되지 못했다. 1999년에서 2018년까지 진지하게 인수협상에 임한 기업은 디스포츠와 현 구단주 GACP 둘 뿐이었다"고 밝혔다.

 FC 지롱댕 드 보르도를 노리는 아시아의 투자자는 중국만이 아니다. FC 보르도 전 구단주가 확인해 준 정보에 따르면 2018년 10월에 헬리콥터 추락 사고로 사망한, 영국 구단 레스터(Leicester)의 구단주이자 태국의 억만장자 위차이 시왓다나쁘라빠(Vichai Srivaddhanaprabha) 역시 FC 보르도를 탐냈었다. 실제로 그는 2017년 가을, 그의 아들 아이야왓(Aiyawatt)과 FC 보르도 구단 임원진을 만나기도 했다. 그러나 한 구단주가 두 개 팀을 소유하게 되면 UEFA컵에서 두 팀이 상대팀으로 만나는 경우가 발생할 수 있었기에 태국측은 서둘러 협상을 종결했다.

---

82 '중국 대기업 푸싱 그룹에 지단과 보르도 넘어갈 뻔(Le géant chinois Fosun a failli s'offrir Zidane et les Girondins de Bordeaux)', 실뱅 모르방(Sylvain Morvan), 「메디아파르(Mediapart)」, 2019년 3월 4일자.

프랑스와 중국의 위험한 관계

중국의 소프트파워 전략

축구에 대한 중국의 관심은 2013년에 시진핑 주석이 취임하면서 더욱 높아졌다. 축구광인 시 주석은 취임하자마자 중국의 부호들에게 축구에 투자할 것을 권장했다. 축구를 경제개발만큼 중요한 소프트파워의 한 축이라고 생각하는 시 주석은 중국을 축구 강국으로 만들겠다는 목표를 가지고 2030년 월드컵을 유치하려 하고 있다. 이런 포부는 중국 정부가 2022년을 목표로 수립한 계획에서 잘 드러난다. 청년과 교육에 중점을 둔 이 계획을 통해 중국 정부는 6만 개의 훈련장을 신설하고 2020년까지 축구협회 등록 선수를 9천만 명까지 늘리겠다고 선언했다. 축구의 특수성을 보다 잘 이해하고 유럽 축구의 노하우를 들여오기 위해 금융 분야에서도 20억 유로 이상을 유럽 구단에 투자하면서 정부의 계획에 보조를 맞춰주었다. 중국 최대 가전유통업체 쑤닝그룹(苏宁云商, Suning Commerce Group Co., Ltd)이 이탈리아 구단 인터 밀란의 지분 70%를 인수한 것도 이와 같은 맥락에서 해석될 수 있다. 중국인 사업가 리융훙(Li Yonghong)이 실비오 베를루스코니(Silvio Berlusconi) 전 이탈리아 총리로부터 상상을 초월하는 매각 대금 7억 4천만 유로에 AC 밀란을 인수한 것도 마찬가지다.

중국 투자자들이 프랑스 '리그 1'에 속한 대형 구단을 인수하지는 못했지만 최근 몇 년간 프랑스 축구 구단에 수백만 위안을 투입한 것은 사실이다. 예컨대 프랑스 '리그 2'에 속한 FC소쇼-몽벨리아르(FC Sochaux-Montbéliard)는 협상 끝에 2014년에 중국 기업 레두스(LEDUS)에 매각되었다. 이후 2016년 6월, OGC니스(OGC Nice)가 부동산계의 두 사업가 치엔 리

(Chien Lee)와 알렉스 쳉(Alex Zheng)에게 매각되었다. 같은 해 AJ 오세르(AJ Auxerre) 역시 중국의 한 포장용기 제조업체 사주에게 매각되었고 올랭피크 리오네(Olympique lyonnais)의 지분 20%는 중국의 IDG 캐피탈에 매각되었다. 그러나 중국 기업의 단기적 이익 추구, 축구 구단 운영 경험 부족, 그리고 축구계에 대한 무지 때문에 중국 구단주들은 구단 운영에 상당히 애를 먹고 있다.

OGC니스를 벼랑 끝으로 몰고 간 대출금

"그들은 오로지 돈에만 관심이 있다. 구단이 어떻게 되든 전혀 상관없다는 식이다." OGC니스에 몸담았던 한 직원은 2019년 4월 말, 구단의 미국-중국 주주들을 향해 화를 억누르며 이렇게 말했다. 구단의 주주들이 자신들의 이익을 위해 구단 명의로 고리의 대출을 받은 것이 문제였다. 그 대출계약은 2018년 12월, 룩셈부르크 투자회사 탈로스 인베스트먼트 플랫폼(Thalos Investment Platform)과 체결된 것으로, 구단은 9%의 이율로 2천 2백만 유로를 4년에 걸쳐 상환하는 조건으로 대출을 받았다.[83]

사실 2천 2백만 유로라는 금액은 OGC니스의 3대 주주(중국인 치엔리, 알렉스 쳉, 미국인 폴 콘웨이(Paul Conway))가 2016년 6월, 구단을 인수하면서 투입한 금액이었다. 구단의 지분 80%를 이 세 명의 주주가 소유하고 있었으며 2011년부터 2019년까지 OGC니스의 회장을 역임한 장-

---

83 필자가 폭로한 해당 기사는 「샬랑쥬」에 실렸다. 'OGC니스가 룩셈부르크 투자회사와 체결한 수상한 대출계약(Le mystérieux fonds luxembourgeois de l'OGC Nice)', 「샬랑쥬(Challanges)」, 2019년 5월 3일.

피에르 리베르(Jean-Pierre Rivère)의 지분은 고작 20%였다. 필자의 한 취재원에 따르면, 문제의 시작은 3년 전 체결된 주주 간 계약서였다. 계약서에는 2년 안에 투자금의 회수를 요청할 수 없다는 조항이 명시되어 있었고 이 기간이 지나자마자 그들은 투자금을 회수하려 했다.

이렇게 이 3인방은 2018년 6월부터 투자금을 회수할 것임을 공표했다. 문제는 구단의 금고가 비어있었다는 것이다. 생각 끝에 미국인 주주 폴 콘웨이는 탈로스 인베스트먼트 플랫폼을 접촉했다. 룩셈부르크에 위치한 이 금융사는 스위스 기업 비센다(Vicenda)의 계열사로 채무가 있는 기업이나 매매자금을 조달해야 하는 기업에 융자를 해주고 있었다. 그런데 탈로스는 그 몇 주 전인 2018년 5월, 스위스의 거대 광고업체 퍼블리시타스(Publicitas)가 파산하는 바람에 대금을 받지 못한 스위스의 두 미디어 그룹(링기어(Ringier), 노이에 취르허 차이퉁(Neue Zürcher Zeitung))에 의해 피소된 상태였다. 부채뿐만 아니라 자산까지 탈로스에 넘어갈 수 있는 '양도계약'을 대출 조건으로 내세운 탈로스가 퍼블리시타스의 채권을 소유하고 있었기 때문이다.

탈로스를 둘러싼 석연치 않은 기류에도 불구하고 OGC니스는 협상을 시작했고 탈로스는 예상대로 상환과 관련해 여러 가지 조건을 내걸었다. 앞서 인터뷰에 응한 취재원은 "탈로스는 구단이 프랑스 리그컵에서 14위 밖으로 밀려날 경우, 일주일 안에 대출 금액 전액을 상환해야 한다는 조건을 내걸었다. 구단을 낭떠러지로 내모는 조건이었다. 도저히 이해할 수 없었다"[84]고 당시를 술회했다.

---

84   사실관계 확인을 위해 탈로스, 비센다, OGC니스에 문의했지만 대답을 들을 수 없었다.

탈로스가 내세운 터무니없는 조건을 두고 OGC니스 내부에서는 격렬한 논쟁이 벌어졌다. 그런데도 최대 주주 3인방은 자신들의 투자회수금을 챙기기 위해 탈로스가 내세운 모든 조건을 받아들였다. 미국 대형 은행과도 접촉이 있기는 했지만, 결국 2018년 12월 말, 탈로스와 대출계약이 성사됐다. 몇 개월의 협상 끝에 OGC니스와 탈로스는 가장 치명적인 선(先)상환 조항을 빼고 수정된 계약을 체결했다. OGC니스의 전 임원은 "어쨌거나 최악은 피할 수 있었다"고 말했다. 그러면서 "TV 중계권이나 선수 매각을 통해 구단은 대출을 변제할 여력을 마련할 수 있게 되었다. 그러나 이 사건을 통해 우리는 주주들이 무엇을 가장 우선시하는지를 여실히 알게 되었다. 그들은 유용할 수 있는 자금을 선수 영입이나 어린 선수들의 교육에 투자할 생각이 없었다. 미심쩍은 금융사와 손을 잡으면서까지 본전을 찾는 데만 급급했다"고 덧붙였다.

구단의 주주 치엔 리와 알렉스 쳉은 호텔업과 관광업의 큰 손이기도 했다. 의지만 있었다면 호텔사업에서 획득한 자금을 구단에 투입할 수도 있었을 것이다. 특히 알렉스 쳉이 설립한 플라테노(Plateno) 호텔 그룹(루브르 호텔 그룹 소유주 진지앙(Jin Jiang)이 2015년 인수했다.)은 세계 호텔 업계에서 다섯 손가락 안에 드는 기업이었으며 경쟁사 아코르 호텔보다 매출액 면에서 훨씬 앞서 있었다. 플라테노 그룹이 재정적으로 여유가 있어 보이는데도 불구하고 두 사업가가 구단 투자에 미온적이자 OGC니스 서포터들의 불만은 점점 커져갔다. 2016-2017 첫 시즌에 OGC니스가 리그 3위에 오르며 좋은 성적을 거뒀음에도 불구하고 서포터들은 여전히 구단의 "운영방식"을 비판했고 "스포츠인으로서의 포부"가 없다고 지적했다. 심지어 OGC니스의 최대 서포터 포퓰레르 쉬드(Populaire Sud)는 2019-2020 시즌권 구매 보이콧 캠페인을 벌이기까지 했다. 그들은 특히 구단 매각을 원하면서도 구단 인수를 하겠다고 나선 영국의 억만장자 짐 래트클리프(Jim Ratcliffe)의 제안을 여러 차례 거절한 주주들에게 거센 비난을 쏟아 부었다. 그리고 수개월에 걸친 혼란스러운 협상 끝에 2019년 6월, OGC니스의 주주들은 구단을 짐 래트클리프에 매각하기로 결정했고 '새끼 독수리들(Aiglons, OGC니스 선수들을 이르는 별칭)'은 마침내 새로운 구단주를 만나게 됐다.

OGC니스의 사정을 잘 아는 한 은행 관계자는 협상의 뒷이야기를 들려주었다. "중국과 미국 주주들은 그저 투기의 논리만을 따랐다. 그들은 매각대금을 올리기 위해 1월부터 6월까지 짐 래트클리프가 제안한 금액을 번번이 거절했다. 그리고 이 전략은 먹혀들었다. 2천 5백만 유로에 인수한 구단을 1억 유로에 매각했으니 말이다."

나락으로 추락한 FC소쇼-몽벨리아르

프랑스의 역사적 유산이 위기에 내몰렸다! 프랑스를 대표하는 축구 구단 FC소쇼-몽벨리아르(FC Sochaux-Montbéliard)는 5년 전부터 서서히 나락으로 추락하고 있었다. 1928년 창단될 때부터 푸조 그룹의 소유였던 FC소쇼는 2014년 봄, 테크 프로 기술개발(Tech Pro Technology Developpement)의 자회사이자 홍콩에 위치한 중국 조명업체 레두스에 인수되었다. 당시 FC소쇼는 중국 자본에 넘어간 최초의 프랑스 축구 구단이었다. 그리고 이후 벌어진 일들은 FC소쇼에 악몽과도 같았다.

2014년 구단 대표로 임명된 테크 프로 기술개발의 CEO 윙샹리(Wing Sang Li)가 약속한 장밋빛 미래는 FC소쇼와는 상관없는 이야기가 되어갔다. 당시 FC소쇼는 2018-2019시즌에서 3부 리그 나시오날(National)로 강등되는 것을 가까스로 면하면서 리그 2에서 겨우 버티고 있었다. 그러나 문제는 초라한 경기성적만이 아니었다. 반복되는 재정 문제와 불안정한 매니지먼트도 FC소쇼의 미래를 어둡게 만들었다. 일례로 2018년 4월, 윙샹리는 구단의 스포츠 매니지먼트를 스페인 축구 구단 데포르티보 알라베스(Deportivo Alavés)를 소유한 바스코니아(Baskonia)에 3년간 위탁하기로 결정했다. 스페인 축구 구단에 관련된 기업을 프랑스 축구 구단의 훈련센터에 들이겠다는, 관례를 벗어난 결정에 서포터들은 분노했고 그들 중 대다수가 오귀스트-보날(Auguste-Bonal) 경기장에서 열린 FC소쇼의 경기를 보이콧했다. 그리고 이 이해할 수 없는 파트너십이 공식적으로 발표되고 8개월도 채 되지 않아 바스코니아는 파트너십을 해지하기로 결정했다.

바스코니아의 아리츠 케레헤타(Haritz Kerejeta) 이사는 "어떤 논란도 만들고 싶지 않다. (중략) 그저 윙샹리와 구단 운영에 대한 비전이 달랐을 뿐"이라고 말했다. 이에 FC소쇼 서포터즈는 안도했다. 당시 FC소쇼의 서포터즈 웹사이트, 플라넷 소쇼(Planète Sochaux)를 운영하고 있던 파브리스 르페브르(Fabrice Lefèvre)는 현지 언론과의 인터뷰에서 "바스코니아가 철수한 것은 FC소쇼에 반가운 일이다. 외부 조직이 철수하기는 했지만 경기면에서나 경기 외적인 면에서나 FC소쇼는 완전히 실패했다. 구단주는 현 상황에 막중한 책임감을 느껴야 한다. FC소쇼가 변방의 보잘 것 없는 구단으로 전락한 것 같아 서포터즈로서 마음이 아프다"[85]고 말했다.

역대 쿠프 드 프랑스(Coup de France)(프랑스의 FA컵으로 1917년 시작하였으며, 프랑스 축구 리그에 소속된 모든 팀들이 참가할 수 있다. - 옮긴이)에서 두 번의 우승을 거머쥐었던 FC소쇼-몽벨리아르가 중국 구단주 때문에 겪어야 했던 불행은 거기서 끝나지 않았다. 2019년 4월 초, 윙샹리는 테크 프로 기술개발 사장직을 사임하면서 기자회견을 열어 사장직은 사임하지만 구단주로서 FC소쇼에 남을 것이라고 말했다. 그런데 며칠 후, 테크 프로 기술개발의 신임 사장 프레데릭 둥 부어(Frédéric Dong Bo)는 자신이 "FC소쇼의 신임 구단주"가 될 것이며 윙샹리는 "더 이상 구단에서 직책을 수행하지 않을 것"이라고 발표했다. 지역 라디오 방송 '프랑스 블루 벨포르-몽벨리아르(France Bleu Belfort-Montbéliard)'에 따르면 윙샹리는 2018년 4월 2일, 홍콩 고등법원에서 개인파산을 선고받았다. 그룹의 사장직에서 사임한 것은 당연한 수순이었다. 무엇보다도 윙샹리는 2018년에 중국 넨킹 그룹(Nenking Group)에 진 채무 3백만 유로를 변제하지 못하고 있었다. 결국 이 위험천만한 경영으로 그 해 5월 말, 테크 프로 기술개발은 그가 진 채무에 대한 보상으로 구단을 넨킹 그룹에 넘겨야 했다.

이러한 일련의 사건들을 겪으며 서포터즈와 많은 축구계 인사들이 FC소쇼-몽벨리아르에서 중국의 그림자를 거둬들여야 한다고 한 목소리를 냈다. 1999년에서 2008년까지 FC소쇼의 구단주였던 장-클로드 플레시

---

[85] '바스코니아 철수에도 FC소쇼를 지지하는 서포터즈(FC Sochaux: les supporters ne lâchent rien malgré le départ du Baskonia)', 질 상타루시아(Gilles Santalucia), 「레스트 레퓌블리캥(L'Est républicain)」, 2018년 12월 18일자.

는 「르 몽드」와의 인터뷰에서 "상황이 심각하다"고 운을 떼며 "FC소쇼는 본래 관중, 스폰서, 거물급 인사 등 구단으로서 필요한 모든 것을 갖추고 있던 클럽이었다. 그런데 이제는 아무것도 없다. FC소쇼는 만연한 무관심 속에서 죽어가고 있다"[86]고 안타까워했다. 프랑스 프로축구연맹(LFP) 회장 디디에 퀴오(Didier Quillot) 역시 의견을 같이 했다. 그는 필자와의 인터뷰에서 "FC소쇼의 구단 매각은 프랑스 축구계에서 다시는 일어나서는 안 될 완벽한 실패의 사례로 남을 것"이라고 평했다.

한편 축구계 사정에 정통하며 2016년에 미국의 억만장자 프랭크 맥커트(Frank McCourt)가 올랭피크 드 마르세유(Olympique de Marseille)를 인수할 때 관여했던 기업전문변호사 디디에 풀메르(Didier Poulmaire)는 중국 투자자들의 수익에 대한 과도한 집착과 근시안적 시각을 꼬집으며 이렇게 말했다. "중국 투자자들은 당장 수익을 내기를 바라면서도 성공적인 경영에 필요한 것들을 실행하지 않는다. 구단이 성공하려면 과감히 투자를 해야 하고 전략적으로 옳은 방향을 제시해 주는 사람들이 있어야 한다. 중국이 축구 문화에 익숙하지 않다는 것도 문제 중 하나다. 아무튼 FC소쇼는 그런 의미에서 길이 기억될 실패의 사례가 될 것이다."

FC소쇼-몽벨리아르의 사례보다 덜 심각하기는 했지만 2016년 10월 다국적 패키징 기업인 ORG패키징(ORG Packaging)의 중국인 회장 제임스 저우(James Zhou)의 AJ오세르(AJ Auxerre) 인수 역시 실패 사례로 손꼽힌다. 가능한 가장 빨리 구단을 다시 리그 1에 올려놓고자 한 중국인 사업

---

86   '쇠락해가는 FC소쇼(Le FC Sochaux, une institution en perdition)', 막심 골드바움(Maxime Goldbaum), 「르 몽드(Le Monde)」, 2019년 4월 24일자.

가의 바람은 왜 수포로 돌아갔을까? 거칠기로 소문난 기 루(Guy Roux) 감독으로 대표되는 AJ오세르는 1960년대부터 2000년대까지 만년 리그 2를 벗어나지 못했다. 기 루 감독은 리그 1으로 올라가려고 노력하기보다 3부 리그 나시오날로 강등되지 않는데 더 힘을 썼다. 그런 상황에서 제임스 저우 회장이 구단을 인수하겠다고 나선 것이다. 프랑스 프로축구연맹(LFP) 회장 디디에 퀴오(Didier Quillot)는 "그 프로젝트는 FC소쇼와 전혀 달랐다. 결과가 좋지는 못했지만 구단주는 투자를 아끼지 않았고 구단을 위한 계획도 가지고 있었다"고 말했다.

제임스 저우는 AJ오세르의 구단주가 되면서 실제로 구단의 발전을 위해 중국에서 3천 4백만 유로 가량을 아낌없이 투자했다. 그는 중국 동부 뻥뿌(蚌埠)에 축구 아카데미를 열었고 현지의 어린 선수들을 훈련시키기 위해 상하이에 계열사를 설립하기도 했다. 또 프랑스의 훈련센터를 현대식 시설로 개·보수하는데 3백만 유로 가량 투자하기도 했다. 그러나 결과는 좋지 않았다. 이에 AJ오세르 구단 대표 프랑시스 그라이(Francis Graille)는 기대한 만큼의 성과를 내지 못했다고 순순히 인정하며 "제임스 저우 회장은 적어도 2020 시즌말까지 진행될 투자 계획을 세워놨으며 아직 모든 것이 성공적이지는 않지만 그가 구단을 인수한 이후로 많은 일들이 진행되었고 현재 진전되고 있다"[87]고 전했다.

중국 자본이 프랑스 축구계에 투입된 또 다른 사례를 보자. 2016년, IDG캐피탈은 올랭피크 리오네(Olympique Lyonnais)의 지분 20%를 인수했다. 이 거래에 1억 유로를 쏟아 부은 중국 거대 투자사 IDG캐피탈은, 「

---

[87] 「욘 레퓌블리캥(L'Yonne républicaine)」(욘(Yonne)과 부르고뉴(Bourgogne) 지방의 지역신문. - 옮긴이)에서 인용했다. '구단운영 2년 맞은 AJ오세르 제임스 저우(Il y a deux ans, James Zhou prenait les rênes de l'AJ Auxerre)', 줄리앙 벤 부알리(Julien Ben Bouali), 2018년 10월 18일자.

차이나 투데이(China Today)」에 따르면 77억 달러의 자산을 운용하고 있으며 스마트폰, 인터넷, 보건, 관광 등 450개사의 지분을 소유하고 있다. 전 AS생테티엔(AS Saint-Étienne) 구단 대표 벵상 통 쿠옹(Vincent Tong Cuong)의 주선으로 성사된 이 거래로 장-미셸 올라스(Jean-Michel Aulas)가 구단주로 있는 올랭피크 리오네는 재정적으로 숨통을 트일 수 있게 되었다. 또 이 거래는 올랭피크 리오네가 중국에 진출하는 계기를 마련해 주기도 했다. 구단주 장-미셸 올라스는 2016년 「르 파리지엥(Le Parisien)」과의 인터뷰에서 "구단은 오랫동안 구단의 운영을 살펴줄 투자자를 찾고 있었다. 우리 구단은 전체 아시아에 대한 개발 전략을 수립할 것이다. 투자자들은 글로벌 마케팅에 관심이 많지 않은가. 반대로 스포츠 면에서는 우리가 오히려 그들을 도울 수 있을 것이다. 특히 중국에서라면 말이다."[88] 올랭피크 리오네는 이후 상하이, 충칭, 선전, 청두에 있는 축구 구단과 여러 파트너십 협약을 체결했다.

돈줄을 조이기 시작한 중국 정부

중국은 여전히 프랑스 리그 1이나 리그 2에 속해있는 구단들에 군침을 흘릴까? 이 분야에 정통한 한 은행관계자는 "물론 그럴 수도 있지만 확실히 몇 년 전에 비하면 관심이 줄어든 것이 사실"이라고 대답했다. 2013년에서 2016년까지 중국이 차이나머니를 뿌려대며 쇼핑하듯 구단을 인수하던 때도 있었지만 이제 그런 시기는 끝난 듯하다. 축구 구단 투자에

---

[88] '올랭피크 리오네, 지분 20% 중국 투자자에 양도(L'Olympique lyonnais cède 20% de son capital à un investisseur chinois)', 이브 르루아(Yves Leroy), 「르 파리지엥(Le Parisien)」, 2016년 8월 13일자. 장 미셸 올라스와 인터뷰를 시도했지만 답변을 듣지 못했다.

서 거의 재미를 보지 못하면서 중국 정부는 2016년에 스포츠 구단, 부동산, 또는 영화에 대한 투자를 규제하는 여러 대책을 마련했다. 이에 따라 해당 분야에서의 거래 건수가 대폭 감소했고 거래를 포기하거나 취소하는 건수도 많아졌다.

일례로 해외에 지나친 투자를 하는 바람에 큰 부채를 지게 된 중국의 거대 부동산 업체 완다(Wanda)는, 보유하고 있던 스페인 구단 아틀레티코 마드리드(Atlético Madrid)의 지분 17%를 이스라엘 그룹 퀀텀 퍼시픽(Quantum Pacific)에 매각했다. 프랑스 은행 크레디 아그리콜(Crédit Agricole)의 글로벌 인수합병 책임자 베르트랑 페이르롱그(Bertrand Peylongue)는 현 상황을 이렇게 설명했다. "2013년에서 2016년까지 다른 분야에서 그랬던 것처럼 축구계에서도 차이나머니는 매각 대금을 올리는 데 이용되었다. 당시 중국 정부는 중국 통화의 평가 절하를 예견했고 이에 따라 해외로의 자본 유출 통제에 강하게 고삐를 쥐었다. 그리고 그 때문에 중국하이난항공그룹이나 완다 같은 여러 중국 대기업들이 엄청난 부채를 떠안게 됐다. 이후 베이징은 투자 정책을 재정비했고 소위 '핵심산업'과 거리가 먼 분야는 투자가 매우 어려워졌다."

중국인 사업가 리융훙이 AC밀란을 인수할 때 거래에 참여했던 또 다른 은행 관계자는 중국 투자자들의 불명료한 태도를 지적하며 이렇게 말했다. "중국 투자자들과 거래를 할 때는 세 가지 어려움에 직면하게 된다. 첫째, 많은 중국 투자자들이 자신이 보유하고 있는 재원에 비해 너무 큰 거래를 하려고 한다. 투자자들이 거래를 '완결'하기 위한 자금력을 보유하고 있는지 우리로서는 알 길이 없다. 어중이떠중이 투자자들이 다 모여든 축구계에서 특히 이런 현상이 두드러졌다. 둘째, 최종 거래자를 식별할 수 있는 '고객확인제도(Know Your Customer, KYC)'가 필요하다. 특히 중국의 투자는 최종 주주가 누구인지 파악하기가 상당히 어렵다. 많은 기업들이 중국 정부나 공산당 당원과 관련되어 있기 때문이다. 마지막으로 정치적 상황으로 인해 거래가 어려워지는 경우가 있다. 예컨대 영국 브렉시트 국민투표 이후 중국은 두 달 동안 대규모 거래를 동결했다."

AS생테티엔(AS Saint-Étienne) 공동회장 베르나르 카이아조(Bernard Caïazzo) 역시 의견을 같이했다. "우리 구단도 과거에 중국 투자자들과 몇 번 접촉을 한 적이 있었다. 그러나 그들이 구단을 인수할만한 자금을 정말로 보유하고 있는지를 확신할 수 없었고 협상은 이내 종결되었다." 룩셈부르크 출신 사업가이며 릴(Lille) 축구 구단 LOSC(Lille Olympique Sporting Club)의 구단주 제라르 로페즈(Gérard Lopez) 역시 2017년 겨울, 중국 투자자들과 접촉하려 했다. 이 과정에 관여했던 한 은행 관계자는 "당시 구단이 경기 성적면에서나 재정면에서나 좋지 않은 상황에 처해 있었다. 투자를 받기 위해 중국 투자자들을 물색해봤지만 누구도 관심을 보이지 않았다"고 전했다.

중국 투자의 불투명성을 보여주는 대표적인 사례를 들여다보자. AC밀란을 인수하고 1년이 지난 뒤, 3천 2백만 유로의 부채를 상환할 능력이 없던 리용홍 회장은 구단의 경영권을 미국 투기자본인 엘리엇 매니지먼트(Elliott Management)에 양도했고 2018년 여름, 가차 없이 해임되었다. 게다가 그가 이탈리아 은행을 통해 실행한 '미심쩍은 거래'가 금융당국에 포착되었고 이탈리아 법원은 AC밀란 매각에 관한 조사에 착수했다. 그리고 그는 결국 2018년 가을, 중국 당국이 작성한 불량 채무자 블랙리스트에 이름을 올리게 되었다.

　중국이 과거에 비해 축구 구단 인수에 관심을 덜 보인다고 해도 소프트파워에 대한 야심까지 버린 것은 아니다. 특히 유럽 축구 중계권 매입에서 중국은 두각을 드러내고 있다. 2018년 2월, 중국의 자산운용사 오리엔트 혼타이 캐피탈(Orient Hontai Capital)은 유럽 최대의 TV 중계권을 보유하고 있는 스페인 그룹 미디어프로(Mediapro)의 지분 53%를 인수했다. 그리고 2018년 5월, 스페인과 이탈리아에서 진행된 프랑스 리그 1 TV 중계권 입찰에 참여한 미디어프로는 2020년에서 2024년까지 연간 1조 1,530억 유로를 지급하는 조건으로 중계권을 획득하면서 사업수완을 과시했다. 1984년부터 이 중계권을 보유하고 있던 카날 플러스(Canal+)는 제대로 물을 먹은 셈이었다. 오리엔트 혼타이 캐피탈의 토니 마(Tony Ma) 회장은 프랑스 리그 1 TV 중계권 획득을 자축하면서 "이번 TV중계권 획득은 '일대일로' 전략의 일환으로 유럽에서 우리 기업이 성장하는데 중요한 전기가 될 것"이라고 소회를 밝혔다.

　중국의 입장에서 본다면 전략적 차원에서 중국의 소프트파워에 도움이 되는 거래가 이루어진 셈이다. 이 결과에 대해 프랑스 프로축구연맹(LFP) 디디에 퀴오 회장은 이렇게 말했다. "프랑스 리그 1에 무척 반가운 소식이다. 중국이 프랑스 구단과 선수들에게 관심을 가져주는 것은 우리에게 큰 도움이 될 것이다. 중국은 수억 명의 시청자가 있는 거대한 시장이라는 것을 잊어서는 안 된다."

제8장

프랑스 차이나타운의 돈세탁 조직

프랑스 '차이나타운 거리(Sentier chinois)'의 실력자로서 유라시아 그룹(Eurasia Groupe)을 이끌고 있는 중국계 사업가 쑤에쉥왕(Hsueh Sheng Wang)은 부동산업으로 큰 성공을 거뒀다. 그는 프랑스 사법기관으로부터 돈세탁 관련 의심을 사기도 했지만, 아직 뚜렷하게 밝혀진 것은 없다. 쑤에쉥왕은 프랑스에서 지역방송국을 설립하기도 하는 등 언론사업에도 관심이 있는 것으로 알려져 있다. ⓒ Le Parisien

중국 도매상을 모티브로 한 TV 시리즈 '두 개의 톱니바퀴'

　프랑스 TV 시리즈 '두 개의 톱니바퀴(Engrenages) 시즌(saison) 7', 4회의 한 장면. 베르토(Berthaud)와 에스코피에(Escoffier) 수사팀은 오베르빌리에(Auverbilliers) 차이나타운에서 잠복근무 중이다. 집배원 차림을 한 운반책이 마약 범죄로 획득한 돈을 중국인이 운영하는 직물 도매상에 맡긴다. 며칠을 미행한 끝에 사법경찰국(Direction de police judiciaire, DPJ) 2구역의 수사팀은 행동개시에 돌입한다. 마약 탐지견을 앞세워 상점 안을 수색하던 수사팀은 마네킹 안에서 중국 도매상이 세탁하려 한 십만 유로의 지폐를 발견한다.

　카날 플러스(Canal+)에서 제작·방영해 성공을 거둔 이 최신 드라마는 105개국에 판권이 팔렸고 미국 에미상 시상식에서 최우수 해외작품상을 수상하기도 했다. 이 드라마는 오베르빌리에 '중국인 직물 도매상'의 간교한 술수와 돈세탁 기법을 적나라하게 보여준다. 현실보다 더 현실적이다. 그럼 2014년으로 가보자.

　2014년 7월, 파리 11구 볼테르(Voltaire) 가(街). 십여 명의 경찰들이 생-앙브루아즈(Saint-Ambroise) 공원에서 100여 미터 떨어진 '비쥬 데브(Bisou d'Ève)'라는 옷가게로 우르르 달려갔다. 그들은 가게 지하에 있는 재고 선반 뒤쪽에 숨겨진 비밀문을 발견하고 안쪽으로 들어갔다. 그 방에는 금고 2개, 책상 1개, 의자 1개, 그리고 지폐개수기 2대가 있었다. 경찰은 그곳에서 현금 50만 유로를 발견했는데 지폐 일부에 미량의 대마초와 코카인이 묻어 있었다. 또 경찰은 "2014년 5~6월 : 180만 유로를 금고에 보관"했다고 적은 수기로 쓴 회계장부를 발견했다. 이 가택수색은 수사에 큰 도움이 되었고 경찰은 중국 국적의 상점 여주인, 그의 아들, 그리고 그의 조카까지 세 사람을 소환해 조사했다. 몇 주 후 그들은 체계적·조직적인 마약자금 세탁과 범죄공모 혐의로 기소되었다. 그리고 2018년 10월, 파리 경범법원(tribunal correctionnel)은 그들에게 유죄를 선고했다.

일명 '바이러스 사건(affaire Virus)'은 마약 밀매상, 중국 도매상, 모로코 출신의 엘마레(Elmaleh) 가(家) 형제들, 제네바 HSBC 은행에서 일하는 엘마레 가의 한 남성, 그리고 세금 망명자까지, 온갖 유형의 범죄자가 뒤섞여 있는 사건이었다. 이 대규모 돈세탁 조직은 경찰에 발각되기 전까지 약 십억 유로의 돈을 세탁했다. 이 사건은 2010년대 초에 전형적인 모로코-파리 대마초 밀매 사건을 수사하다가 우연히 포착되었다. 경찰은 '키다리(le Grand)'로 불리는 알제리 출신 프랑스인 반입책을 체포했다. 그는 중개인을 통해 일 드 프랑스(Ile-de France) 지역에서 개인에게 마약을 판매하고 있었다. 이 수사를 진행하며 경찰은 기발한 마약자금 돈세탁 시스템을 밝혀냈다. 경찰은 여러 돈세탁 조직을 발견했는데, 먼저 밀매업자가 돈이 가득 담긴 봉투를 돈세탁 조직원에게 건네면 그 조직원은 또 다른 조직원에게 그 봉투를 전달한다. 그 다음에 이 돈은 파리의 한 부촌에 사는 세금 망명자에게 전달되고 그는 이 돈을 스위스로 송금한다. 스위스 제네바에 있는 은행에 개설한 세금탈루용 계좌에 이 돈이 입금되면 이 돈은 페이퍼 컴퍼니를 통해 모로코 밀매업자에게 이체된다.

마약수사대(Stups)와 대규모금융범죄단속청(Office central pour la répression de la grande délinquance financière, OCRGDF) 수사팀에서 발견

한 또 다른 돈세탁 조직도 있다. 수사팀은 오베르빌리에나 파리에 있는 여러 기성복 매장의 주인이 주기적으로 돈세탁 조직원의 돈을 건네받는 정황을 포착했다. 마약밀매업자는 모로코에서 마약자금을 회수해 중국 도매상과의 수출입 거래를 통해 범죄를 '포장해주는' 모로코 사업가와 돈세탁을 공모한다.

또 다른 돈세탁 방식도 있다. 중국 상인들이 중국에서 모로코 밀매업자에게 송금을 해주는 방식이다. '바이러스 사건'에서 관련자들을 기소의견으로 송치한 장 제르빌리에(Jean Gervillié) 검사와 장-미셸 장티(Jean-Michel Gentil) 검사는 "중국인으로 구성된 돈세탁 조직은 신뢰성, 비밀유지, 프로정신이 있어 마약밀매업자들이 매우 선호한다"고 밝혔다. 그러면서 "주로 중국에서 돈세탁을 거치는 불법 마약자금은 신원을 드러내지 않고 인출될 수 있기 때문에 쉽게 다른 곳에 재투자 될 수 있다"고 덧붙였다.

2015년에 벌어진 일명 '황열병 사건(affaire Fièvre jaune)'으로 돈세탁 조직은 다시 세간의 주목을 받았다. 수사팀은 모로코 마약 밀매업자를 감시망에서 포착했고 마약자금이 세탁되는 곳으로 추정되는 오베르빌리에 차이나타운으로 수사망을 넓혔다. 차이나타운에 있는 15개 기성복 매장을 대상으로 여러 차례 수색을 벌인 끝에 경찰은 바이러스 사건에서 본 것과 유사한 돈세탁 메커니즘을 발견했다. 그들은 암호로 메시지를 주고받았다.

3만 유로에서 15만 유로의 돈이 매번 일련의 글자와 숫자로 된 암호와 함께 전달된다. 「르 쥬르날 뒤 디망쉬(Le Journal du dimanche)」[89]가 보도한 것처럼 중국 도매상에 떨어지는 수수료는 대략 5%다. 중국인들이 은행

---

89 '오베르빌리에 차이나타운의 황열병 사건(Opération Fièvre jaune contre le Chinatown d'Auvervilliers)', 스테판 조아니(Stéphane Joahny), 「르 쥬르날 뒤 디망쉬(Le Journal du dimanche)」, 2015년 6월 21일자.

가의 역할을 하는 셈이다. 마약 밀매업자의 '조직원'이 암호를 가지고 중국인 상점에 오면, 상점 주인은 그들에게 막대한 현금을 건네준다. 수수료는 이후 밀매업자와 공모한 모로코 사업가가 중국 상점 주인에게 지급한다.

보다 최근에 대규모금융범죄단속청(OCRGDF) 수사팀은 또 다른 사건에 뛰어들었다. 일명 '바벨 사건(affaire Babel)'으로 명명된 이 사건으로 2017년에 24명이 취조를 받았는데 그 중 6명이 오베르빌리에의 중국 도매상이었다. 수사팀은 중국 도매상들이 매우 많은 양의 직물을 한 모로코인 '사라프'(아랍어로 브로커라는 뜻. – 옮긴이)에게 판매한 정황을 포착하고 이들이 대마초 거래대금을 세탁해주는 역할을 하고 있다고 확신했다. 프랑스 시사 주간지 「르 푸앙(Le Point)」[90]에서 보도한 것처럼 대규모금융범죄단속청(OCRGDF) 수사팀은 사라프가 2017년 5월 센-생-드니(Seine-Saint-Denis)에 있는 중국 도매상의 상점을 방문했을 때 그를 심문하기에 이르렀다. 그리고 마침내 수사팀은 단 5개월 동안 1,300만 유로 이상이 세탁되었다는 사실을 밝혀냈고 900킬로그램의 마약까지 압수했다.

'바이러스 사건', '황열병 사건', '바벨 사건'에 이르기까지 최근 몇 년간 중국 도매상들이 연루된 마약자금 돈세탁 사건이 증가하는 추세다. 이에 한 수사관은 "이런 사건들은 대단히 많이 발생하고 있고 파악하기도 쉽지가 않다. 밀매업자들이 점점 더 숨어들고 있고 중국인 돈세탁 조직을 탐지해 침투하기도 매우 어려운 실정"이라고 전했다. 또 다른 수사관은 "실제로 이런 수사는 해결이 쉽지 않다. 이 점에서 '두 개의 톱니바퀴'에 등장하

---

90 '오베르빌리에, 와해된 마약대금 돈세탁 조직(Aubervilliers: un réseau de blanchiment de la drogue démantelé)', 스테판 셀라미(Stéphane Sellami), 「르 푸앙(Le Point)」, 2018년 6월 5일자.

는 상황은 매우 현실적"이라고 말했다.

쉽게 접근하기 어려운 분야를 모티브로 TV 시리즈를 제작하게 된 계기는 무엇일까. 시작은 인터넷 검색이었다. '두 개의 톱니바퀴, 시즌 7'을 집필한 시나리오 작가 마랭 프랑코(Marine Francou)는 시즌 7 제작발표회에서 이렇게 대답했다. "우연히 구글에서 키워드 검색을 하다가 2015년에 일어난 마약자금 세탁 사건인 '바이러스 사건'을 찾아보게 되었다. (중략) 액션 드라마로 만들기에 더없이 완벽한 사건이었다. 관련 자료를 찾아보면서 돈세탁의 복잡한 과정을 구체적으로 알 수 있었다. 그리고 아이디어가 떠올랐다."

법정에 선 오베르빌리에 차이나타운의 거물

2011년 10월 25일, 카메라 앞에 선 에두아르 필립(Edouard Philippe) 르 아브르(Le Havre)시 시장과 중국계 사업가 쑤에쉥왕(Hsueh Sheng Wang)은 기쁨을 감추지 못했다. 만면에 미소를 띤 르 아브르 시의 시장은 시청 로비에서 오베르빌리에 차이나타운의 거물인 쑤에쉥왕이 르 아브르의 항만 일부를 인수한 것을 성대하게 자축했다. 이 중국인 사업가는 750만 유로를 들여 7만 9천 제곱미터 크기의 폐쇄된 항만 물류창고를 인수했다. 뿐만 아니라 그는 중국과 협력해 대규모 수·출입 센터를 건립할 것이며 항만 개·보수에 1,400만 유로를 투자하겠다고 약속했다. 한편 당시 르 아브르 시장이었던 에두아르 필립 총리는 이 사업으로 600명에서 700명의 고용이 창출될 것이라며 기뻐했다.

그러나 8년 후, 이 사업은 완전히 실패로 끝났다. 개·보수된 물류창고 일부는 중소기업과 물류업체에 임대되거나 매매되었지만 중국인 사업가가 약속한 수·출입 센터와 대규모 플랫폼 건립은 무산되었다. 당연히 에두아르 필립 총리가 기대한 고용창출도 이뤄지지 않았다. 쑤에쉥왕은 필자와의 인터뷰에서 "오베르빌리에에 있는 것과 같은 대규모 무역센터를 건설하고 싶었지만 상황이 좋지 않았다. 우리의 경쟁상대는 아마존, 크게는 인터넷이었기 때문이다. 사업을 벌이기에 불리한 상황이었다"고 해명했다.

한편 「샬랑쥬(Challenges)」[91]에서 보도한 것처럼 2017년 여름, 부동산업자로 전향한 쑤에쉥왕은 국세청의 제소 이후 세금탈루와 돈세탁 혐의로 프랑스 경제범죄전담검찰(Parquet national financier, PNF)의 조사를 받게 되었다. 「샬랑쥬」에 따르면 2016년 초, 쑤에쉥왕 그룹 본사, 앙기앙레 방(Enghien-les-Bains) 자택, 그가 자주 드나드는 카지노, 그의 측근들의 집을 대상으로 수차례 가택수색이 이루어졌다. 부패방지 및 금융·조세법 위반조사청(Office central de lutte contre la corruption et les infractions financières et fiscales, OCLCIFF) 수사팀은 그의 집에서 발견한 와인, 보석, 현금을 압수했다. 쑤에쉥왕은 "수사가 끝나기를 조용히 기다렸다"고 당시 심경을 밝혔다. 그리고 「르 몽드(Le Monde)」[92]가 밝힌 것처럼, 2017년 7월, 이 중국인 사업가는 중국에서 부패혐의로 수사를 받았다. 쑤에쉥왕은 "당시 중국에 있었는데 수사팀은 내게 몇 주 더 중국에 머물러 있으라고 했다. 그러더니 중국에서 잘못을 저지른 사람들을 돕지 말라고 했다. 그게 다였다. 나는

---

91   '법원 감시망에 포착된 오베르빌리에 차이나타운의 거물(La star du Chinatown d'Aubervilliers dans le viseur de la justice)', 다비드 벤수산(David Bensoussan), 「샬랑쥬(Challenges)」, 2017년 7월 20일자.
92   '르 아브르 항만에 투자했던 쑤에쉥왕, 부패혐의로 중국에 억류(M.Wang, ex-investisseur du port du Havre, 'retenue' en Chine sur fond de corruption)', 엘리즈 벵상(Elise Vincent), 「르 몽드(Le Monde)」, 2017년 7월 25일자.

프랑스와 중국의 위험한 관계

거리낄 것이 없었다. 지금도 중국을 수시로 방문한다"고 말했다.

쑤에쉥왕은 54세로 상하이에서 남쪽으로 400킬로미터 떨어진 원저우(溫州) 출신이다. 원저우는 프랑스로 이주하는 중국인의 주요 요람과 같은 도시로, 특히 수많은 레스토랑이나 선술집 경영인들이 이곳 출신이다. 열세 살에 프랑스로 이민 온 그는 요식업계에서 일을 하다 키아비(Kiabi), 오샹(Auchan), 기피(Gifi), 푸아푸이으(Foir'Fouille), 라흐두뜨(La Redoute)에 기성복을 제조·납품하면서 큰돈을 벌어들였다.

이후 그는 상가 빌딩을 매입했고 오베르빌리에 '차이나타운 거리(Sentier chinois)'의 거물 중 하나가 되었다. '차이나타운 거리'는 유럽 제1의 직물 수·출입 센터로, 도매상점 1,600개가 입점되어 있으며 상점들의 주인은 원저우 출신이 대다수다. 쑤에쉥왕은 이 지역에서 상당수의 부동산을 보유하고 있는데, 세입자 중에는 고용지원센터나 프랑스평생교육개발원(Greta) 같은 공공기관도 포함되어 있다. 리샤르 베라아(Richard Beraha)가 그의 저서 『파리 안의 중국(La Chine à Paris)』[93]에서 밝힌 것처럼 원저우 출신 중 가장 부유한 중국인 중 하나로 꼽히는 쑤에쉥왕은 직물 사업에는 변수가 너무 많다고 생각해 직물사업에서 손을 떼고 부동산업으로 전향했다.

쑤에쉥왕의 성공은 유로넥스트 그로우스(Euronext Growth)(유로존 중소기업을 대상으로 하는 주식거래 시장)에 상장된 그의 회사 유라시아 그룹(Eurasia Groupe)의 성장으로 대변된다. 유라시아 그룹의 매출액은 2010년 1,800만 유로에서 2017년 4,100만 유로로 증가했다. 이 회사는 현재 250명을 고용하고 있으며 253,483제곱미터에 달하는 부동산을 소유하

---

[93] 로베르 라퐁(Robert Laffont) 출판, 2012년.

고 있다. 프랑스를 좋아하며 말하기를 좋아하는 쑤에쉥왕은 음지에서 활동하는 중국 도매상의 이미지와 뚜렷이 구분된다. 사회당 소속 오베르빌리에 전 시장 자크 살바토르(Jacques Salvator)의 측근이기도 한 쑤에쉥왕은 2016년에도 미디어에 자기 모습을 드러내기를 꺼리지 않았다. 그는 2014년에 '유라시아TV(Eurasia TV)'라는 지역방송국까지 설립했다. 그는 또 주프랑스 중국 대사의 신망을 한 몸에 받았는데 중국 공무원들이 파리를 방문할 때마다 수많은 행사에 참석해 함께 해주었기 때문이다.

「샬랑쥬」에서 보도한 것처럼 경제범죄전담검찰(PNF)은 그의 생활수준이 그가 신고한 소득에 부합하지 않는 것을 수상하게 여겼다. 실제로 쑤에쉥왕은 유라시아TV 사장으로서 4만 5천 유로의 연봉만 받고 있었으며 배당금도 받지 않았다. 그가 소득 신고를 하지 않은 현금 다발을 소유하고 있다는 정황을 포착한 조세포탈 수사관은 오베르빌리에 차이나타운의 석연찮은 자금 흐름을 추적해보려 했지만 가택수색이 진행된 이후, 중국 도매상들이 일제히 입을 다무는 바람에 수사는 더 이상 앞으로 나아가지 못했다.

신종금융사기의 중심에 서 있는 중국

프랑스 금융당국은 중국인들이 마약자금 돈세탁뿐만이 아니라 이스라엘 출신 프랑스인들이 주로 공모하는 신종금융사기에도 가담하고 있다는 정황을 포착했다. 프랑스 대규모금융범죄단속청(OCRGDF)에 따르면 2010년 이후 온라인 금융사기를 당한 프랑스 예금자들은 자신도 모르는 사이 십억 유로 이상을 중국에 송금했다. 온라인 금융사기는 주로 국제송금, 다이아몬드나 희토류의 투자정보 제공 또는 외환시장(Forex) 분야에서 이루어진다. 재경부 불법자금유통단속팀 트락펭(Tracfin)은 2017년과 2018년에 돈세탁 문제와 관련한 보고서에서 "대규모 사기를 실행하는 조직적 사기단은 새로운 형태의 사기 수법을 끊임없고 개발하고 테스트한다. 2010년대 초반에 나타난 사기수법은 예방과 단속에도 불구하고 막대한 경제적 피해를 지속적으로 발생시키고 있다"고 지적했다.

한편, 2017년 말부터 프랑스 금융당국은 또 다른 형태의 사기수법, 가상화폐 사기에 주목해왔다. 최근 높은 수익을 낸다고 알려진 비트코인[94]이나 이더리움 같은 가상화폐에 투자하는 사람들이 점점 늘고 있다. 가상화폐를 이용한 사기 건수 역시 계속해서 증가하고 있는데, 프랑스 금융시장감독청(Autorité des marchés financiers, AMF)에 따르면 2018년, 프랑스에서 1,141명의 예금자들이 가상화폐 사기로 5,500만 유로를 잃었다. 중국 범죄 조직과의 공모로 주로 이스라엘에서 기획되는 사기를 추적하기 위해 조직적 사기와 돈세탁에 관한 수십 건의 사법정보절차(검사가 조사, 증거수집, 증인의견 청취를 통해 기소여부를 결정하는 절차. - 옮긴이)가 개시되었다.

신종금융사기를 수사한 경찰과 군사경찰이 공개한 사기 수법은 대동소이하다. 더 많은 수익을 내고 싶어 하는 예금자가 단기간에 높은 수익을 낼 수 있다고 유혹하는 웹사이트를 우연히 발견한다. 웹사이트에서 요청하는 대로 온라인 양식에 자신의 정보를 비롯해 연락처를 남긴다. 이런 정보들은 이스라엘에 있는 콜센터에 20~100유로에 팔린다. 그러면 가짜 금융 컨설턴트가 표적이 된 희생양에게 연락을 시도한다. 이러한 금융사

---

[94] 비트코인은 가상화폐로 중개자 없이 온라인 결제가 가능하다. 실물화폐가 없으며 중앙은행의 통제를 받지 않는다. 비트코인 시스템은 블록체인에 기반하고 있으며 전 세계 수만 대의 컴퓨터를 통해 운영된다.

기 수사에 관여했던 한 군사경찰은 "사기범들은 친밀함을 무기로 피해자들과 친근하게 대화를 하고 인터넷 전화를 이용해 지역번호가 없는 전화번호로 통화를 한다. 그래야 피해자들이 프랑스에서 걸려온 전화라고 믿기 때문"이라고 설명했다.

먹잇감이 한 번 덫에 걸리면 가짜 컨설턴트는 더 많은 수익을 올릴 수 있다고 피해자를 유혹하며 더 많은 금액을 투자하라고 끊임없이 설득한다. 심지어 사기범들은 피해자에게 가까운 사람들에게도 투자를 권유하라고 설득한다. 사기범들이 편취하는 금액은 상상을 초월한다. 한 피해자가 경찰에 신고한 피해액은 무려 150만 유로였다. 앞서 인터뷰에 응한 한 군사경찰은 "이번 봄에 퇴직한 브르타뉴의 한 농부는 전 재산을 모두 가상화폐에 투자했다가 사기를 당해 두 달 만에 50만 유로의 피해를 입기도 했다"고 말했다.

이러한 사기의 뒤편에는 중국인이 개입된 거대한 돈세탁 시스템이 숨겨져 있다. 피해자가 한번 송금을 실행하면 이 돈은 주로 포르투갈, 스페인 또는 폴란드 은행의 계좌로 입금되고 이후 '예상치 못한' 여러 계좌를 거쳐 결국 중국에 도착한다. 그리고 이스라엘 사기조직과 공모한 중국 범죄조직은 이 돈을 현금으로 인출한다. 이런 복잡한 구조 때문에 수사관들은 사건 해결에 애를 먹는다. 프랑스 대규모금융범죄단속청(OCRGDF) 청장 코린 베르투(Corinne Bertoux)는 사기로 편취한 돈이 세탁되는 과정을 이렇게 설명했다. "가상화폐 사기조직은 은행과 유사한 시스템을 이용한다. 이스라엘 사기조직은 금융사기를 위해 이스라엘 은행에서 자신이나 제3자의 이름으로 계좌를 열지 않는다. 그렇게 되면 너무나 쉽게 꼬리가 밟히기 때문이다. 대개 이런 수법으로 편취한 돈은 홍콩이나 중국의 일부 범죄조직이 관리하는 계좌로 흘러들어 간다. 이스라엘 사기조직은 흔적을 남기지 않고 사기로 편취한 돈을 획득하기 위해 수수료를 지불하고 중국이 개입된 돈세탁 시스템을 이용한다." 이렇게 가상화폐 사기 메커니즘은 마약밀매, 외환시장 사기거래, 또는 국제송금 사기 메커니즘과 매우 유사하다.

프랑스 정부는 2019년 이러한 사기범죄 조직과의 전쟁을 선포하고 대대적 척결에 나섰다. 이스라엘 콜센터에 '고객 정보'를 되판 다수의 금융 플랫폼 운영자들이 프랑스로 소환되었다. 수사팀은 이스라엘 콜센터와 텔아비브 외곽 라마트 간(Ramat Gan)에 위치한 사기조직의 연결고리를 찾아냈다. 대규모금융범죄단속청(OCRGDF)과 군사경찰 수사진은 이스라엘 당국과의 공조가 예전보다 훨씬 원활하게 이루어졌다고 말했다. 반면 중국 정부와의 공조는 그다지 잘 이루어지지 않고 있다며 수사의 어려움을 토로했다. "중국 경찰이나 사법당국과 공조하기 위해서는 정말로 수많은 요소(정치, 외교, 무역 등)들을 고려해야 하기 때문에 어느 장단에 춤을 춰야 할지 모를 때가 많다. 게다가 중국 당국은 수사에 그다지 협조적이지 않다."

수사진의 어려움을 단적으로 보여주는 사례가 있다. 중국은 그해 여름 느닷없이 관련된 모든 수사에 협조하지 않겠다고 프랑스에 통보해왔다. 프랑스가 전 인터폴 총재 멍훙웨이(孟宏偉)의 아내에게 2019년 5월 15일에 정치적 망명을 허가했다는 이유에서였다. 한편 멍훙웨이 전 총재는 2018년 9월말에 인터폴 본부가 있는 리옹(Lyon)에서 실종되었다가 이듬해 6월, 중국 법정 앞에 다시 모습을 드러냈고 부패 혐의로 유죄를 선고받았다.

미스터 나이찌예 취의 수상한 보르도 포도원 쇼핑

프랑스에서 24개의 샤토(châteaux, 보르도 지방에서 와인을 제조하는 양조장 이름. - 옮긴이)를 보유한 47세의 나이찌예 취(Naijie Qu)는 보르도에서 가장 많은 도멘(와인양조장)을 소유한 중국인이다. 보르도 지역에서 중국인들이 인수한 포도원 중 약 15%가 그의 소유다. 부동산과 탄화수소 사업으로 큰돈을 만진 이 중국인 사업가는 민간 대기업 하이창 그룹(Haichang Group)을 설립했고 해운 운송 사업에서 시작해 테마파크 사업을 거쳐 부동산까지 사업분야를 확장했다. 2012년에 나이찌예 취 회장은 베이징 동쪽, 하이창 그룹 본사가 위치한 다롄에서 보르도 상공회의소와 와인 파티를 열었다. 최근 십 년 간 5천 5백만 유로를 투자해 보르도 포도원 500헥타르를 매입하며 프랑스 와인 업계에서 유명세를 떨치고 있기 때문이다. 그는 특히 2010년에 매입한 슈뉘-라피트(Chenu-Lafitte) 도멘을 포함해 리부르느(Libourne) 지역에 투자를 집중했다.

하이창 그룹의 포도원 매입은 중국인들의 남다른 보르도 와인 사랑을 단적으로 보여준다. 2000년대 말부터 중국인들은 지롱드(Gironde)에 있는 160개 샤토를 마구 사들이기 시작했다. 이는 보르도 전체 포도원 면적의 3%를 차지한다. 나이찌예 취 회장을 제외한 주요 투자자들 중에는 프랑크 유(Franck Yo)의 이름이 눈에 띈다. 그는 제약 사업으로 부를 축적했고 총 7개의 도멘을 소유하고 있는데 대부분 유기농 인증을 받은 곳들이다. 알리바바의 마윈 회장 역시 6개의 도멘을 소유하고 있다. 보르도의 고급 와인을 선호하는 중국인들은 대부분 자국에서 판매할 목적으로 와인을 생산한다. 중국에는 특급 포도원인 그랑 크뤼(grand cru)가 없기 때문에 고

품질 와인을 생산할 수 있는 보르도 포도원을 매입하는 것이다.

그런데 프랑스와 중국 당국이 나이찌예 취 회장의 이런 열정적인 포도원 사랑에 의혹을 품기 시작했다. 프랑스 관계 당국에서는 직물 도매상뿐만 아니라 포도원 역시 돈세탁에 이용되고 있다는 정황을 포착했다. 2013년, 불법자금유통단속팀 트라크펭은 공증사무소와 은행에 "포도원 매매 거래 자금의 흐름을 더욱 면밀하게 감시하라"고 요청했다. 그리고 2014년에 중국 회계감사원은 하이창 그룹을 비롯한 일부 중국 기업을 검찰에 넘겼다. 해외 기술 확보에 사용해야 할 공적자금을 프랑스 포도원 매입에 사용했다는 혐의가 확인되었기 때문이다. 그러나 그것은 취 회장이 겪어야 할 시련의 시작일 뿐이었다. 대규모금융범죄단속청(OCRGDF)과 보르도 사법경찰은 나이찌예 취 회장과 관련해 중국 회계감사원이 내린 결론을 보도한 프랑스 지역신문 「쉬드 우에스트(Sud Ouest)」의 기사를 접한 뒤 나이찌예 취 회장에 대한 수사를 개시했다.[95] 수사팀은 하이창 그룹이 매입한 샤토들을 홍콩 기업들이 소유하고 있으며 매입 자금의 출처가 영국령 버진아일랜드에 있는 페이퍼 컴퍼니라는 사실을 확인했다. 수사팀은 또한 하이창 그룹이 위조한 공증 문서로 중국공상은행 파리 지점에서 3,000만 유로를 대출받았다는 사실도 확인했다. 프랑스 경찰은 곧 보르도에 있는 공증사무실과 오스만 가에 있는 중국공상은행 파리 지점을 압수수색했다. 그리고 2017년 말, 프랑스 당국의 신뢰를 얻고자 한 중국공상은행은 하이창 그룹과 나이찌예 취 회장의 보르도 도멘을 관리해주고 공증 문서를 위조한 합자회사 라몽 피낭시에(Lamont financière)를 사기 혐의로 고

---

95   '지롱드 지역의 중국인 소유 샤토, 부패혐의로 조사받아(Corruption: les châteaux chinois de Gironde dans le viseur)', 세자르 콩파드르(César Compadre), 에릭 메이에(Eric Meyer), 「쉬드 우에스트(Sud Ouest)」, 2014년 6월 26일자.

소했다. 이에 하이창 그룹의 변호사 막심 델옴므(Maxime Delhomme)는 "중국공상은행의 대출금은 모두 상환했다"고 대응했다.

프랑스 수사팀은 관련 증거들을 차곡차곡 모아 하이창 그룹이 소유한 샤토 10채를 2018년 봄에 압류했다. 이에 하이창 그룹 막심 델옴므 변호사는 이렇게 항변했다. "샤토를 압류한다 해도 그것이 나이찌예 취 회장의 유죄를 의미할 수는 없다. 근거나 사실이 충분치 않은데도 하이창 그룹은 과도한 수사를 받았다. 중국인들에게 프랑스의 토지와 포도원을 매입할 권리가 있기는 한 것인지 묻지 않을 수 없다."

소식통에 따르면 하이창 그룹은 이러한 사건을 익히 경험한 프랑스 경제범죄전담검찰(PNF)에 의해 사기와 조세포탈로 획득한 자금의 돈세탁 혐의로 경범법원에 회부될 것이다. 한편 수사팀은 프랑스 회사이면서도 회사가 보유한 중국 계좌를 재경부에 신고하지 않은 자회사 라몽 피낭시에(Lamont Financière)를 고발했다. 뿐만 아니라 수사팀은 하이창 그룹이 중국에서 탈세 혐의를 받고 있는 정황까지 포착했다. 중국이 프랑스에 제공해 준 정보들 덕분이었다. 한 프랑스 수사관은 "매우 드문 경우이기는 하지만 이 사건에서만큼은 중국이 매우 협조적이었다"고 평가했다. 재판은 2020년에 열릴 예정이다.

제9장

중국에 빼앗긴
프랑스의 아프리카 주도권

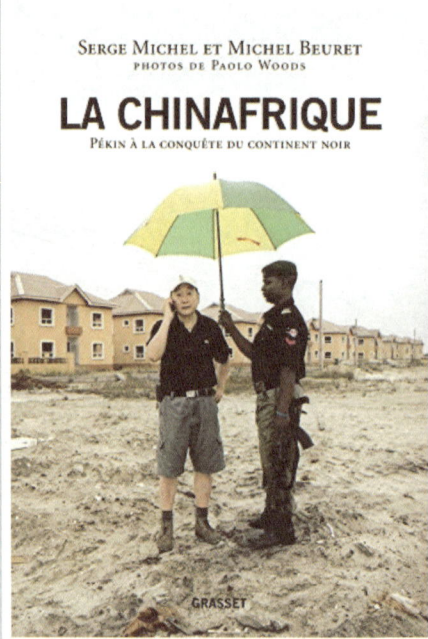

한때 제국을 이뤘던 프랑스는 북아프리카 지역에서 여전히 역사적 지분을 갖고 있다. 그래서 프랑스는 이 지역에서 날로 영향력을 높이고 있는 중국을 불안한 시선으로 바라보고 있다. 국내에도 번역소개된 세르쥬 미셸(Serge Michel), 미셸 뵈레(Michel Beuret)의 공저인 『차이나프리카(La Chinafrique)』가 이 문제를 심층적으로 다루고 있다. 왼쪽이 원서, 오른쪽이 한국어 번역본. ⓒ PLURIEL ⓒ 에코리브르.

중국의 아프리카 진출 교두보가 된 프랑스

파리 7구 한복판, 무슈 가(rue Monsieur)의 소박한 건물 뒤편에는 역사적 가치가 있는 신비로운 장소가 숨겨져 있다. 바로 오텔 드 몽테스키외(Hôtel de Montesquiou)다. 1778년, 저명한 건축가 브롱냐르(Brongniart)가 설계한 8,000제곱미터의 장엄한 이 건물에는 1960년부터 2008년까지 프랑스 해외협력부가 들어와 있었다. 대통령실 산하 아프리카 협력국과 더불어 해외협력부가 들어와 있는 오텔 드 몽테스키외는 '프랑사프리카(Françafrique)', 즉 프랑스와 프랑스의 옛 식민지 국가들 간의 관계를 상징하는 곳이었다. 프랑스의 예전 '세력권(옛 프랑스 식민지)'에 대한 가장 내밀하고 비밀스런 활동이 계획되었던 곳도 바로 이곳이었다. 또 이곳은 자크 포카르(Jacques Foccart)[96]와 무시무시한 용병 봅 드나르(Bob Denard)[97]의 흔적이 남아있는 곳이기도 하다.

국영 라디오 방송국인 라디오 프랑스(Radio France)를 이 건물에 입주시키려는 계획(계획은 실현되지 않았다.)으로 1938년에 이 건물을 매입한 프랑스 정부는 2008년, 건물을 매각하기로 결정했다. 전 세계에서 건물을 인수하려는 사람들이 모여들었다. 그리고 1억 4천 7백만 유로에 이 건물을 매입한 러시아의 억만장자 키릴 피사레프(Kirill Pisarev)가 새로운 주인이 되었다. 고급 호텔로 건물을 개조하려다 실패한 키릴 피사레프는 이 역사적 건물을 2012년, 극비리에 중국에 매각했다. 상징을 좋아하는 중국

---

[96]　1960년부터 1974년까지 대통령실 산하 아프리카 협력 정무차관을 지냈으며 '미스터 아프리카'라 불렸다. '프랑사프리카'의 막후에서 실력을 행사했다.
[97]　봅 드나르(Bob Denard)는 1960년에서 1995년까지 아프리카 지역에서 여러 건의 쿠데타를 일으켰다.

은 토고(Togo)에서 다수의 축구장 건설을 해 아프리카에서 이름을 알린 중국 거대 건설·토목업체 안후이성외경건설(安徽省外经建设, Anhui Foreign Economic Construction Group, AFECC)에 대규모 리노베이션 공사를 맡겼다. 2017년, 5년여의 리노베이션을 거쳐 18세기 풍으로 섬세하게 복원된 이 건물에는 중국 대사관 사무국이 입주했다. 이곳을 자주 드나드는 한 프랑스 외교관은 이렇게 평했다. "멋지고 상징적인 장소이다. 또한 중국의 파워가 응집되어 있는 곳이기도 하다."

이곳에는 대사관 사무국 이외에도 막강한 권력을 가진 정치부와 대사관 무관부가 입주해 있다. 중국이 중요하게 여기는 과학·기술 사업부는 샹젤리제 근교 워싱턴 가(rue de Washington)에 위치해 있다. 이에 대해 경제 분야 인텔리전스(intelligence économique)와 관련 한 프랑스 전문가는 이렇게 설명했다. "가장 중요한 사안들이 바로 이곳 오텔 드 몽테스키외에서 결정된다. 그곳에 있는 중국 공무원들은 다수가 외교관이지만 외교를 구실로 파견된 정보기관 요원들도 섞여 있다. 프랑스에서 러시아에 관련된 대부분의 활동이 러시아 대사관(파리 16구에 있으며 '벙커'라 불린다.) 주변에서 이루어지는 것과 마찬가지로 중국 대사관 사무국은 특히 아프리카 지역에 관련된 활동을 할 때 전략적으로 중요한 역할을 한다."

주프랑스 중국 대사관에 파견된 주요 인사들의 프로필을 들여다보는 것은 그런 관점에서 매우 유의미하다. 대다수가 첫 해외 경력을 아프리카 대륙에서 시작했거나 아프리카 관련 부서에서 경력을 시작한 뒤 프랑스로 파견됐다. 현 주프랑스 중국 대사 루사예(卢沙野) 역시 세네갈에서 대사를 지낸 후, 중국 외교부 아프리카국 국장에 임명됐다.[98] 전임 대사관 쟈이쮠(翟隽)도 외교부 북아프리카 부서에서 경험을 쌓은 바 있다. 현 주프랑스 중국 대사관 2인자로 장관 고문이자 정치부장인 짜오삔(Zhao Bin) 역시 아프리카통으로 알려져 있다. 특히 그는 2001년에서 2004년까지 주콩고민주공화국 중국 대사관 2급 서기관을 지낸 후, 중국 외교부 아프리카국 부국장에 임명됐다. 주프랑스 중국 대사관 넘버쓰리이자 장관급 대우를 받는 위징쏭(Yu Jingsong) 역시 콩고민주공화국을 빠삭하게 알고 있다. 그는 중국 외교부 아프리카국에 들어온 이후 1990년대 초에 콩고민주공화국에서 3등 서기관으로 일했고 이후 2013년 주 마르세유 총영사를 지냈으며 몇 년 전 주프랑스 중국 대사관 사무국에 입성했다. 경제 및 무역 분야를 담당하고 있는 장관 고문 까오 위안위안(Gao Yuanyuan) 역시 토고에서 비슷한 경력을 쌓았다.

코트디부아르와 가봉에서 프랑스 대사를 지낸 장 마크 시몽(Jean Marc Simon)은 "경제적·외교적 이유와 함께 원자재 수급의 이점 때문에 중국은 아프리카를 전략적으로 매우 중요시 한다"고 설명했다. 그러면서 "몇 년 전부터 중국은 프랑스를 발판으로 삼아 아프리카로 진출하려는 움직임을 보이고 있다. 프랑스로서 그다지 반가운 일은 아니지만 이것이야말로 중국이 프랑스에 관심을 두는 주요 이유라고 할 수 있다"고 덧붙였다.

외교관뿐만 아니라 아프리카에서 경험을 쌓은 중국 대기업 다수의 임원들이 프랑스에 포진해 있다. 특히 프랑스 화웨이 법인장 스웨이량의 경

---

[98] 루사예는 2019년에 주프랑스 중국 대사로 임명되기 전, 캐나다 대사를 지냈는데 당시 캐나다 언론인들과의 대화 중 캐나다가 화웨이 장비를 보이콧할 경우 보복할 것이라며 인터뷰 내내 기자들에게 격렬하게 분노를 표해 눈길을 끌었다.

우가 그렇다. 그는 화웨이 입사 초기 프랑스어권 아프리카에서 여러 해 동안 일했다. 카메룬을 거쳐 중앙아프리카로 파견된 그는 서아프리카 지역 10여 개국에서 케이블 포설 작업에 참여했다. 마찬가지로 프랑스에 진출한 주요 중국 은행들(중국은행(BOC), 중국공상은행(ICBC) 등) 역시 아프리카에 큰 관심을 보이고 있다.

특히 중국수출입은행(中国进出口银行, Exim Bank of China, Chexim)은 2013년 첫 해외지사 설치 국가로 프랑스를 택했다. 프랑스 재경부에 몸담았던 한 공무원은 "중국수출입은행이 아무런 생각도 없이 프랑스를 선택한 것이 아니다. 중국수출입은행은 프랑스어권 아프리카, 특히 코트디부아르나 세네갈에 투자를 하기 위한 교두보로서 파리 지사를 이용하려 하는 것"이라고 지적했다. 중국 정부가 지분 전체를 소유하고 있는 중국수출입은행은 아프리카로 진출하려는 중국의 강력한 무기라 할 수 있다. 아프리카 대륙에서 중국이 시행하는 대형 건설 프로젝트 대부분의 재정적 지원이 바로 이 은행에서 이루어지기 때문이다.

차이나프리카(Chinafrique)의 시대

2018년 9월 3일, 아프리카 대륙의 모든 국가 지도자들이 베이징에 모였다. 제7회 중국-아프리카 협력포럼 베이징 정상회의에 참석하기 위해서였다. 아프리카 측에서 보면, 먼 길을 온 보람이 있었다. 포럼 개회사에서 시진핑 주석이 아프리카 대륙에 600억 달러를 추가로 지원할 것이라고 발표했기 때문이다. 시 주석은 지원 금액 중 150억 달러는 "무상원조와 무이자 차관"에 할애될 것이라고 강조했다. 여기서 끝이 아니다. 시 주석은 200억 달러의 신용대출을 제공하고 중국 기업들이 3년간 아프리카에 "최소 100억 달러"를 투자할 수 있도록 지원을 확대할 것이라고 약속했다. 중국의 이런 돈 뿌리기 외교는 처음이 아니다. 2015년, 요하네스버그에서 열린 지난 중국-아프리카 정상회의 때, 시 주석은 이미 아프리카 국가들에 600억 달러 규모의 지원과 대출을 약속한 바 있다.

실제로 중국은 최근 몇 년간 아프리카의 인프라(도로, 철도, 항만)와 산업단지에 수백억 달러를 투자했다. 10년 전부터 중국은 아프리카 제1의 사업 파트너가 되었다. 중국의 이러한 공격적인 투자로 중국-아프리카 양자 무역율은 2009년에서 2019년 사이 226% 증가했다. 이러한 폭발적 증가의 요인으로는 무엇보다도 중국의 신속하고 막대한 대(對)아프리카 투자를 꼽을 수 있다. 『친디아프리카(Chindiafrique)』의 공저자이자 경제학자 장 조셉 보이오(Jean-Joseph Boillot)는 "중국은 아프리카에 2.5%의 저금리로 30년에 걸쳐 양허성 차관을 제공한다. 상환 기간 역시 10년으로 무척 길다. 중국은 신속하게 돈을 풀 수 있기에 프로젝트는 1년이면 계약이 성사될 수 있다. 반면, 세계은행(World Bank)과 같은 국제경제기구의 손을 빌리면 프로젝트를 성사시키기까지 10년은 더 걸릴 수 있다"고 설명했다.

아프리카 시장을 차지하기 위해 중국은 교묘한 방식을 이용한다. 토목·건설 업체 또는 화웨이와 ZTE 같은 거대 통신장비업체는 중국수출입은행을 통해 턴키 방식(은행 측이 담보 없이 사업비와 대출이자까지 한꺼번에 자금조달을 해주는 방식)의 프로젝트 자금조달 방안을 제시하며 아프리카 정부를 유혹한다. 그렇게 거대한 프로젝트에 투입할 재원이 없는 아프리카 지도자들에게 그런 제안은 솔깃할 수밖에 없다. 그리고 그런 기회를 놓쳐서는 안 된다고 생각하는 아프리카 지도자들은 결국 중국의 제안을 받아들인다. 2008년, 당시 세네갈 대통령 압둘라예 와드(Abdoulaye Wade)는 「파이낸셜 타임스(Financial Times)」에 게재한 칼럼에서 이렇게 말했다. "중국은 놀라울 만큼 단시간에 아프리카 국가들이 인프라를 건설할 수 있도록 지원해 주었다. (중략) 우리의 요구를 대하는 방식에 있어 신식민지적이고 시혜적으로 접근하는 느려터진 유럽 투자자나 NGO보다 중국의 방식이 우리에게 훨씬 도움이 된다."[99] 그가 이런 말을 하는 동안 프랑스의 어떤 이들은 귀가 좀 간지러웠을 것이다.

그렇지만 아프리카를 상대로 한 중국의 이런 돈잔치는 그림자를 드리우고 있다. 중국에 대한 아프리카의 의존성이 지나치게 커질 수 있기 때문이다. 그리고 그런 우려는 현실로 나타났다. 실제로 중국과 아프리카가 체결하는 프로젝트 계약 조항에는 변제능력이 부족한 아프리카 국가들에 덫이 될 수도 있는, 눈에 잘 띄지 않는 조항이 포함되어 있다.

2018년 말 아프리카 언론에서는 케냐의 몸바사 항만이 중국의 손아귀에 넘어갈 수 있다는 뉴스를 보도했다. 케냐가 나이로비와 몸바사를 연결하는 철도 건설 자금을 조달하기 위해 중국으로부터 받은 43억 유로의 차관을 상환하지 못한다면 현실이 될 터였다. 프랑스 시사 주간지 「쿠리에 엥테르나시오날(Courrier international)」[100]은 아프리카 뉴스 사이트 「아프

99 　'서방세계, 이제 실천해야 할 때다(Times for the West to practise what it preaches)', 「파이낸셜 타임스(Financial Times)」, 2008년 1월 23일자.
100 　'케냐, 채무 탕감 댓가로 몸바사 항만 중국에 뺏길수도(Kenya: Pour se rembourser, la Chine pourrait s'emparer du port de Mombasa)', 「쿠리에 엥테르나시오날(Courrier international)」, 2018년 12월 28일자.

프랑스와 중국의 위험한 관계

리칸 스탠드(African Stande)」를 인용해 다음과 같이 보도했다. "중국은 몸바사 항만뿐만 아니라 열차에 실려 몸바사와 나이로비를 오가는 컨테이너 물류 창고까지 압류할 수 있다. 그럼 어떤 일이 벌어질까. 그곳에서 근무하는 직원들은 중국인들의 지시를 따라야 할 것이고 그곳에서 발생하는 수입은 부채 상환의 명목으로 곧바로 중국으로 송금될 것이다. 그것도 원금이 아닌 이자 상환의 명목으로 말이다."

케냐가 예상했던 결말은 2017년 말, 스리랑카에서 현실이 되었다. 스리랑카 정부는 중국으로부터 받은 차관 중 10억 달러 이상을 탕감해 주는 조건으로 중국 국영기업 초상국공고항구유한공사(招商局控股港口有限公司, China Merchants Port Holdings)에 함반토타(Hambantota) 항만을 99년간 임대할 수밖에 없었다.

자국의 경제 발전을 촉진하고자 아프리카가 선택한 중국의 투자는 결국 막대한 채무를 남겼고 중국에 대한 의존성을 크게 증가시켰다. 2018년 4월에 발표된 브루킹스 연구소(Brookings Institution)(미국의 진보성향 사회과학 연구소. - 옮긴이)의 연구에 따르면 아프리카 대륙 전체의 총 차관액 중에서 중국이 제공한 차관이 6분의 1에 달한다. 또 미국의 중국·아프리카 연구소(China Africa Research Initiative, CARI)에 따르면 중국은 2000년에서 2016년까지 총 1,250억 달러의 차관을 아프리카에 제공했다. 국제통화기금(IMF)은 중국이 아프리카에서 벌이는 돈 뿌리기에 큰 우려를 표했다. 2018년 5월에 발표한 한 보고서에서 국제통화기금은 "사하라 이남 아프리카에 있는 35개 저소득 국가 중 15개국은 현재 과다한 채무를 지고 있거나 그렇게 될 가능성이 매우 높다"고 지적했다. 일례로 중국은 현재

카메룬 국채의 70%를 보유하고 있고 케냐 외채의 55%를 보유하고 있다.

상황이 심각해지자 일부 아프리카 지도자들도 중국을 비난하기 시작했다. 존 마구풀리(John Magufuli) 탄자니아 대통령은 잔지바르(Zanzibar) 맞은편에 위치한 거대한 항만에 자금을 조달해 주겠다며 중국이 요구한 조건은 "미친 사람(un fou)"[101]이나 받아들일 수 있는 조건이었다고 중국을 거세게 비판했다. 아프리카 대륙에서 비난의 수위가 날로 높아지자 시진핑 주석은 지난 중국-아프리카 정상회의에서 2018년 만기에 도래하는 아프리카의 최저개발 국가들의 부채를 "탕감해 줄 것"이라고 약속하며 상황을 진정시키려 했다.

중국에 밀려나는 프랑스

2018년 3월. 프랑스-아프리카 파트너십 역사에 길이 남을 일이 벌어졌다. 필자는 동료 티에리 파브르(Thierry Fabre)와 억만장자 뱅상 볼로레(Vincent Bolloré)[102]에 관한 취재를 하고 있었고 그와 관련해 베냉(Bénin)의 파트리스 탈롱(Patrice Talon) 대통령에게 인터뷰 요청을 했다. 그리고 그는 「샬랑쥬」와의 단독 인터뷰에 응해 주었다. 2016년에 당선된, 토고와 나이지리아 사이에 끼어 있는 서아프리카 국가 베냉의 대통령은 브르타뉴 출신의 프랑스 사업가 뱅상 볼로레에 대해 최소한의 외교적 예의도 갖

---

101 '아프리카 차관 제공 심사숙고하는 중국(China is thinking twice about lending tou Africa)', 「이코노미스트(The Economist)」, 2019년 6월 29일자.

102 '법적분쟁, 철도, 항만...뱅상 볼로레가 아프리카에서 겪은 실패(Affaire judiciaire, rail, ports... Révélations sur les mésaventures africaines de Vincent Bolloré)', 티에리 파브르(Thierry Fabres), 앙투안 이장바르(Antoine Izambard),「샬랑쥬(Challenges)」, 2018년 4월 14일자.

출 생각이 없어 보였다.

두 사람의 관계는 어쩌다 이렇게 틀어졌을까? 프랑스 사업가 뱅상 볼로레는 코트디부아르와 베냉을 잇는 3,000킬로미터에 달하는 대규모 철도 사업에 의욕적으로 뛰어들었다. 2년 전 리오넬 진수(Lionel Zinsou)와 대선에서 맞붙어 승리한 파트리스 탈롱 대통령은 "뱅상 볼로레는 이 사업에서 빠져야 한다. (중략) 사업 구조가 우리와 맞지 않는다. 민간투자자는 우리가 원하는 철도사업에 필요한 자금을 단독으로 조달할 수 없다. 우리는 최신 장비가 필요하다. 볼로레가 구상한 프로젝트로는 우리가 원하는 결과를 얻을 수 없다"[103]며 불만을 쏟아냈다.

이미 수십억 유로가 투입된 이 프로젝트는 당시 교착상태에 빠져있었다. 뱅상 볼로레보다 먼저 베냉의 정부로부터 사업권을 양도받았다고 주장하는 베냉 사업가 사뮈엘 도쑤(Samuel Dossou)와 뱅상 볼로레가 사업권을 두고 법정다툼을 벌이고 있었기 때문이다. 그렇지만 파트리스 탈롱 대통령은 이 프로젝트가 너무 오래 중단된 상태로 있어서는 안 된다고 생각했다. 그리고 그는 누구에게 손을 내밀어야 할지 알고 있는 듯 했다 "중국은 최적의 파트너다. 이 프로젝트를 위한 가장 현실적인 선택이다. 중국은 필요한 재원을 보유하고 있었다. 특히 대규모 인프라에 투입할 자금 600억 달러를 아프리카에 지원할 것이라고 약속했다. 게다가 중국은 기술적 노하우까지 보유하고 있지 않은가." 실제로 중국은 지부티와 에티오피아의 수도 아디스아바바를 잇는 철도 노선을 개통시킨 바 있다. 중국토목건설공사(中國土木工程集團有限公司, CCECC)와 중국국제전자상무중심그룹(中國國際電子商務網, CIECC)이 시공에 참여했고 사업비용의 70%는 중국

---

103   상동(上同).

수출입은행이 조달했다.

　베냉 대통령의 이런 비판은 1990년대부터 아프리카에 진출해 이십 여 개의 항만을 운영해왔고 25억 유로 가량의 매출액을 자랑하던 볼로레 그룹에 치명적인 모욕이었다. 그런데 아프리카에서 중국의 부상으로 크게 한방 먹은 기업은 볼로레 그룹만이 아니다. 2017년과 2018년에 프랑스 통신업체 부이그(Bouygues)와 프랑스 대형건설사 벵시(Vinci) 역시 콩고민주공화국에서 중국에 물을 먹었다. 두 프랑스 기업은 140억 달러 규모의 아프리카 최대 수력발전소를 건립하는 계획인 잉가(Inga)-III 프로젝트에 몇 달을 공들여 왔지만 스페인 기업 ACS와 컨소시엄을 이룬 중국장강삼협집단(中國長江三峽集團, CTE)(거대한 싼샤댐을 관리하고 있다.)에 밀리고 말았다. 4개의 댐과 고압선 700km를 설치하는 58억 달러 규모의 나이지리아 맘빌라 수력 발전소 건설사업 역시 중국토목건설공사가 따냈고, 총 사업비용의 85%를 중국수출입은행이 조달하게 되었다. 이에 한 프랑스 사업가는 "관심을 가질 만한 사업들인 것은 분명하지만 중국의 물량공세를 어떻게 당해낼 수 있겠는가? 프랑스 예금·위탁기금(CDC)이 지원해 줄 수 있겠는가? 아니면 프랑스 공공투자은행(Bpifrance)이? 장난감 권총을 가지고 어떻게 탱크에 맞서 싸울 수 있겠는가?"라며 개탄했다.

　아프리카 시장에서 프랑스가 중국에 밀려난 현 상황은 숫자가 말해 준다. 2001년에서 2017년까지 중국의 아프리카 시장점유율은 3%에서 18%로 증가했다. 반면 프랑스의 아프리카 시장점유율은 11%에서 5.5%로 하락했다. 프랑스 수출보험공사(Compagnie Française d'Assurance pour le Commerce Extérieur, COFACE)에 따르면 동기 대비 프랑스의 코트디부아르와 카메룬 시장점유율은 15~20%p 하락했고 세네갈 시장점유율은 25%p 하락했다.

아프리카에서의 주도권 경쟁에서 중국에 밀리고 있는 프랑스 정부의 근심은 날이 갈수록 커지고 있다. 특히 프랑스 외교부는 2017년 겨울, 외교부 아시아국에서 작성했고, 아프리카 관련 국제 일간지 「아프리카 인텔리전스(Africa Intelligence)」[104]에 공개된 한 문서에서 위험을 경고했다. 해당 문서는 프랑스 외교관들과 7명의 주중국 아프리카 대사들(코트디부아르, 중앙아프리카공화국, 지부티, 가봉, 말리, 마다가스카르, 세네갈)의 회의 내용을 요약한 것으로, 「아프리카 인텔리전스」에서는 다음과 같이 인용했다. "경제 협력 분야에서 프랑스와 중국을 비교할 때 각각 어떤 장점과 단점이 있는지를 묻는 프랑스 대사관의 질문에 아프리카 대사들은 '늑장대응', '관료주의', '과도한 기준설정'이라는 표현을 써가며 프랑스의 대출 정책을 신랄하게 비판했다. 그나마 대출 승인이 나더라도 온갖 제약사항을 붙이는 바람에 아프리카에서 '프랑스에 대한 인식은 악화되고 있다.'"

아프리카 사정에 정통한 저널리스트이자 작가인 앙투안 글라제(Antoine Glaser)는 2016년에 발간한 그의 저서를 통해 아프리카에서 프랑스의 영향력이 하루가 다르게 약화되는 현 상황을 이렇게 꼬집었다. "프랑스 기업들은 중국이 아프리카에 물량공세를 펼치는 것을 보면서도 자신들은 끄떡없을 것이라고 생각했다. 그러나 그것은 큰 착각이었다. 아프리카에서 토목·건설 사업을 주도했던 프랑스 기업들의 시장점유율 추락이 그것

---

104 '베이징의 공격적 투자에 KO당한 프랑스 외교부(Le Quai d'Orsay tétanisé par l'activisme de Pékin)', 「아프리카 인텔리전스(Africa Intelligence)」, 2018년 5월 28일자.

을 증명한다. 한때 프랑스가 장악했던 아프리카 건설시장은 이제 적들(특히 중국, 한국, 인도 같은 아시아 국가들)의 손에 넘어가고 있다."[105]

프랑스뿐만 아니라 아프리카 정부와도 두루 좋은 관계를 유지하고 있는 뱅상 볼로레, 마틴 부이그(Martin Bouygues), 피에르 카스텔(Pierre Castel) 같은 기업가들이 그나마 아프리카에서 잘 버텨주고 있다. 이에 앙투안 글라제는 "이 상태가 영원히 지속되지는 않을 것"이라고 예상했다. 그러면서 "중국의 파워는 볼로레, 아니면 부이그가 '아프리카 인맥'을 내세워 뛰어넘을 수 있는 수준이 아니다. 프랑스는 이제 아프리카에서 하나의 멸종위기종으로 전락하고 있다"고 자조했다.

지부티에서 중국의 부상

2019년 3월, 마크롱 대통령은 나흘간의 동아프리카 순방에 나섰다. 첫 방문국가는 프랑스 식민지였다가 1977년에 독립한 지부티였다. 엘리제궁과 외교부에서 꼼꼼하게 준비한 순방에서 프랑스는 지부티에 두 가지를 보여주려 했다. 당시 순방에 참여했던 한 대통령 고문은 "프랑스는 우선 식민지 시대를 벗어나 역동적으로 성장하고 있는 아프리카에 큰 관심을 가지고 있다는 것을 보여주려 했다. 더불어 아프리카에서 중국의 부상이 지부티에 부정적 영향을 미칠 수 있다는 것을 알리려 했다"고 밝혔다.

3월 12일, 마크롱 대통령은 중국을 직접적으로 입에 올리지는 않았지만 이스마일 오마르 겔레(Ismaïl Omar Guelleh) 지부티 대통령에게 중국을

---

105 『아프리카의 프랑스인처럼 거만한 사람(Arrogant comme un Français en Afrique)』, 앙투안 글라제(Antoine Glaser), 파야르(Fayard), 2016년.

경계해야 한다며 "사업자금을 조달할 여력이 없다고 해서 과도한 채무의 형태로, 불투명한 재무조건으로 투자를 받으면 단기적으로는 괜찮을 수 있지만 중장기적으로 지부티의 경제상황을 악화시키는 결과를 초래할 것이다. 과도한 차관으로 인해 프랑스의 중요한 협력대상인 아프리카 국가들의 주권이 침해되거나 장기적으로는 아프리카의 경제가 흔들려서는 안 된다고 생각한다"며 열변을 토했다.

프랑스 대통령은 아프리카의 뿔에 속한 지부티에서 날로 확대되는 중국의 영향력에 제동을 걸고자 했다. 중국은 에너지 수송에 있어 세계에서 네 번째로 가장 붐비는 항로인 바브-엘-만데브(Bab-el-Mandeb) 해협을 마주하고 있는 인구 82만의 이 작은 국가에 최근 몇 년간 지속적으로 투자를 확대해 왔다. '일대일로' 사업을 벌이고 있는 중국의 입장에서 지부티는 항로를 통한 물류 이동의 한 거점으로서 전략적으로 중요한 위치를 점하기 때문이다. 아프리카 사업에서 늘 그렇듯 중국수출입은행의 지원을 등에 업은 중국 기업들은 지부티에서 전방위적으로 거대 토목·건설 사업을 벌이고 있다(공항, 도로, 항만 등). 이런 사업들로 인해 지부티의 국가 부채가 급증했고 대(對)중국 의존도는 더욱 높아졌다. 그 결과 지부티 국채의 60%를 중국이 소유하게 됐다.

마크롱 대통령이 지부티에 관해 염려하는 것은 중국과의 경제적 밀착이 불러온 경제적 예속뿐만이 아니다. 중국이 2017년 최초의 해외 군사기지를 지부티에 설치하면서 마크롱 대통령은 아프리카에서 중국군의 부상까지 경계해야 하는 상황에 맞닥뜨렸다. 지부티와 방위조약을 체결했고 최초의 아프리카 군사기지를 지부티에 설치한 프랑스로서는 중국과 경쟁해야 하는 영역이 하나 더 늘어난 셈이었다.

십 년간 2,900명에서 1,450명으로 병력이 축소된 지부티 주둔 프랑스군(Forces françaises à Djibouti, FFDJ)은 최근 몇 년간 아프리카 사헬(Sahel) 지대의 바르칸(Barkhane) 작전, 이라크의 샤말(Chammal) 작전, 중앙아프리카공화국의 쌍가리스(Sangaris) 작전 등 아프리카에서 실행된 여러 군사작전에 참여했다. 2002년, 미국 역시 예전 프랑스 외인부대 기지이자 프랑스군 기지 근거리에 있는 르모니에(Lemonier)에 2002년 미군기지를 설치했고 현재 대테러작전을 수행하는 미군 4,000명이 주둔하고 있다.

　지부티에서의 이런 군사적 상황을 특별히 예의주시한 사람이 있다. 2014년부터 2016년까지 지부티 프랑스 주둔군 사령관을 지냈고 2016년부터 2018년까지 군 참모부 국제관계국장을 지낸 필립 몽토키오(Philippe Montocchio) 장군이다. 그는 지부티에서의 상황을 이렇게 설명했다. "중국 정부는 중국군 기지를 설치하기 몇 달 전, 군기지 주변을 항해하는 중국 군함을 정박시킬 수 있는 작은 병참기지를 만들겠다며 지부티 정부에 허가를 구했다. 허가를 받은 중국은 즉시 공사에 착수했다. 작은 병참기지를 만들겠다던 중국은 거대한 건물 다섯 동, 2층 규모의 지하 공간, 터널 하나, 야산을 굴착해 거대한 창고를 설치했다. 우리는 곧바로 중국의 야심을 눈치챘다. 이후 중국은 자주대공포 Type95와 Type90II을 들여와 군사훈련을 실행했고 의심은 확신이 되었다. 한편, 지부티인들은 중국 병력이 대략 몇 백 명, 많아야 2천 명 정도 주둔해 있을 것이라고 생각한다. 그러나 지부티에는 그보다 훨씬 더 많은 중국 병력이 배치되어 있다." 외교와 군사 분야에 정통한 필립 몽토키오 장군은 그 수를 대략 5천 명에서 1만 명으로 추정했다.

프랑스와 중국의 위험한 관계

한편 미 해군이 주둔해 있는 르모니에 기지는 중국 군사기지와 고작 몇 킬로미터 밖에 떨어져 있지 않다. 이 때문에 종종 군사 갈등 상황이 발생한다. 예컨대 2018년 5월, 미국 국방부는 C-130 수송기의 두 조종사가 지부티 미군 기지에 착륙을 준비하던 중에 중국 군사기지 쪽에서 쏜 것으로 추정되는 레이저빔을 눈에 맞아 부상을 입은 사실을 언급하며 베이징에 거세게 항의했다.[106] "미국은 이 문제를 매우 심각하게 받아들이고 있다"며 중국 정부에 조사를 촉구했다. 프랑스 역시 중국군이 지부티에 주둔하면서 껄끄러운 상황을 경험해야 했다. 이에 한 프랑스 군 관계자는 "프랑스군과 중국군이 같은 시기에 군사훈련을 할 때가 있다. 당연히 훈련에 방해가 된다. 이후 중국군은 되도록 프랑스군과 겹치지 않게 훈련을 하는 편이다. 프랑스군과 중국군은 서로를 경계하고 있다. 그러나 중국군이 주둔한 뒤 현실적으로 느껴지는 변화는 중국이 군사적으로 대놓고 야심을 드러내기 시작했다는 것"이라고 전했다.

필립 몽토키오 장군 역시 지부티에서의 중국군의 부상으로 이스마일 오마르 겔레(Ismaïl Omar Guelleh, 지부티의 대통령)에 대한 프랑스의 영향력이 약화되고 있다고 말하며 이렇게 진단했다. "프랑스와 지부티의 군사관계는 여전히 끈끈하다. 양국 간 체결된 방위조약에 근거해 프랑스는 2024년까지 지부티 영공방위를 책임진다. 그럼에도 불구하고 지부티에서 프랑스의 영향력이 약화되고 있다는 사실은 부정할 수 없다. 프랑스가

106 　'미 국방부, 아프리카 상공에서 미군 조종사에 레이저 빔 쏜 중국군에 거세게 항의(Laser from Chinise base aimed at U.S military pilots in Africa's skies, Pentagon charges)', 고든 루발드(Gordon Lubald), 제레미 페이지(Jeremy Page), 「월스트리트저널(The Wall Street Journal)」, 2018년 5월 3일자.

지부티에 대해 명확한 외교정책을 수립하지 않은 것도 문제였다. 2000년대에 지부티는 자국에 현대적인 인프라를 구축하기 위해 프랑스와 유럽에 지원을 요청했다. 그렇지만 프랑스는 리스크를 감당하려 하지 않았다. 그 결과 가장 큰 이득을 본 건 중국이다."

그렇지만 지부티와 중국의 경제적 관계도 마냥 장밋빛인 것만은 아니다. 최근 몇 년간 여러 건의 사업계약이 무산되었기 때문이다. 특히 중국토목건설공사(CCECC)가 수주한 두 건의 신공항 건설 사업은 잠정 중단된 상태인데 양국에서는 이에 대해 아무런 설명도 내놓지 않고 있다.

한편 지부티의 대통령인 이스마일 오마르 겔레는 최근 몇 개월간 지부티의 부채를 경감해 달라고 베이징에 수차례 요청했다.

빛 좋은 개살구, 불·중 공동기금

이러한 중국의 부상을 저지하기 위해 프랑스는 중국과 협력하는 쪽을 택했다. 오랜 고심 끝에 내린 결정이었지만 결과는 실망스러웠다. 2018년 1월, 마크롱 대통령은 중국을 방문해 '일대일로' 사업과 관련된 공동투자계획을 수립하고 양국이 협력하기로 합의했다. 경제적 이유와 소프트파워 확대를 내세우며 베이징이 추진하는 '일대일로' 사업은 총 사업비 1조 달러를 웃도는 거대한 사업으로 총 65개국을 도로, 항만, 철도, 산업단지 등의 교통 인프라를 직접 투자로 연결하여 국가 간 운송 시스템을 마련하는 것을 목표로 한다. 중앙아시아와 아프리카를 통해 중국과 유럽을 연결하는 이 사업은 2025년에 마무리될 예정이다.

마크롱 대통령의 방중 몇 주 후, 양측 간 협상이 시작됐다. 프랑스 정부는 중국과 실행하고자 하는 해외협력사업 12건을 선정해 에두아르 필립 총리를 통해 2018년 6월, 중국 정부에 전달했다. 프랑스가 선정한 사업에는 토목·건설업체, 호텔업체, 수송업체 등이 참여하는 사업들이 포함되어 있었다. 한 프랑스 외교관은 "프랑스 정부가 선정한 사업은 베이징의 기대에 부합하지 않았다. 결국 베이징은 자국이 원하는 사업 12건을 선정해 프랑스 정부에 전달했다"고 밝혔다. 11월 초가 되어서야 양측의 이견이 조율됐고 재경부 산하 경제기획국장 오딜 르노-바소(Odile Renaud-Basso)가 중국을 방문해 제3국에서의 양국 협력 프로젝트 4건을 최종적으로 선정했다. 그 중 2건은 에너지 관련 사업으로 프랑스 측에서는 전력공사(EDF)와 국영기업 엔지(Engie), 중국 측에서는 중국 국영통신업체 다탕그룹(中国大唐集团公司, Datang Group)과 칭화대 산하 투스 홀딩스(启迪控股股份有限公司, TUS Holdings)가 사업에 참여하기로 했다.

한 재경부 관계자는 "양측이 협력의 원칙에는 동의했지만 가까운 시기에 실행 가능한 구체적인 사업은 아직 결정하지 못했다"고 밝혔다. 그러면서 "재정적 문제도 있다. 프랑스는 중국만큼 충분한 재원을 확보할 수 없기 때문에 양국 모두 관심을 가질만한 사업을 발굴하는 것이 쉽지가 않다"고 덧붙였다. 제3국에서 시행할 프로젝트를 위해 2016년에 새로 조성한 불·중 공동기금은 양국 협력의 난맥상을 그대로 드러낸다. 프랑스 예금·위탁기금(CDC) 해외지부와 중국투자공사(中国投资有限责任公司, China Investment Corp)가 공동 출자해 3억 유로의 예산을 보유하고 있는 새 불·중 공동기금은 간신히 유지되고 있으며 현재 재정지원을 하고 있는 사업은 6건도 채 되지 않는다. 앞서 인터뷰에 응한 프랑스 외교관은 "당초 중국은 수십억 유로를 출자하려 했지만 프랑스는 그만한 여력이 없었다. 그래서 출자금액 규모를 하향조정할 수밖에 없었다"고 전했다.

프랑스 개발청(AFD) 청장 레미 리우(Rémy Rioux)는 중국과 협력하는 것 외에 프랑스에 다른 선택지는 없다며 이렇게 말했다. "중국은 프랑스가 반드시 풀어야 할 방정식과도 같다. 중국은 과감히 글로벌 거버넌스에 들어왔다. 게다가 중국은 해외협력사업의 재원조달을 위해 반드시 필요한 국가가 되었다. 프랑스가 자국의 이익을 수호하듯 중국도 자국의 이익을 수호하려 한다. 특히 아프리카에서는 더욱 그렇다. 이러 상황에서 프랑스는 중국과 협력할 수밖에 없다. 프랑스 개발청이 하는 일이 바로 그것이다. 우리는 현재 세계은행보다 일곱 배 큰 규모의 중국개발은행(国家开发银行, CDB)과 협력하고 있다."

1994년 설립된 중국개발은행은 1조 5천억 유로라는 막대한 자금을 관리하고 있으며 30억 달러 규모의 중국-아프리카 개발 기금 최대출자자이기도 하다. 한마디로 중국은 프랑스의 재원조달 능력과는 비교도 되지 않는 규모의 '거대한 제국'이라 할 수 있다.

에필로그

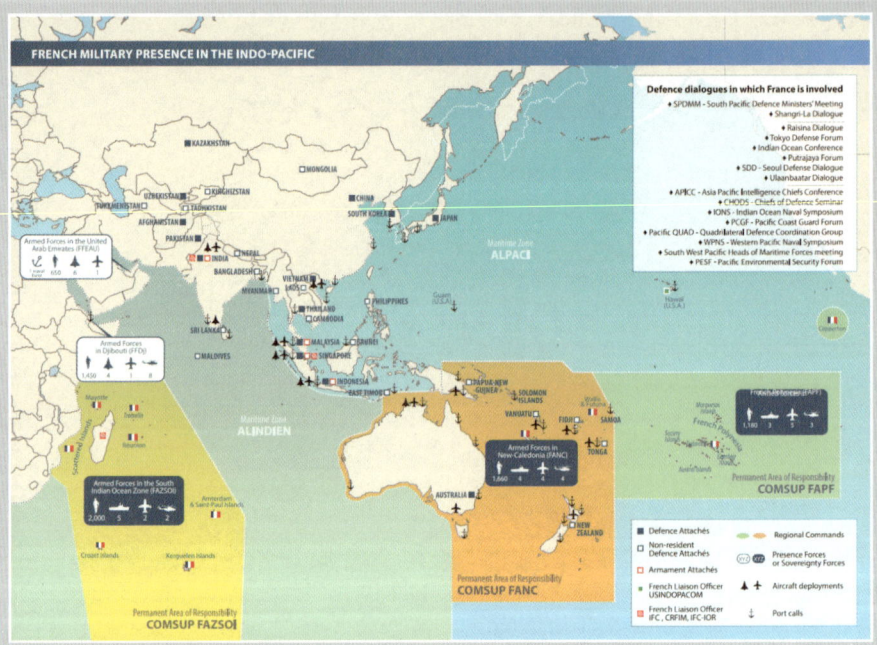

프랑스는 영국과 더불어서 19세기말 20세기초 제국주의 시대부터 진출한 인도-태평양 지역에 강력한 기득권을 갖고 있다. 현재 인도-태평양 지역에서 프랑스 해외 영토는 프랑스령 폴리네시아, 뉴칼레도니아, 마요트 등으로 프랑스 영해의 80%가 실은 인도-태평양 지역에 있다. 이 지역에는 160만 명의 프랑스 국민들이 거주하고 있으며, 현지에 주둔하고 있는 프랑스 군인들도 7천 명 가까이 된다. 사진은 프랑스 국방부(Ministère des Armées)가 2019년에 발간한 '인도-태평양에서의 프랑스 안보 전략(France's Defence Strategy In the Indo-Pacific)' 영문판 보고서의 자료사진 중 일부.

2019년 5월 말. 이 책의 집필 작업이 거의 끝나갈 무렵, 필자는 이 책에 실을 마지막 인터뷰를 진행하기 위해 파리 중심가의 한 맥주집에서 전직 프랑스 대외안보총국(DGSE) 요원을 만났다. 퇴직 후 민간기업에서 일하고 있는 그는 인터뷰에 응하면서 이 책에 등장하는 대부분의 취재원들이 그렇듯 오프더레코드를 내걸었다.

대외안보총국(DGSE) 요원으로 그가 경험한 이야기들을 들으며 필자는 그가 얼마나 위험하고 긴박한 임무를 수행했는지 어렴풋하게나마 짐작할 수 있었다. 또한 그가 국가, 주권, 그리고 공익을 얼마나 소중히 여기는지도 알 수 있었다. 동시에 프랑스 정부에 극도의 실망감을 느끼기도 했다.

그는 국익 수호와 관련해서 드러난 프랑스 정부의 안일과 무능을 꼬집으며 이렇게 말했다. "중국이 러시아나 미국처럼 프랑스의 국익을 위협하고 있는 것은 엄연한 사실이다. 그러나 그것은 큰 문제가 아니다. 그보다 중요한 문제는 그러한 위협에 대응하기 위해 프랑스 정부가 할 수 있는 모든 것을 다 하고 있는가이다. 나는 프랑스 정부가 그렇게 하고 있지 않다고 생각한다. 프랑스의 정보수집 시스템은 매우 훌륭하게 갖춰져 있다. 그러나 무능력한 정치인들이 그 정보들을 이용하는 방식은 전혀 훌륭하지 않다. 무사안일주의, 개인의 야망, 혹은 엘리트 교육으로 주입된 자유주의 이데올로기 때문에 대부분의 프랑스 엘리트들은 국익 수호를 외면하고 있다. 프랑스의 국제적 위상이 어쩌다 지금에 이르게 됐는지를 생각해보라. 프랑스는 미국, 중국, 심지어 러시아에 밀려 2인자로 전락했다. 이제 프랑스가 유일하게 선택할 수 있는 것은 어떤 국가에 의존해야 하는가 뿐이다. 프랑스는 지나치게 자유주의를 옹호하며 자국과 유럽 차원에서 국익을 수호하기 위한 산업 및 정치 전략을 수립하지 않았다. 그리고 우리는 그에 대한 대가를 아주 오래도록 치르게 될 것이다."

그보다 몇 주 앞서 만난 진보성향의 한 프랑스 공무원도 매우 암울한 이야기를 들려주었다. "중국으로 인해 우리의 무능함이 드러났다. 유럽의 분열, 단호하게 거부하지 못하는 나약한 정부, 그리고 그 어떤 형태의 보호주의라도 일단 비판하고 나서는 프랑스의 엘리트층은 프랑스 국익 수호에 균열을 만들었고 중국은 이 틈을 파고들었다. 반면 미국, 특히 트럼프 대통령은 중국의 그런 전략을 오래전에 깨달았다. 그리고 미국은 적어도 중국에 대항할 힘이 있음을 보여주고 있다."

중국이라는 거대한 시장에 매료된 유럽은 중국에 지리멸렬한 태도를 보이고 있다. 한쪽에는 중국의 자금력에 기대고 싶어 하는 이탈리아, 중유럽, 동유럽이 있다. 게다가 동유럽과 중유럽이 속한 16개 국가는 중국과 경제협력기구 '16+1'를 조직하기까지 했다. 2012년에 중국의 주도로 조직된 이 협력체로 인해 유럽의 다른 국가들은 한숨이 깊어지고 있다. 중국이 유럽연합을 해체하고 붕괴시키려 한다고 생각하기 때문이다. 또 한쪽에는 프랑스와 독일처럼 중국의 팽창주의를 경계하는 국가들이 있다. 그렇다고 중국을 향한 트럼프의 강경한 태도를 지지하는 것도 아니다.

2019년 3월, 시진핑 주석이 프랑스를 방문했을 때 마크롱 대통령이 전한 메시지는 프랑스의 우유부단함을 고스란히 보여준다. 메르켈(Angela Merkel) 독일 총리와 장 클로드 융커(Jean-Claude Juncker) 유럽집행위원장이 배석한 엘리제궁에서 열린 소규모 정상회담에서 마크롱 대통령은 시 주석에게 "유럽연합의 단일성을 존중해 달라"고 부탁할 뿐이었다. 어디에서도 강경한 태도는 찾아볼 수 없었다.

스노든 사건[107]은 프랑스의 가장 오래된 역사적 동맹인 미국도 완전히 신뢰할 수는 없다는 것을 보여주었다. 미국이라는 거인과 중국이라는 불도저 사이에 끼어 있는 프랑스와 유럽은 하루빨리 제 갈 길을 찾아야 한다. 두 강대국이 벌이는 파워게임에서 그저 구경꾼 노릇만 할 게 아니라면 말이다.

---

107   제2장 참조.

부록 :
주프랑스 중국 대사관에 묻는다
(2019년 9월 3일)

[Q] 프랑스 정보기관은 최근 몇 년 간 중국이 프랑스의 공공기관(2011년 재경부, 2013년 원자력·재생에너지청)과 기업(에어버스, 사프란, 아레바 등)을 상대로 사이버공격을 가했다며 중국 정부를 비판했다. 어떻게 생각하나?

[A] 분명히 말하지만 중국 정부는 온라인상에서의 모든 사이버공격과 스파이활동에 반대한다. 중국 정부는 국가 또는 개인이 중국의 통신 인프라를 이용해 온라인상에서 행하는 사이버공격 및 그 외 모든 불법적인 활동을 금지하고 있다. 사이버공격을 의심하고 조사에 착수하거나 그것을 범죄라고 규정하려면 납득을 할 만한 충분한 증거를 제시해야 한다. 그 누구도 함부로 비난을 하거나 무작정 불신하거나 낙인을 찍어서는 안 된다고 생각한다. 지금까지 사이버공격을 의심하며 중국 정부를 비판한 어떤 국가도, 어떤 기업도, 그들의 주장을 뒷받침해 줄 만한 최소한의 증거를 제시하지 못했다. 또 귀하가 말하는 일명 '소식통'은 실체가 불분명하다. 이런 식으로 중국을 모함하고 압박을 가하며 중국의 이미지를 훼손하는 것은 사이버보안 문제와는 관련이 없는 선을 넘은 행동이다. 오히려 빈번히 사이버공격을 당하는 쪽은 중국이다. 중국 국립컴퓨터네트워크 응급대응 기술팀(国家互联网应急中心, CNCERT)이 발표한 '사이버보안의 진화에 관한 보고서'에 따르면, 2019년 1분기에만 악성코드가 심긴 해외 서버

약 3만 9천 대가 중국에 있는 컴퓨터 210만 대를 제어했다. 이러한 서버들 가운데 일부 프랑스에 있는 서버는 중국에 있는 컴퓨터 22만 대를 공격했다. 이 문제에 대해 그다지 떳떳하지 못한 프랑스가 무슨 권리로 중국을 비난하나?

사이버공간은 운명공동체가 상호 의존하는 공간이다. 각자가 최대한 조심하고 협력하며 보안을 지키기 위해 노력해야 한다. 중국은 인류가 인터넷을 통해 실현가능한 모든 기회를 공유할 수 있는 평화, 보안, 개방, 그리고 협력이 공존하는 사이버 공간을 조성하기 위해 프랑스를 포함한 국제 공동체와 언제나 협조할 것이며 최선의 노력을 할 준비가 되어있다.

[Q] 중국은 산업이나 기술 분야에서 스파이활동을 한다는 의혹을 수시로 받고 있다. 이에 관해서 어떻게 생각하나? 필자가 이 책을 집필하며 인터뷰한 여러 취재원들에 따르면 중국은 프랑스에서 가장 활발하게 산업스파이활동을 하는 국가다(프랑스 정보기관은 미쉐린이나 에어버스에서 벌어진 스파이활동의 배후에 중국 정부가 있다고 주장하고 있다).

[A] 그것은 중국의 지적재산과 기술혁신에 먹칠을 하기 위한, 근거도 없고 납득할 만한 이유도 없는 비난일 뿐이다. 과학기술 분야에서 중국에 따라잡히고 뒤처진 서방세계의 질투와 불평의 표현이라 생각한다. 중국은 늘 해외에 진출한 기업들에 현지의 규정을 엄격하게 따르고 거래원칙과 국제기준을 준수하라고 당부한다. 그리고 그것을 성실하게 지켜준 중국 인민 전체의 지성과 노력 덕분에 중국이 여기까지 발전할 수 있었다. 중국과 프랑스는 전략적으로 중요한 글로벌 파트너다. 중국은 에어버스, 미쉐

린, 그 외 여러 프랑스 기업들과 긴밀히 협력하고 있다. 귀하가 인용한 소위 취재원들이 증거를 가지고 있다면 우리에게 그 증거를 보여주길 바란다. 그게 아니라면 기자로서 말에 책임을 져야하고 근거도 없는 이야기들을 꾸며내지 말아야 한다. 그리고 객관적이고 이성적으로 발전하고 있는 중국의 현실과 프랑스-중국의 협력 상황을 널리 알리는 편이 좋을 것이다.

[Q] 화웨이를 상대로 프랑스 정부가 보여준 입장에 관해서는 어떻게 생각하나?

[A] 마크롱 대통령은 다자주의와 협력을 존중하며 화웨이를 비롯한 그 외 모든 기업들의 기업활동을 막을 생각이 없다고 말했다. 브뤼노 르 메르(Bruno Le Maire) 재경부 장관 역시 화웨이가 프랑스에서 중요한 위치를 점하고 있으며 화웨이의 투자를 언제든 환영한다고 말했다. 중국의 5G통신 업체 화웨이에 우호적인 모습을 보여준 프랑스 정부의 입장이 정당하다고 생각하고 이에 감사함을 느낀다. 프랑스 정부는 화웨이를 비롯한 모든 중국 기업에 건전한 경쟁이 이루어지는 차별 없는 공정한 사업 환경을 조성할 것이라고 약속했다. 중국은 그 약속이 지켜지리라 믿는다.

감사의 말

이 책의 내용을 풍성하게 만들어 준 모든 이들에게 감사를 전한다. 그들이 없었다면 이 책은 세상에 나올 수 없었을 것이다. 자신을 드러내고 솔직하게 인터뷰에 응해주신 분들께 감사를 전한다. 또 이 책을 읽으며 어쩌면 서로를 짐작하실지도 모를, 익명으로 인터뷰에 응해주신 분들께도 감사를 전한다.

이 책이 빛을 볼 수 있게 해주신 프랑스 스톡(Stock) 출판사의 실비 드라쉬스(Sylvie Delassus), 마뉘엘 카르카손(Manuel Carcassonne), 그리고 에밀리 푸엥트로(Émilie Pointereau)에게도 감사를 전한다.

믿음직스럽고 깐깐하게 교정을 봐준 다비드(David), 티보(Thibault), 뱅상(Vincent), 레미(Rémy), 카미유(Camille)에게도 감사를 전한다.

마지막으로 성공적으로 취재를 마무리 할 수 있게 해준 「샬랑쥬」에 깊은 감사를 전한다.

찾아보기
(각주 및 부록 제외 본문)

ㄱ

가봉 205, 213
가상화폐 195-197
게이트그룹 126
경제 분야 인텔리전스 26, 28, 43, 59, 88, 93, 95, 155-157, 204
경제 분야 인텔리전스 부처 간 대표단(D2IE) 26, 58-59, 88, 93, 95, 155
경제기획국 156-157, 162, 219
경제범죄전담검찰(PNF) 192, 194, 200
경제전쟁학교 157
경제협력개발기구(OECD) 85
고객확인제도(KYC) 182
고등보건청(HAS) 105
공리 119
공자학원 83
광둥성 104
광저우 94, 104
광핵그룹 135
구글 151
국가지분관리청(APE) 146-148, 162
국내안보총국(DGSI) 27, 34-35, 60-61, 63, 77-78, 83, 85, 86, 89, 130-131
국립과학연구소(CNRS) 94, 104
국립보건의학연구소(INSERM) 95
국립행정학교(ENA) 121, 157, 162
국방·국가안보사무국(SGDSN), 국방사무국 58, 81, 106, 109, 112-113
국방부(프랑스) 27, 77-78, 81, 96, 107, 108, 112-113, 152
국제통화기금(IMF) 209
국토감시총국(DST) 84, 90
군비편성법 78
궈광창 145
그라나다 C.F. 167, 169
그랑 크뤼 198
그랑제꼴 32, 35, 92
그레이트월 88
그로노블 64
그웨나엘 루이엑 40-41
금융시장감독청(AMF) 195
기 루 179
기욤 푸파르 29, 65
기피 193
까르푸 111
까오 위안위안 205
꾸껀 62

프랑스와 중국의 위험한 관계

ㄴ

나시오날(프랑스 축구) 176, 179
나이로비 208-209
나이지리아 210, 212
나이찌예 취 198-200
나일강 101
나폴레옹 119
난징시 54
난징항공우주대학 54
남아프리카공화국 105
낭테르 39
넨킹그룹 177
노이에 취르허 차이퉁 173
노키아 45-47, 49, 151
노텔 46
뉴질랜드 25
니콜 게지 38
니콜라 드 타베르노 169
니콜라 사르코지 36, 63-64, 66, 74-75, 89, 111-112, 114, 125, 127, 129, 159
니파 바이러스 114

ㄷ

다니엘 발미스 163
다니엘 쉐페르 116
다롄 198
다보스 포럼 129
다쏘 58, 157
다이 69
다탕그룹 219
달라이 라마 111
대규모금융범죄단속청(OCRGDF) 188, 190, 194, 196-197, 199
대만 104
대만해협 12
대외안보총국(DGSE) 26, 30, 50, 67, 77-78, 83, 85, 91, 131, 135-140, 150, 223
대통령궁(엘리제궁) 27-28, 38, 111, 133, 150, 154, 158, 214, 224
더비셔 53
더웨스틴 호텔 127
덩샤오핑 29, 83, 98
데모스 82-83
데이빗 그라우트 72
데포르티보 알라베스 176
덴마크 47
도널드 트럼프 17, 23-25, 48, 73, 75-76, 156, 224
도멘 153-154, 198-199
도미니크 드 빌팽 119, 133
도미니크 마르셀 153
도미니크 스트로스 칸 126

도미니크 페르벙 87
도이치텔레콤 49
독일 12, 59, 75, 105, 224
독일 연방정보국(BND) 98
동유럽16+1 224
둥펑자동차 149
드골(샤를르 드골) 33, 101, 105, 130
들라크루아 119
디디에 L. 140
디디에 퀴오 178, 183
디디에 풀메르 178
디스포츠 167-169
디종 138
디지털 인 펄스 34

ㄹ

라 데팡스 비즈니스 지구 39
라 레퓌블리크 앙 마르슈! 34, 39, 119
라니옹 151
라디오 프랑스 203
라마트 간 197
라몽 피낭시에 199-200
라자르 146
라흐두프 193
랑랑 39
랑방 170

랭리 109
러시아 13, 59, 71, 77-78, 97, 105, 204, 223
런정페이 24, 29, 35, 41
레노보 104
레두스 171, 175
레미 리우 220
레스터 170
레알 마드리드 170
레지옹 도뇌르 훈장 94, 123-124
렌느 81
로랑 드고스 105
로랑 빌리 122
로랑 파비위스 39, 119, 122-125
로레알 101, 129
로렌트 헤슬롯트 67-68
로마노 프로디 133
로버트 리텔 63
로베르 푸조 38
로제 나슬렝 93-94
로제 팔리고 83, 98
론-알프 113
롤랑 페이레 163
롤스로이스 53, 58
루브르 127
루브르 호텔 그룹 174
루사예 204
루스트 43, 46-47, 75, 150-151

루시 무니에사 146
루이 갈루아 91
룩셈부르크 172-173, 182
르 아브르 191
르네 모노리 129
르네 쿠르콜 115
르노 뒤트레이 119
르노 지라르 38
르노 카퓌송 119
르모니에 216-217
리그1(프랑스 축구) 167, 169, 171, 178-180, 183
리그2(프랑스 축구) 171, 176, 179-180
리리 황 86-88
리부르느 198
리샤르 베라아 193
리에쥬 124
리오넬 진수 211
리옹 109, 112, 113, 197
리옹 상트랄 62
리우 샤오용 91
리융훙 171, 181-182
리츠 호텔 37
린센스 148, 155-156
릴 182
릴 대학병원 115
링기어 173
링크드인 85

■

마뉘엘 발스 37
마다가스카르 213
마랭 프랑코 191
마르세유 205
마르탱 오브리 129
마리-프랑스 마르샹-바일레 125
마오쩌둥 19, 101
마원 123-124, 153-154, 198
마이스(MICE) 137
마이크 푼 145-146
마이크론 테크놀러지 156
마카이 152 152
마타하리 86
마티아스 페클 157
마틴 부이그 214
막심 델옴므 200
만리방화벽 70
말레이시아 104
말리 213
맘빌라 수력발전소 212
맨디언트 71, 73
명완저우 17, 24-25
멍훙웨이 197
메루안 데바 34, 48
메리어트 호텔 76

233

메리외 연구소 112-113
메릴랜드 108
모로코 89, 189-190
모리스 구르도-몽타뉴 108, 121
모리스섬 139
모므생 가(家) 154
모부생 161
모스크바 48, 91, 137
몸바사 208-209
몽클레어 161
몽파르나스 74
무슈 가(街) 203
뮐리에 가(家) 161
미국 17, 23-26, 31, 37, 43-50, 55, 57-64, 66-67, 69-77, 83, 94, 96-98, 103, 105, 108-109, 156, 158, 161, 167, 169, 173-175, 178, 187, 209, 216-217, 223-225
미국 국가안전보장국(NSA) 31, 64, 74-75, 97-98
미국 연방수사국(FBI) 60-63, 67, 75
미국 중앙정보국(CIA) 98, 109
미국사이버보안연맹 76
미네소타 팀버울브스 167
미디어프로 183
미셸 사펭 152, 159
미쉐린(미슈랭) 90
미쓰비시 135, 152
밍포 카이(차이밍포) 161-162

ㅂ

바르칸 작전 216
바벨 사건 190
바브-엘-만데브 215
바스코니아 176
바이러스 사건 188-191
바카라 149
바타유 회랑 119
발랑시엔 37
발레오 86-88
방돔광장 37, 127
방산보안국제박람회(밀리폴) 96
백도어 25, 30
버락 오바마 72, 75, 156
번영과 혁신 재단 129-130
베냉 210-212
베르나르 바졸레 88, 150
베르나르 스퀴아나시 127
베르나르 카이아조 182
베르나르 카즈뇌브 102-103
베르사유 119
베르토 187
베르트랑 페이르롱그 181
베이커 매킨지 148
베트남 104
베트남 풀브라이트 대학 41

벤 버바이엔 150
벨기에 47, 63, 124
벵상 볼로레 210-211
벵상 조베르 97-98
벵상 통 쿠옹 180
벵시 146, 212
보르도 93, 149, 167, 198-199
보아오포럼 129
보잉 57
보호주의(보호무역주의) 158-159, 224
볼로레 그룹 212, 214
볼테르 가(街) 187
봅 드나르 203
부르제 가로수길 97
부리·탈롱 파트너스 법률사무소 38
부슈-뒤-론 90
부온 탄 39, 119
부이그 212, 214
부패방지 및 금융·조세법 위반 조사청(OCL-CIFF) 192
북대서양조약기구(NATO) 36, 85
불·중 전략생산 파트너쉽 협회 136
불·중 공동기금 159-160, 219
불·중 비즈니스포럼 129
불·중 위원회 129
불·중 혁신센터 121
불로뉴-빌랑쿠르 23, 48

붉은 모자 시위 159
브라질 122
브레스트 81, 83
브레스트 비즈니스 스쿨(BBS) 83
브렉시트 182
브로우튼 54
브롱냐르 203
브루킹스 연구소 209
브뤼노 르 루 125-126
브뤼노르 메르 155
브뤼노 베자르 162-163
브뤼셀 25, 36, 62
브뤼즈 81
브르타뉴 81-83, 149, 151, 159, 196, 210
브르타뉴 국립고등기술학교 82
브르타뉴 대학 83
브르타뉴-옥시덩탈 대학 81-82
브리티시텔레콤 25, 43
브린 존스 53
블라블라카 127
비센다 173
비엔느 상공회의소 130
비오메리외 실험실 112
비쥬 데브 187
비즈니스 프랑스 130, 134, 149
비트코인 195
빌팽 인터내셔널 컨설팅 133

ㅅ

사노피 58
사라프(브로커) 190
사뮈엘 도쑤 211
사법경찰국(DPJ) 187
사스(SARS), 중증급성호흡기증후군 103, 106, 116, 128
사이버 산학단지 81
사이버방어 사령부(COMCYBER) 78
사이버방첩보안대 27, 31, 64
사쿨라 60
사프란 23, 58, 60-63, 67, 76
사하라 209
사향고양이 104
사헬 216
사회당 194
산둥 하이-스피드 그룹 144-148
산허 124
삼성 23
상트랄수페렉 34
상하이 54, 60-61, 71, 101, 121, 130, 168, 179-180, 193
상하이 국제기술이전네트워크 95
새끼 독수리들 175
생 위베르 148
생물학무기 103, 105-106, 108, 110, 116

생시르 코에키당 특별군사학교 81
생-앙브루아즈 공원 187
샤를르빌-메지에르 125
샤말 작전 216
샤토 198-200
샹그리라 호텔&리조트 그룹 134
샹젤리제 204
샹피뉴엘 88
선전시(중국 지명) 23, 180
세계경제포럼 112
세계무역기구(WTO) 18
세계보건기구(WHO) 104
세계은행 207
세계인터넷대회 133
세네갈 204, 206, 208, 213
세드릭 빌라니 34
세르쥬 드갈레 129
세르쥬 아부 36
세르쥬 취릭 42, 44
세르쿨 드 유니옹 엥테랄레 38
세트 144
센 강 23, 61
센-생-드니 97, 190
셀-생-클루 성 124
센터 62
소련 13, 76, 84
소프트파워 18, 167, 171, 183, 218

프랑스와 중국의 위험한 관계

숀 헨리 62
쉐르 카스텍 26, 70, 72
슈나이더 일렉트릭 112
슈뉘-라피트 198
슈비이-라뤼 97
스노든 사건(에드워드 스노든) 31, 64, 74, 225
스리랑카 209
스웨덴 47
스웨이량 28, 40, 205
스위스 173, 188
스위스포트 126
스코틀랜드야드 53
스크리팔 사건 139
스톡홀름 증후군 135
스트라스부르 대학 94
스페인 167, 169, 176, 183, 196
시뉴트라 149
시만텍 67, 71
시스코 31, 44, 46
시아치 생-토노레 126
시안 Y-20 57
시안교통대학 53
시앙스포파리정치대학 157
시진핑 11, 13, 17-18, 72, 113, 171, 206-207, 210, 224
시탈리드 시베르세큐리테 69, 75

신장 98
신종 인플루엔자(H1N1) 116
실비오 베를루스코니 171
실크로드 펀드 136
심해어 83
싱가포르 104
싼샤댐 212
싼위안 148
쌍가리스 작전 216
쑤닝그룹 171
쑤에솅왕 191-194
쑤저우 61-63
쓰촨성 101

ㅇ

아나 지라르도 119
아디스아바바 211
아레바 66, 135, 151-152, 155, 159
아롤드 파리조 127, 161
아르덴 126
아르디앙 146
아르튀르 드 빌팽 119, 133
아리츠 케레헤타 176
아마존 151, 192
아마존강 101
아이야왓 170

아지21 116
아카데미 프랑세스 94
아코르 호텔 149, 174
아틀란타 108
아틀레티코 마드리드 181
아프리카협력국 203
악실론 148
안-마리 이드락 146
안후이성외경건설 204
알랭 메리외 102, 112-114, 128
알랭 바우에 127
알랭 자뷔롱 158
알랭 쥐에 26, 30, 43-44, 50, 156
알렉상드르 디외랑가르 69, 75
알렉상드르 베날라 127
알렉상드르 지글러 27, 122
알렉스 쳉 172, 174
알렉시 콜레르 27-28
알리바바 123-124, 126, 153, 198
알리스 셰리프 62
알리에 149
알제리 89, 188
알카텔 42-47, 75, 150-151
알카텔 상하이 벨 150
알카텔 서브마린 네트웍스(ASN) 150-151
알티스 반도체 156
압둘라예 와드 208

앙겔라 메르켈 224
앙기앙레 방 192
앙리 M. 138
앙리 지스카르 데스텡 149
앙리 푸엥카레 연구소 34
앙리 프로글리오 37-38, 134
앙투안 그리에즈만 27
앙투안 글라제제 213-214
애국법 50
애플 23
앵드르 149
얀준 쉬 62
양상쿤 98
양쯔강 101
에두아르 필립 38, 119-120, 123, 191-192, 219
에르베 마슈노 134-136
에릭 베송 135-136
에릭슨 45-47, 49
에마뉘엘 르냉 119-122
에마뉘엘 마크롱 12, 27-28, 120, 127, 154-155, 158, 214-215, 218-219, 224
에메랄드호 12
에볼라 102
에스코피에 187
에어버스 29, 53-58, 62, 67, 71, 75, 90-91, 97, 158

에어프랑스-KLM 항공 149
에콜 폴리테크니크 114, 134, 162
에티오피아 211
에파주 40, 143, 146, 147
에펠탑 162
엑스플레오 55
엔지 219
엔츠하임 공항 94
엘리엇 매니지먼트 182
엘리자베스 기구 38
엘리즈 뤼세 40
엘마레 가(家) 188
엠시스(M6) 167-170
영국 25, 31, 36, 41, 43, 53-55, 96, 105, 182
영국 국가인프라방호센터(CPNI) 53
영국령 버진아일랜드 144, 199
오귀스탱 드 로마네 159
오귀스트-보날 경기장 176
오딜 르노-바소 219
오랑주 30
오랑주 시베르데팡스 39
오리엔트 혼타이 캐피탈 183
오베르빌리에 187, 189-194
오샹 193
오스만 가 199
오텔 드 몽테스키외 203-204
오히라 마사요시 112

올랭피크 드 마르세유 178
올랭피크 리오네 172, 179, 180
올리비에 마를레 155-156
와나두 75
와이너리 149
와인 133, 153-154, 167, 192, 198-199
완다 181
외교부(프랑스) 27, 35, 96, 112, 121, 123-125, 134, 213
외국인투자심의위원회(CFIUS) 158
요하네스버그 207
우룽산 124
우전 133
우한 101, 169
우한 공항 101
우한당다이그룹 167-168
운명공동체 132
울리히 라메 167
울버햄튼 170
워싱턴 48-49
워싱턴 가(家) 204
원자력·재생에너지청(CEA) 33, 58-59. 63-64, 93, 95
웡샹리 176-177
웨이둥 클라우드 에듀케이션 83
웨이빙 쳉 145
웨이진쳉 68

위대하고 진실한 중국의 친구 128
위안 지밍 102, 111, 115
위징쑹 205
위차이 시왓다나쁘라빠 170
윈저우성 193
유네스코(UNESCO) 85
유니버셜 크레딧 레이팅 그룹 133
유니프랑스 134
유라시아 그룹 193
유라시아TV 194
유럽연합(EU) 11, 36, 46, 48, 56, 111, 155, 224
유럽연합(EU) 집행위원회 46-47, 155
유로넥스트 그로우스 193
유로존 위기 160
유로콥터 101
유로파노바 34
유엔 기후변화협약 당사국 총회(COP21) 125
유엔(국제연합) 11
유펑안 60-61
의료보건안전국(AFSSAPS) 112
이더리움 195
이라크 216
이브 퐁루아 161
이스라엘 97, 181, 195-197
이스마일 오마르 겔레 214, 217
이자벨 위페르 127
이탈리아 12, 13, 182

인도 43, 122, 214
인도-태평양(태평양) 12, 85
인민해방군(중국군) 12, 24, 42, 50, 56, 68-69, 71, 92, 97, 106, 215-217
인터밀란 171
인터폴 197
일 드 프랑스 188
일 롱그 81
일대일로 12, 18, 73, 144, 158, 215, 218
일본 23, 112, 152
일본원전(JNFL) 152
입델롬 161
잉가-III 프로젝트 212

ㅈ

자비에 마랭 137, 160
자오진췐 87
자유주의(자유시장경제, 시장자유주의) 48, 157-158, 223-224
자주대공포 Type90II 216
자주대공포 Type95 216
자크 데샹쥬 161
자크 살바토르 194
자크 시라크 36-38, 75, 102, 105, 107-108, 110-113, 119, 128, 133
자크 아탈리 123

자크 포카르 203
잔지바르 210
장 끌로드 융커 224
장 루이 보를루 36-38
장 마크 시몽 205
장 미셸 장티 189
장 제르빌리에 189
장 조셉 보이오 207
장 코린 베르투 196
장-다비드 르비트 66, 114
장-마리 겐 102
장-마리 르 겐 37, 126
장-마리 보켈 31
장-메리외 105
장-모리스 리페르 96
장-미셸 올라스 180
장-미셸 위베르 114
장밍강 28, 35, 40, 48
장쑤성 54
장-이브 르 드리앙 77, 125, 127, 152
장쩌민 68, 98
장-클로드 플레시 177
장-파스칼 트리쿠아르 112
장-피에르 라파랭 39, 106-107, 112, 119, 123, 126-133, 136, 161
장-피에르 라퐁 107-108
장-피에르 리베르 172-173

재경부(프랑스) 27, 36, 65-67, 96, 121, 123, 127, 143, 146, 152, 154-159, 162, 195, 199, 206, 219
쟈이쬔 205
저우언라이 101
전략적 자율성 12
전략정보 및 경제안보국(SISSE) 28
정보·국방안보국(DRSD) 91
정보시스템보안국(ANSSI) 27, 29, 31, 35, 49-50, 55, 58, 65-66, 69, 71, 78
정체성·감시 및 보안관리 세미나(RIAMS) 28-29
제7회 중국-아프리카 협력포럼 베이징 정상회의 206
제너럴일렉트릭(GE) 46, 61, 88
제네바 188
제라르 라파랭 130
제라르 로페즈 182
제라르 에레라 36
제임스 저우 178-179
조류인플루엔자(H5N1) 102, 104
조르제 멘데스 170
조슬린 구르베넥 169
존 르 카레 63
존 마구풀리 210
존 서포크 36
줄리에트 비노쉬 119

중국 국가안전부 54, 61-63, 76, 82-85, 90
중국 국가인터넷정보판공실(CAC) 72
중국 국립컴퓨터네트워크 응급대응 기술팀(CNCERT) 59
중국-아프리카연구소(CARI) 209
중국개발은행 34, 160, 162, 220
중국공상은행 168, 199-200, 206
중국과학원 104, 110
중국국가유학기금관리위원회 93
중국국방과학기술산업국 92
중국국제전자상무중심그룹 211
중국기계공업진단 109
중국동방항공 91, 149
중국민생은행 133
중국수출입은행 206-207, 211-212, 215
중국-아프리카 개발 기금 220
중국-아프리카 정상회의 207, 210
중국유럽국제경영대학원 130
중국은행 206
중국장강삼협집단 212
중국제조2025 11, 17-18, 49, 69, 82
중국중신집단유한공사 148
중국중차 125-126
중국토목건설공사 211-212, 218
중국투자공사 149, 159, 219
중국핵공업집단공사 152
중신궈지(SMIC) 156

중앙아프리카공화국 213, 216
중앙정보국(DCRI) 59, 89
중화제국 17
쥘 호프먼 94
지네딘 지단 168, 170
지롱드 198
지멘스 46
지부티 211, 213-218
지부티 주둔 프랑스군(FFDJ) 216
지앙리장 167
진지앙 호텔 149, 174
짐 래트클리프 175
짜오삔 205

ㅊ

차드 160
차이나머니 180-181
차이나타운 187, 189, 191, 193-194
차이니즈비지니스클럽 126-127, 161
천안문 사태 56, 98
천쭈 105, 113
청두 130, 180
체제경쟁자 11
첸위안 160
초상국공고항구유한공사 209
총리실(프랑스) 27, 31, 43, 58, 95-96, 121-

122, 158
충칭 180
취리히 공항 139
치엔 리 171-172, 174
칭하이성 101
칭화대학교 156, 219
칭화유니그룹 148, 155-156

ㅋ

카날 플러스(CANAL+) 방송사 78, 183, 187
카렐 드 휴흐트 46-47
카를라 브루니 127
카메룬 206, 210, 213
카베 살라마티앙 26, 72
카스퍼스키랩 71
카실 유럽 컨소시엄 143-147
칸 65-66
칸 영화제 66
캐나다 24-25, 35, 46-47, 65-66, 104
캐세이 캐피탈 160-163
컨버팀 88
케 브랑리 박물관 38
케냐 208-210
케르베로스 27-28, 30-32, 34
케링 그룹 154
케크닙 110

켄 후 37-38, 119
코로나 바이러스 102, 104, 116
코로나19 12
코르 데 민 157
코맥(COMAC) 61
코트 드 뉘 153
코트디부아르 205-206, 211-213
콜레주 드 프랑스 107
콩고민주공화국 205, 212
콩파니 데 잘프 153
콩파니 제네랄(CGE) 46
콩피에뉴 기술대학 86
쿠카 12
쿠프 드 프랑스 177
퀀텀 퍼시픽 181
크라우드스트라이크 62
크라운 플라자 호텔 91
크레디 아그리콜 181
크리스토퍼 볼딩 41
크리스토프 뒤가리 168
크리스티아누 호날두 170
크리스티앙 아르뷔로 157
크림-콩고 출혈열(CCHF) 바이러스 103, 114
클라우스 슈밥 112
클라크 랜트 주니어 108
클럽메드 145, 149, 170
클레망-바야르 125

클로드 타르 153-154
클로드 르벨 26, 155
클로드 바르톨론 38
클로디 에뉴레 105
클로비스 119
키릴 피사레프 203
키스 알렉산더 64
키아비 193

ㅌ

타이마 삼만 38
타히티 85
탄자니아 210
탈레스 39, 58, 157
탈로스 인베스트먼트 플랫폼 172-174
태국 122, 170
태자당 160
테크 프로 기술개발 175-177
텐진 57
텔레콤 파리테크 32
텔아비브 197
토고 204-205, 210
토니 마 183
토마 쿠르브 157
토탈 127
투스 홀딩스 219

툴루즈 29, 55-56, 91, 146-147, 158
툴루즈 공항, 툴루즈-블라냑 공항 143-147
튀니지 160
트락펭 195, 199
트레일 캐피탈 136, 161
티모바일 24
티베트 111, 160
티에리 다나 133
티에리 파브르 210

ㅍ

파르마 칼초 1913 169
파리 8대학 70
파리 검찰청 사이버 범죄수사부 62
파리 군사학교 92
파리국립오페라극장 39
파리기후협약 18
파리 23, 37, 39, 61, 85, 87, 90, 92, 97, 102, 108, 111, 127, 134, 187-189, 194, 199, 203-204, 205
파브리스 르페브르 176
파이브 아이즈 25
파이어아이 72-73
파키스탄 109
파트리샤 골드만 38
파트리스 탈롱 210-211

파트릭 칼바 77
파트릭 푸이아네 127
팍트법 154
팬데믹 104
퍼블리시타스 173
평웬자본 149
페르노-리카르 101
페이스북 151
펠릭스 에메 71
펭마르 151
평생교육개발원(Greta) 193
포도원 198-200
포르투갈 196
포-쉬르-메르 90
포트 녹스 102
포트 데트릭 108
포퓰레르 쉬드 175
폴 레르리에 113
폴 콘웨이 172-173
폴란드 196
푸싱그룹 145, 149, 153, 170
푸아티에 128-129
푸아티에 대학기술연구소 95
푸아푸이으 193
푸저우 124
푸조그룹 175
푸조시트로엥(PSA) 30, 38, 101, 149

푸틴 84
퓌튀랄리아 130
프데데릭 둥 부어 177
프라고나르 119
프라마톰 커넥터스 인터내셔널 155
프랑사프리카 203
프랑수아 달 129
프랑수아 바루앵 66
프랑수아 올랑드 17-18, 75, 123, 125, 129, 158
프랑수아 쿠엥탱 39-40
프랑수아 피노 154
프랑수아즈 빌랭 130
프랑스 개발청(AFD) 220
프랑스 경범법원 188, 200
프랑스 고속철(TGV) 42
프랑스 공공투자은행(Bpifrance) 162-163, 212
프랑스 국영철도회사(SNCF) 146
프랑스 방위사업청(DGA) 81, 93
프랑스 법원 139
프랑스 블루 벨포르-몽벨리아르 177
프랑스 상업법원 156
프랑스 수출보험공사(COFACE) 212
프랑스 예금·위탁 기금(CDC) 153, 159-160, 162, 212, 219
프랑스 재정감독원(IGF) 135-135
프랑스 전력공사(EDF) 30, 37-38, 134-136, 219

프랑스 지정학 연구소 70
프랑스 직업윤리위원회 163
프랑스 퀴리협회 95
프랑스 통신규제청 114
프랑스 프로축구연맹(LFP) 178, 183
프랑스 해외협력부 203
프랑스 회계감사원 147-148
프랑스-중국재단(불-중재단) 38, 119-120, 123
프랑시스 그라이 179
프랑시스 텅페르빌 64
프랑크 르노 138
프랑크 유 198
프랭크 맥커트 178
프레데릭 두제 70
프레데릭 마젤라 127
프렌 137
프리드먼 퍼시픽 애셋 매니지먼트 144-145
프트리크 드라이 29
프트리크 파이우 66
플라넷 소쇼 176
플라스틱 옴니엄 130
플라테노 호텔 174
플래그-프랑스 르네상스 124
플로렌스 파를리 77
플뢰르 페를랑 151
플뢰리-메로지 137
피에르 도네스베르그 126

피에르 모렐 138
피에르 카스텔 214
피에르-마리 H. 138
핀란드 152
필리핀 104
필립 두스트-블라지 37
필립 모리스 38
필립 몽토키오 216-217
필립 쿠릴스키 107-108
필튼 54

ㅎ

하바스 그룹 38
하얼빈 110
하얼빈공업대학 92
하얼빈기술연구소 92
하이난항공그룹(HNA) 126, 181
하이창그룹 198-200
한국 214
함반토바 209
항공-우주국제박람회 97
항행의 자유 12
핵잠수함 12
헨리 잭슨 소사이어티 41-42
헨리 키신저 128
호주 25, 96

프랑스와 중국의 위험한 관계

호수 그룹 106, 110
홍콩 101, 133-134, 144, 149, 175, 177, 197, 199
화웨이 12, 17, 23-35, 119, 206-207
화웨이 수학연구센터 34, 48
황열병 사건 189-190
후베이성 101, 168
후진타오 111, 128

[숫자, 영문]

2008 베이징 하계올림픽 111, 114
2014 몽트부르 시행령 154
2022 베이징 동계올림픽 153
2030 월드컵 171
5G 통신 25, 29, 48-49, 50
737MAX 61
A320 57, 97
A320neo 61
A330 97
A400M 56-57
AC 밀란 171, 181-182
AJ 오세르 172, 178-179
APL-3 97
APT 해킹방식 73
APT10 55, 76
AS 생테티엔 180, 182

BAE시스템즈 53, 58
BGP하이재킹 수법 70
C-130 수송기 217
C9 리그 92
C919 54
CAC40 127, 161
CEA DAM 58
DSLAM 43
EM리옹 비즈니스 스쿨 161
EPR 원전 152
ESCP 유럽 비즈니스스쿨 128
ESSEC 경영대학원 90
F-35B 53
FC 소쇼-몽벨리아르 (FC소쇼) 171, 175-178
FC 지롱댕 드 보르도(FC보르도) 167-169, 170
G20 65-66, 111
GACP 169
GCHQ 56
GDF Suez 149
HEC 경영대학원 90
HSBC은행 188
IDG 캐피탈 172, 179
IMSI 캐쳐 97
IMT아틀랑티크 32
IPPR 109
KGB 64, 76, 83-84
LB 94

LA 60
LEAP 61
LOSC 182
MI5 53-54, 58
MI6 37
NBA 167
OGC니스 171-175
ORG패키징 178
P3 실험실(생물안전등급 4등급 실험실) 105, 107, 109
P4 실험실(생물안전등급 4등급 실험실, 우한 P4 실험실, 우한 바이러스 연구소) 101-109, 111, 112-114, 113-116
RPR당 113
RTV 109
SEB 161
SFR사 29
TD꽁세이 134
TF1 타워 23
TMC 방송사 137
UEFA컵 170
X-Fab 156
ZTE(중흥통신) 25, 31, 45, 46-48, 95, 207

[프로그램, 보고서]

'두 개의 톱니바퀴 시즌4' 187, 190, 191

'디 아메리칸즈' 76
'레전드 오피스' 78
'코티디앙' 137
'학계와 과학계를 위한 프랑스 대중국 외교 방안' 96

[언론, 출판]

「뉴욕타임스」 76
「더 선」 53
「라 레트르 아」 126
「레 제코」 151
「르 누벨 옵제르바퇴르」 98, 134
「르 몽드」 65, 124, 178, 192
「르 쥬르날 뒤 디망쉬」 189
「르 카나르 앙셰네」 37, 134
「르 파리지엥」 180
「르 푸앙」 190
「르 피가로」 85
「리베라시옹」 132
「메디아파르」 170
「발뢰르 악튀엘」 130, 138
「배니티 페어」 59, 93
「블룸버그」 42, 123
「샬랑쥬」 27, 113, 123, 163, 192, 194, 210
「쉬드 우에스트」 199
「아프리카 인텔리전스」 213

「아프리칸 스탠드」 208-209
「엥텔리장스 온라인」 91
「차이나 투데이」 179-180
「쿠리에 엥테르나시오날」 208
「파리 마치」 65
「파이낸셜 타임스」 208
「해방군보」 68
『친디아프리카』 207
『파리 안의 중국』 193

프랑스와 중국의 위험한 관계
프랑스는 중국 공산당에 어떻게 잠식되고 있는가

2022년 2월 7일　　초판 1쇄 펴냄
2022년 3월 7일　　초판 1쇄 찍음

지은이　　앙투안 이장바르(Antoine Izambard)
옮긴이　　박효은
엮은이　　황의원, 황지현

디자인　　미디어워치(미디어실크)
펴낸이　　황의원
펴낸곳　　미디어워치(미디어실크)

ISBN　　979-11-92014-05-0
　　　　　979-11-959158-4-2 (세트)

주　소　서울특별시 마포구 마포대로 4길 36, 2층
전　화　 02-720-8828
팩　스　 02-720-8838
이메일　 mediasilkhj@gmail.com
홈페이지　www.mediawatch.kr

값　　18,000원